JN087456

公務員試験

文章理解
すぐ解ける直感ルールブック

改訂版

瀧口雅仁＝著

実務教育出版

直感ルール集

【現代文】の直感ルール集

内容把握・要旨把握の直感ルール

「文章理解」の大半を占める「内容把握」「要旨把握」の問題を解くためには，一定のルールがあります。ここでは効率よく解答を進めるのに必要なルールを記します。「お試し問題」「実戦問題」の解説の中では，このルールを利用して，正答へアプローチしていきます。

まずはココから！

ルール 1 最初に設問を押さえる

出題は最初の１行から始まっています。その最初の１行とは，

「次の文章の要旨として，最も妥当なものはどれか」

というところです。ここで注意しておきたいのは，「要旨」または「主旨」とは，「文章の中で，重要と思うところ」や，単に「筆者が言いたい部分」をさすのではなく，**「筆者が問題文の中で“一番”主張したい意見」**をさしているということです。

つまり，「内容把握」の問題は，「筆者が文章の中で最も言いたい箇所」を見つけて，読み取らなくてはなりません。

また，東京消防庁の問題などでは「次の文章の要旨として，不適切なものはどれか」という問題が出されることもあるので，必ず設問から読むように心掛けてください。

それでは，文章を読んでいくときに，そして解答するに当たって，どこに筆者の意見があるのか。以下のルールを守って読み進めていきます。

1. 段落

ルール 2 本文の段落を意識し，冒頭の一文は必ず読む

本文の中で，筆者はしばしば段落を設けます。段落とは，筆者がそれまで

述べてきたことをさらに強めたり，または意見を変えたりする場合に設けられます。したがって，まず本文が何段落あるのかを見定めて，文章の全体像をつかんでください。

また，第一段落の1行目の文章は，これから読む問題文で，筆者が何を話していくのかがわかる出発点でもあるので，冒頭の一文はしっかりと押さえてください。

さらに，文章を読むのが遅いとか，長い文章は苦手という人は，まず段落を読み切るというところから始めてみるのもオススメです。

2. 接続語（特に逆接・換言）

文中に登場する「逆接」・「換言」の接続詞の後に，「筆者が主張したい意見」＝「要旨」があります。➡ そこをチェックする

ルール 3　【逆接】
しかし，ところが，けれども，だが，～に反し，～に対し

☞ 逆接の接続詞の後ろに筆者の主張がある！

筆者の主張＝要旨 ◀------ ここをチェック！

～～である。しかし ●●●●●●●●●●

ルール 4　【換言】
つまり，すなわち，言い換えれば，要するに，したがって

☞ 換言の接続詞の後ろに筆者の主張がある！

筆者の主張＝要旨 ◀------ ここをチェック！

～～である。つまり ●●●●●●●●●●

※「したがって」は本来「換言」ではありませんが，ここでは便宜上加えています。

ここで英単語を使用しているのは，英文解釈でも使えるルールだからです。つまり英文で「must」や「should」等が出てきたら，そこをチェック！➡10ページ参照

3. 強調表現

なぜ，筆者は強調表現を使うのか？　それは「自分が主張したい意見」＝「要旨」がそこにあるから目立たせているのです。➡ そこをチェックする

ルール 5　**must：～しなければならない**

☞ 筆者が「そうしなければならない」と記しているのですから，その命令には従う！

ルール 6 should：～すべきである

☞ 助動詞「べし」の命令表現。命令しているのだから，筆者の言うとおりに！　ただし，「べき＋名詞」の「べき」は強調ではありません。

ルール 7 need to：～する必要がある

☞「必要」＝「不可欠」ということなので，その主張は重要であり，押さえなくてはなりません！

ルール 8 AではなくてB，Aよりも（むしろ）B，Aではない。Bである。

☞ AとBという似たものや相反するものを並べて，「Bのほうが私の主張だ！」と筆者が示しているので，Bのほうをチェックします！

ルール 9 私は（が）～と思う / 考える / 感じる

☞ そもそも文章は筆者のもの。つまり，意見の主語は原則「筆者」なのですから，筆者は主語として登場しなくてもいいはず。そこにわざわざ「私は（が）」と登場するのは，文章を強調したいからです。同様に筆者は自分の言いたいことは断言すればいいのに，わざわざ「思う」「考える」「感じる」という動詞をさらに付して，自分の意見を強めているのです！

ルール10 最上級表現（一番，最も，何よりも，誰よりも），only（それだけ），他ならない，～してはじめて

☞ 筆者が「一番！」「最も！」「～だけ！」と言っているのですから，こんなに重要な表現はありません！

ルール11 疑問形

☞ 筆者は疑問形をわざわざ読み手に投げかけて，「皆さん一緒に考えてください！　皆さんはどう思いますか？」と自分の主張に注目させているのです！

ルール12 強い事実：never，二重否定，「実は」

☞否定の否定（＝二重否定）は「強い肯定」を意味しています。「決して～ない」という「強い事実」や，「実は～」という「強い告白」などとともに，文章や単語を「強調」している部分は必ずチェックしてください！

ルール13 同一と対比：「一方～他方…」，AだけでなくBもまた

☞筆者が本文の中で自分の意見を展開していくとき，いったん出した主張のほかに新たな主張が出てきた場合，これらの単語を使います。だからこそ，その両方をチェックします！

4. 例示と引用

文章中の「具体例」と「引用」部分には筆者の意見や主張はありません。「例」は筆者が本来主張したい内容と似た話を“ほかから”持ってくるということであり，「引用」はまさに“ほかの誰かの意見”を持ってきているからです。つまり両方とも「筆者以外の意見」であるので，そこに主張や要旨はないわけです。

ただし，まったく関係のない話を持ってくるのではなく，筆者が自分の意見や主張をより確実なものにするために「例」と「引用」を用いているので，本来の筆者の主張は「例」や「引用」の直前・直後に多く見られます。したがって，その前後は必ずチェックしてください！

ルール14 たとえば，仮に

直前に筆者の意見あり！ ←----- ここをチェック！

↑

～～（具体例や引用文）～～ → ここに筆者の意見はない

↓

直後に筆者の意見あり！ ←----- ここをチェック！

文章整序の直感ルール

バラバラになった文章をもとの正しい文章に並べ替える問題です。
出題パターンは2つ。「与文のある」問題と「与文のない」問題です。「与文のある」問題とは最初に文章が与えられていて，それに続けて文章を並べ替える問題で，「与文のない」問題は一から文章を並べ替えなければならない問題です。
出題者側は必ずルールのあるところで文章をバラバラにしています。そこで以下のルールを使ってアプローチを試みてください。

ルール15 選択肢を吟味する（与文を検討する）

▶最初の段階で選択肢を絞り込めてしまう場合がある

☞接続詞（しかし，つまり　など）や指示語（これ，そのような　など）で始まる選択文は「与文のない」問題ではスタートに置けません。したがって，接続詞や指示語で始まる選択肢は，この段階で消すことができます。

▶困ったときには選択肢に戻る

☞最初から選択肢のすべての並びを考えていくのは大変なことです。ルール16 ～ ルール18 の作業を行いながら絞込みを行ったり，ヒントがなくなったときには選択肢に戻るのがベターです。

▶「与文のある問題」では，与文を検討してから選択肢に当たる

ルール16 接続詞（逆接・換言）の含まれている選択文を探す

▶特に「逆接」の接続詞のある選択文を探すことで，その選択文と対立している文や，逆の話をしている文が前（ただし，常に直前とは限らない）に来ることがわかる

☞「換言」の接続詞の場合は前に似たような内容を持つ選択文が来ますが，その判定はやや難しいので，次の ルール17 と一緒に考えるのが有効です。

ルール17 指示語（こ・そ）や「も」の含まれている選択文を探す

▶指示語には「これ・それ・あれ・どれ」の4つの「こ・そ・あ・ど」があります。この中で「こ」と「そ」は先に出た言葉を受けるので，選択文の

前後を考えるときの有効な手がかりになる

☞ほかにも「この・その」「このような・そのような」「こうして・そうして」「こんな・そんな」「こうした・そうした」「彼（たち）・彼女（たち）」といった言葉にも注意してください。

ルール18 並べ替えが終わったら，必ず最後に読み返す

☞当たり前の話ですが，並べ替えた文章を読んでみて，文の流れがスムーズでなければ，それは正確に並べ替えたことにはなりません。「文章整序」は最後まで慎重に！

空欄補充の直感ルール

長文問題の一つですが，問題へのアプローチのルールがあります。

この問題は大きく分けて２種。文章にいくつかの空欄が空いている「複数の空欄」問題と，１か所だけの「１つの空欄」問題です。前者は単語を入れさせるものが多いのに対し，後者は短文を入れさせる問題が多く見られます。

ルール 2 本文の段落を意識し，冒頭の一文は必ず読む

☞2ページを参照。

ルール19 空欄の前後に注意する

☞空欄の中に入る言葉は，空欄から遠く離れたところに正答の根拠はありません。たいていは空欄の前後数行の中にヒントや正答が隠れています。まずは空欄の前後を読んで，正答の根拠を見つけてください。

ルール20 対比を見つける

☞空欄部分は，何かと何かを対比させ，そのどちらかに属する言葉が入るパターンがほとんどです（例 右と左，過去と現在，抽象と具体，直接と間接，日本と世界，ご飯とパン…）。まず，空欄の前後にある対比を見つけ，そのどちらに属する空欄なのかを考えます。

【英文】の直感ルール集

内容把握・要旨把握の直感ルール

近年，英語の長文問題の出題数が増えてきています。その問題の多くは「要旨把握」ではなく，「本文のある一部分を訳させる」ものです。したがって，正答へのアプローチは「まず選択肢を読む」ことから始まります。

当然のことながら，そこでは語彙(ごい)力が必要になってくるので，多くの問題を解きながら，中学～高校で教わった単語や熟語は押さえ直しておいてください。さらに，希望する職務に関する時事用語に関して押さえておくのも大切です。

また，本文の読み方は，これまでに説明してきた現代文の「内容把握」問題の解法と同じです。ここでは基本的なルールは現代文のものを流用しながら，「英文」独特のルールを併せて取り上げていきます。

1. 選択肢を吟味する

ルール 1 最初に設問を押さえる

問題のほとんどは「本文のある一部分を訳させる」ものなので，まず選択肢の読み込みを行います。そして本文でどんな話をしているのかといった，全体像を押さえながら，以下の作業を行います。

❶共通点（主語やテーマ，目的）を見つける

☞ 選択肢の相違点を探し，本文のどの辺りを訳しているのかを探す。

❷共通点がない場合

☞ ルールに立ち返り，筆者の主張部分を押さえた読みを進める。

❸人物関係を押さえる

☞ 英文では，２度目に同じ人物が登場した場合，固有名ではなく，「he」や「she」等と表現されてしまうので，主語の入れ替わりや動作主の確認を行う。

ルール 2 本文の段落を意識し，冒頭の一文は必ず読む

☞ 2ページを参照。

ルール 3 選択肢の中に数字関係が出てきたら疑う

選択肢の中に「～倍」「～%」「増える／減る」「変わらない」といった単語が登場した場合，本文と見比べ，その因果関係をチェックすることを忘れないでください。その際，本文中に登場する分数（a third）や日本語にない表現のしかた（ten thousands），「increase」「decrease」といった数字の増減，「first time」「at last」といった表現。さらに「a few ／ a little」と「few ／ little」の意味の違い等には注意をし，その数字が何を説明したものかを押さえることも忘れないでください。

ルール 4 否定表現はねらわれやすい ➡ ルール11, 12, 14

「not」「no」「never」といった否定表現，さらに「～ less」「few」といった表現はチェックしてください。否定するには，否定するだけの筆者の意図があるからです。

2. 接続語（特に逆接・換言）

文中に登場する「逆接」や「換言」の接続詞の後ろに，筆者の意見があります。➡ **そこをチェックする**

ルール 5 【逆接】 But, However, Although, Though, Yet

☞ 逆接の接続詞の後ろに筆者の主張がある！

筆者の主張＝要旨 ⇒ ここに筆者の意見 ⇒ 和訳部分（＝正答の強力な候補）となる場合が多い

～～. **But** ●●●●●●●●●●

ルール 6 【換言】 So, Therefore, That is（すなわち）

☞ 換言の接続詞の後ろに筆者の主張がある！

筆者の主張＝要旨 ⇒ ここに筆者の意見 ⇒ 和訳部分（＝正答の強力な候補）となる場合が多い

～～. **So** ●●●●●●●●●●

3. 強調表現

なぜ筆者は強調表現を使うのか？　それは「自分が主張したい意見」＝「要旨」がそこにあるから目立たせているのです。➡ そこをチェックする

ルール 7 must / have to：～しなければならない
＞ had better：～したほうがよい

☞「must/have to」は命令，「had better」は勧誘。勧誘（アドバイス）は「軽い命令」を意味します。

ルール 8 should：～すべきである

☞助動詞「べし」の命令表現。筆者の命令には言うとおりに！

ルール 9 need to：～する必要がある
（＜ importance：重要である）

☞「必要」＝「不可欠」ということなので，その主張は重要です！

ルール10 筆者の心情表現：I think，interested，amazed，surprised，wonder

☞興味や驚きなど，筆者の心の動きを表す言葉はしっかりと押さえる！

ルール11 最上級表現（一番，最も），not A but B，比較級，only（唯一の），just（強調），対比

☞筆者が「一番！」「最も！」と記したり，「AではなくてB」「AよりもB」と記していたら，それは自分の言いたいことの場所を示してくれている合図です。また，文章の構造上，1文目では「not A」が示されるだけで，2文目の頭に「But」が隠れている場合（not A. B）もあるので，ルール 4 ルール14 らを含めて「not」が出てきたら，文の流れに注意してください。

ルール12 強い事実：疑問形，二重否定，in fact，indeed，Now ／ Today

☞否定の否定（＝二重否定）は「強い肯定」を意味しています。「決して～な

い」という「強い事実」や，「実は～」という「強い告白」などとともに，文章や単語を「強調」している部分は必ずチェックしてください。また，「今日」「今では」という単語は，過去とは異なり，現在ではという対比 ルール11 を示している場合が多いので，「Today」や「Now」が出てきた場合にも要注意です。

ルール13 いつも，どれも，まったく：all, every, always, not only A but also B

☞ 筆者が自分の意見を主張する際に，「必ず」「どんな時でも」と記していたら，それは強調の合図です！

ルール14 否定形：no, not, never, few / little

☞ ルール 4 を参照。

4. 例示と引用

文章中の「具体例」と「引用」部分には筆者の意見や主張はありません。「例」は筆者が本来主張したい内容と似た話を“ほかから”持ってくるということであり，「引用」はまさに“ほかの誰かの意見”を持ってきているからです。つまり両方とも「筆者以外の意見」であるので，そこに主張や要旨はないわけです。

ただし，まったく関係のない話を持ってくるのではなく，筆者が自分の意見や主張をより確実なものにするために「例」と「引用」を用いているので，本来の筆者の主張は「例」や「引用」の直前・直後に多く見られます。したがって，その前後は必ずチェックしてください！

ルール15 For example（具体例），筆者以外の人が主語（引用）の文には筆者の主張はない

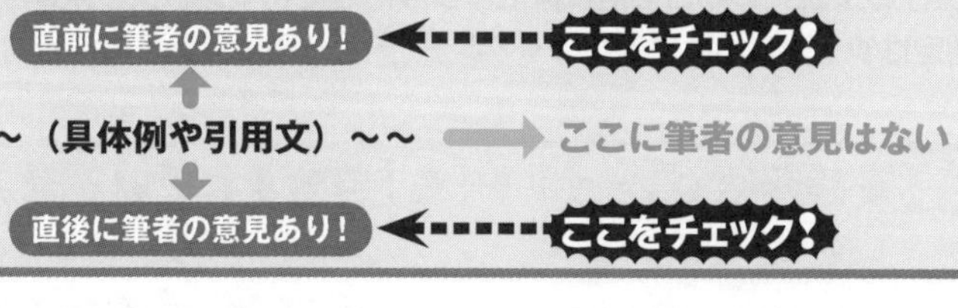

直前に筆者の意見あり！ ←---- ここをチェック！

↑

～～（具体例や引用文）～～ → ここに筆者の意見はない

↓

直後に筆者の意見あり！ ←---- ここをチェック！

文章整序の直感ルール

現代文と同様で，出題パターンは「与文のある」問題と「与文のない」問題の2つです。「与文のある」問題とは最初に文章が与えられていて，それに続けて文章を並べ替えるもので，「与文のない」問題は一から文章を並べ替えなければなりません。

出題者側は必ずルールのあるところで文章をバラバラにしています。そこで以下のルールを使ってアプローチを試みてください。

ルール16 選択肢を吟味する（与文を検討する）

▶最初の段階で選択肢を絞り込めてしまう場合がある

☞接続詞（But や So など）や指示語（This や Those など）で始まる選択文は与文のない問題ではスタートに置けません。したがって，接続詞や指示語で始まる選択肢は，この段階で消すことができます。

▶困ったときには選択肢に戻る

☞最初から選択肢のすべての並びを考えていくのは大変なことです。ルール17～ルール19の作業を行いながら絞込みを行ったり，ヒントがなくなったときには選択肢に戻るのがベターです。

▶「与文のある問題」では，与文を検討してから選択肢に当たる

ルール17 接続詞（逆接・換言）の含まれている選択文を探す

▶特に「逆接」の接続詞のある選択文を探すことで，その選択文と対立している文や，逆の話をしている文が前（ただし，常に直前とは限らない）に来ることがわかる

☞「換言」の接続詞の場合は前に似たような内容を持つ選択文が来ますが，その判定はやや難しいので，次のルール18と一緒に考えるのが有効です。

ルール18 指示語（こ・そ）や「も」の含まれている選択文を探す

▶指示語の中でも「this・that・these・those」や助詞の「も」を意味する「too・also」といった単語は先に出た言葉を受けるので，選択文の前後を考えるときの有効な手がかりになる

☞ほかにも「he・she・they」といった言葉にも注意してください。

ルール19 並べ替えが終わったら，必ず最後に読み返す

☞当たり前の話ですが，並べ替えた文章を読んでみて，文の流れがスムーズでなければ，それは正確に並べ替えたことにはなりません。「文章整序」は最後まで慎重に！

空欄補充の直感ルール

長文問題の一つです。この問題は大きく分けて２種。文章にいくつかの空欄が空いている「複数の空欄」の問題と，１か所だけの「１つの空欄」の問題です。前者は単語を入れさせる問題が多いのに対し，後者は短文を入れさせる問題が多く見られます。

ルール 2 本文の段落を意識し，冒頭の一文は必ず読む

☞2ページを参照。

ルール20 対比を見つける

☞空欄部分は，何かと何かを対比させ，そのどちらかに属する言葉が入るパターンがほとんどです（例 rightとleft，old daysとpresent time，abstractとconcrete…）。まず，空欄の前後にある対比を見つけ，そのどちらに属する空欄なのかを考えます。

ルール21 空欄の前後に注意する

☞空欄の中に入る言葉は，空欄から遠く離れたところに正答の根拠はありません。たいていは空欄の前後数行の中にヒントや正答が隠れています。まずは空欄の前後を読んで，正答の根拠を見つけてください。

【古文】の直感ルール集

古文の問題のほとんどは長文問題で，「要旨把握」問題ではなく，「文章のある一部分を訳させる問題」です。つまり，選択肢に該当する和訳部分を本文の中から探し出して，その訳が正しいかどうかを確かめるというものが中心です。したがって正答へのアプローチの第一は「まず選択肢を読む」ことです。そのため，古語の知識も求められるので，高校で教わった古文の単語や熟語は押さえ直しておいてください。特に現代語と意味の異なる古語には注意が必要です。

ルール 1　設問と選択肢を吟味する

問題のほとんどは「文章のある一部分を訳させる」ものなので，まず設問と選択肢の読み込みを行います。そして本文でどんな話をしているのかといった全体像を押さえます。併せて本文のどの辺りを訳しているのかの見当をつけておくと，本文の読みも楽になります。

- **設問に正答のヒントがある場合が多いのでチェックをする。**
- **選択肢に共通する主語があったらチェックをする。**
- **選択肢の中の主語と述語の関係（人物関係，心情表現）をつかんでおく。**

ルール 2　人物関係を押さえる

古文の文章では，主語が省略されることが多いので，本文の中では主語と述語の関係の確認を怠らないでください。

- **「を・に・ど・ば」で，主語が入れ替わることが多い。**
- **「～と思ふ」「～と」の主語が誰なのかをチェックをする。**
- **敬語法に注意。**

ルール 3　筆者の意見や登場人物の心情表現に注意する

感動を表す言葉や，登場人物たちの喜怒哀楽，相手に対する批判の言葉，ものごとに対して感心したり，興味を覚えているような言葉はねらわれやすいので注意が必要です。

☞「べし」（意志・命令）と「まじ」（打消意志・当然の否定），疑問形（現代文〈ルール11〉），係り結び（強調），対比（現代文〈ルール13〉）に注意！
☞「おぼゆ」（筆者が～思われる）は必ずチェック！
☞古語と現代語で意味の異なる単語はねらわれることが多い（〈ルール4〉）
☞本文中に和歌が出てきたら，そのチェックを！（特に日記文）

ルール4 注意すべき語句（単語編／熟語編）

訳としてねらわれることが多いのは，現在とは異なる意味で使用されている単語や古語特有の単語が出てくる箇所です。公務員試験では「文章理解」だけでなく，「国語」の問題で単語の意味だけを聞いてくる設問もあるので，以下に挙げるようなねらわれやすい単語は押さえておいてください。

【単語編】	
❶あさまし（驚きあきれる）	⑯こころづきなし（気にくわない）
❷あたらし（惜しい）	⑰こころにくし（奥ゆかしい）
❸あてなり（高貴だ）	⑱ことわる（判断する，説明する）
❹あはれ/をかし（趣がある）	⑲さうなし（比べるものがない）
❺あやし（不思議だ，身分が低い，粗末だ）	⑳すさまじ（興ざめだ）
❻ありがたし（めったにない）	㉑すなはち（すぐに）
❼いたし（はなはだしい，立派だ）	㉒なかなか（かえって，むしろ）
❽いみじ（程度がはなはだしい）	㉓ながむ（ぼんやりと物思いにふける）
❾うつくし（かわいらしい）	㉔はかなし（頼りない，立派だ）
❿おとなし（おとなびている）	㉕はしたなし（中途半端だ，具合が悪い）
⑪おどろく（目を覚ます）	㉖びんなし（都合が悪い，かわいそうだ）
⑫おぼゆ（思われる）→おぼえ（評判）	㉗やんごとなし（高貴だ）
⑬かたはらいたし（気がかりだ）	㉘ゆかし（心ひかれる）
⑭かなし（いとしい）	㉙ゆゆし（不吉だ，はなはだしい）
⑮きこゆ（聞こえる，申し上げる）	㉚わりなし（道理に合わない）

※実戦問題の解説の中でも，重要な単語・熟語を取り上げていきます。

【熟語編】	
❶いかがはせむ［＝いかにせむ］（どうしようか，どうしようもない）	⓫さらに〜打消（まったく〜ない）
❷いたづらになる［＝むなしくなる，はかなくなる］（死ぬ）	⓬さりぬべき（ふさわしい）
❸言ふかたなし［＝言はむかたなし］（何とも言いようがない）	⓭さることにて［＝さるものにて］（もちろんのことで。それはそれとして）
❹言ふかひなし（情けない，つまらない）	⓮さるべし［＝さりぬべし］（適当だ，そうなるはずだ）
❺言ふもおろかなり［＝言ふもさらなり，言へばさらなり］（言うまでもない）	⓯さるべきにや（そうなるはずの運命だったのか）
❻え〜打消（〜できない）	⓰せむかたなし（どうしようもない）
❼音に聞く（有名だ）	⓱つゆ〜打消（少しも〜ない）
❽けしうはあらず（悪くはない）	⓲な〜そ（〜するな）
❾こころをやる（気を晴らす）	⓳名に負ふ［＝名にし負ふ］（有名だ）
❿さあるべき（そうはしていられない）	⓴例ならず（病気だ）

また，以下のように，有名な作品の一節から単語の意味や内容を尋ねてくる問題もあるので，文学史の学習をしながら，有名作品の冒頭の一文を見直しておくのもオススメです。

次の文中の下線部の意味として，妥当なものはどれか。《平成 11 年度・大卒警察官》

つれづれなるままに，日暮らし，硯に向かひて，心にうつりゆくよしなしごとを，そこはかとなく書きつくれば，あやしうこそものぐるほしけれ。

1　たわいもないこと

2　よくないこと

3　大切なこと

4　趣のあること

5　楽しいこと

【全訳】　暇に任せて，終日，硯に向かって，心に浮かんでは消えていく，たわいもないこと（とりとめもないこと，なんということもないこと）を，なんということもないままに書きつけていると，われながらあやしくも，もの狂おしい気持ちがすることではある。

出典：吉田兼好『徒然草』序段

正答　1

はじめに

公務員試験の「文章理解」とは，現代文，英文，古文の長文を中心とした読解問題のことです。

教養試験（基礎能力試験）全体の４分の１から５分の１を占める重要科目であるにもかかわらず，いわゆる国語や英語に特別な試験対策は不要だと考える受験生が少なくありません。反面，「長文読解は苦手で，なかなか正答にたどり着けない」とか，「どうやって学習すればよいのかわからない」という声もよく聞きます。

本書は文章理解を得点源にするためのルールを紹介し，問題に当たっていく本です。まずは文章理解の「特徴」を確認しておきましょう。

その１　文章理解は国語や英語の問題ではない

主な出題形式は「内容把握」「要旨把握」「文章整序」「空欄補充」の４つですが，大学受験の国語や英語とは異なり，与えられた文章の中から，作者（＝他人）の言いたいことを見つけられるか（＝理解できているか）を尋ねているものがほとんどです。

その２　解法のコツは，筆者が用意した強調表現を見つけること

筆者は自分の言いたいこと（＝主張）を理解してもらうために，効果的な表現方法を用います。つまり筆者が主張を示したい時に使う強調表現を見つけられれば，要旨が見えてきます。

このように「文章理解」は，筆者の主張部分を探す問題であり，そのためのルールを使いこなせば，すばやく，かつ確実に解けるようになります。そこで，問題演習を重ね，ルールをマスターしましょう！

本書『**文章理解　すぐ解ける〈直感ルール〉ブック**』は，2011年９月に初版を刊行しました。版を重ね，多くの読者の支持を得ることができましたが，このたび，約９年の歳月を経て，問題の多くを刷新した［改訂版］を刊行する運びとなりました。

「どんな問題でもスピーディー・確実に解ける！」というコンセプトに変わりはありません。〈直感ルール〉を制したあなたには，合格への道が開けてくるはずです。

瀧口 雅仁

 本書の構成と使い方

本書は，

1	《直感ルール集》
2	現代文（PART 1～4：テーマ1～11）
3	英　文（PART 5：テーマ12～16）
4	古　文（PART 6：テーマ17～18）

という構成です。

《直感ルール集》について

現代文，英文，古文の問題を攻略するためのさまざまなルールをまとめたのが，本書巻頭の《直感ルール集》です。本文中ではこれらを駆使して，問題を解くテクニックを指南します。問題に取り組む前に，まずこのルール集をじっくり読んでください。さらに，問題を解きながら繰り返し見直すことで，確実にマスターできるようになります。

各PARTの使い方

次のステップで読み進めてください。

ステップ1　「ルール」を確認しながら，「お試し問題」解いてみる

各テーマの冒頭には解法のトレーニングとして「お試し問題」を設けました。さっそく解いてみましょう。「直感ルールはココだ！」で提示されたルールを確認しながら，スピーディーかつ正確に解くためのアプローチのしかたを習得することがねらいです。

ステップ2　「お試し問題の解説」を読んで，正答を確認する

「直感ルールによる文章構造」や「選択肢の検討」を熟読し，ルールを駆使した読解の手順・方法をマスターしてください。ここでしっかりとした解答のコツを学びましょう。

ステップ3　「実戦問題」に挑戦！

実戦問題は実力がつく問題を過去問より精選しています。以下のグレード別に選定していますので，解法の道しるべとして活用してください。

GⅠ（グレードⅠ）：ハイレベルな難度の問題です。この問題が解けるようになれば実力は十分です。決してあきらめずに解けるよう努力してください。

GⅡ（グレードⅡ）：やや難度の高い問題です。しかし，必ず克服できる問題ですので，解けるように努力してください。

GⅢ（グレードⅢ）：標準的な難度の問題です。難なく解ける問題ですが，取りこぼすことなく得点源としてください。

問題文にはチェック欄が3つ付いています（check □□□）。繰り返し問題に当たって，実力を確実なものにしましょう。

本書に収録している問題について

収録している問題のほとんどは人事院により公表された問題および地方上級の一部の自治体（東京都，特別区，警視庁）で公表されている問題です（それ以外に，受験者から得た情報をもとに実務教育出版が独自に編集・復元した問題もあります）。

問題には，試験名の略称および出題年度を記載しています。

①国家総合職，国家Ⅰ種　：国家公務員採用総合職試験
国家公務員採用Ⅰ種試験（平成23年度まで）
②国家一般職，国家Ⅱ種　：国家公務員採用一般職試験［大卒程度試験］
国家公務員採用Ⅱ種試験（平成23年度まで）
③国家専門職，国税専門官：国家公務員採用専門職試験［大卒程度試験］
国税専門官採用試験（平成23年度まで）
④地方上級：
（東京都）：東京都職員Ⅰ類B採用試験（平成18年度までは東京都職員Ⅰ類採用試験）
（特別区）：特別区（東京23区）職員Ⅰ類採用試験
⑤市役所上級：市役所職員採用上級試験（政令指定都市以外の市役所）
⑥大卒警察官：
（警視庁）：警視庁警察官Ⅰ類採用試験

《直感ルール集》

現代文【内容把握】

攻略法　長文問題は問題文を漠然と読み，漠然と選択肢に当たっても，時間と手間がかかるばかりで，さらにそれで正答にたどり着けるとも限りません。

このPARTで紹介するような，最初に「次の文の内容と合致するものとして最も妥当なのはどれか」とある問題は，本文全体の中から，「筆者が主張している部分」を見つけ，その部分を的確にさし示している選択肢を選ぶという作業が必要です。ただし，「内容と合致するもの」という「内容把握」の問題の場合，選択肢から選ぶ正答には筆者の主張をすべて含んでいる必要はなく，筆者の主張の一部が示されている選択肢を選べばよいことになります。

正答にたどり着くための本文の読みを進めるときには，ルールをうまく活用して本文をチェックしていくことを忘れないでください。

テーマ1

接続語

お試し問題 ……………………【平成19年度・国家Ⅱ種】

次の文の内容と合致するものとして最も妥当なのはどれか。

「善・悪」の概念は，それだけを取り出すと，「誠実／不実」「親切・冷酷」といった徳性にくらべて，はるかに抽象的である。私たちがまず習得するのは，記述的な意味が明確な，徳性を表す濃密な評価語である。「善・悪」という包括的な，したがって抽象的な概念は，“親切な行いがよいのは，どうしてなのか”というように，徳性についての反省が進むことによって，はじめて主題となる。実際，日々の生活においては，“これが本当に親切な行いだろうか？”と迷うことはあるが，“そもそも善とは何か？”と考え込むことは稀である。

このように，善悪と徳性は，私たちの思考において，そのレベルを異にする。「善悪」の概念は，諸種の徳性を推奨する理由の説明において不可欠な働きをするとともに，諸種の徳性についての述語としても用いられる。その限りにおいては，「善悪」は，さまざまな徳性に共通のパターンを言い当てようとしている，と言ってもよい。

こうした言い方を採用すれば，「誠実・不実」「親切・冷酷」といった徳性は，態度・行為のパターンなのだから，善悪は，私たちの態度・行為の諸種のパターンのパターンだ，と言えるかもしれない。しかしながら，こうした言い方については慎重さを要する。「パターンのパターン」だと言ってしまうと，「善悪」は，徳性の性質であって，個々の行為・態度や政策にかんしては言えないかのような印象を誘うが，それは違う。「善悪」という語は，徳性を表す濃密な評価語にくらべて，記述的な意味がいっそう希薄である。しかし，だからと言って，善悪は，もっぱら徳性についての述語だということとにはならない。

「善悪」は，「誠実・不実」のような具体的な徳性にくらべると，パターン認知のレベルが違っているがゆえに，記述的な意味が希薄で抽象的である。したがって，そのぶん「善悪」は，濃密な評価語とは異なって，行為・態度あるいは人柄についてだけではなく，さらに政策や制度にかんしても用いられうる。「善悪」の概念は，徳性とは異なって，それだけの普遍性をおびている。

このように「善悪」の概念は，記述的意味が希薄であるがゆえに，直示によっては理解・習得されえないし，さまざまな徳性の枚挙によっても説明されえない。その意味において，善悪の概念には，マクダウェルが指摘したように「形がない」。個々の徳性は，善悪の例示には役立ちうるとしても，その定義を与えない。したがって，諸科学における理論的な概念がそうであるように，善悪もまた，その明確な定義を与えるには，なんらかの原理が必要となる。

1 「善悪」の概念は抽象的であるが，「誠実・不実」といった徳性を表す濃密な評価語を習得することによって，その意味が明確となってくる。

2 「善悪」の概念と徳性の表す語は，思考過程におけるレベルの違いはあるものの，相互に不可欠な働きをする補完の関係にある。

3 「善悪」という語は，記述的な意味が明確さを欠いていることから，もっぱら徳性を表す具体的で濃密な評価語の述語となっている。

4 「善悪」の概念は，普遍性をおびていることから，態度・行為といった諸種のパターンの認知レベルを判断する基準となっている。

5 「善悪」の概念は，記述的意味が希薄であることもあり，その定義付けには，諸科学における理論的な概念と同様，なんらかの原理が必要である。

直感ルールはココだ！

次の文の内容と合致するものとして最も妥当なのはどれか。➡ **ルール2** 5段落構成

❶「善・悪」の概念は，それだけを取り出すと，「誠実／不実」「親切・冷酷」といった徳性にくらべて，はるかに抽象的である。私たちがまず習得するのは，記述的な意味が明確な，徳性を表す濃密な評価語である。「善・悪」という包括的な，**したがって**抽象的な概念は，“親切な行いがよいのは，どうしてなのか”というように，徳性についての反省が ➡ **ルール4** したがって

進むことによって，はじめて主題となる。実際，日々の生活においては，“これが本当に親切な行いだろうか？”と迷うことはあるが，“そもそも善とは何か？”と考え込むことは稀である。

ルール10 ～してはじめて

❷このように，善悪と徳性は，私たちの思考において，そのレベルを異にする。「善悪」の概念は，諸種の徳性を推奨する理由の説明において不可欠な働きをするとともに，諸種の徳性についての述語としても用いられる。その限りにおいては，「善悪」は，さまざまな徳性に共通のパターンを言い当てようとしている，と言ってもよい。

ルール 特になし

❸こうした言い方を採用すれば，「誠実・不実」「親切・冷酷」といった徳性は，態度・行為のパターンなのだから，善悪は，私たちの態度・行為の諸種のパターンのパターンだ，と言えるかもしれない。しかしながら，こうした言い方については慎重さを要する。「パターンのパターン」だと言ってしまうと，「善悪」は，徳性の性質であって，個々の行為・態度や政策にかんしては言えないかのような印象を誘うが，それは違う。「善悪」という語は，徳性を表す濃密な評価語にくらべて，記述的な意味がいっそう希薄である。しかし，だからと言って，善悪は，もっぱら徳性についての述語だということにはならない。

ルール 3 しかし
ルール 7 need to
ルール 3 しかし

❹「善悪」は，「誠実・不実」のような具体的な徳性にくらべると，パターン認知のレベルが違っているがゆえに，記述的な意味が希薄で抽象的である。したがって，そのぶん「善悪」は，濃密な評価語とは異なって，行為・態度あるいは人柄についてだけではなく，さらに政策や制度にかんしても用いられうる。「善悪」の概念は，徳性とは異なって，それだけの普遍性をおびている。

ルール 4 したがって
ルール13 AだけでなくBもまた

❺このように「善悪」の概念は，記述的意味が希薄であるがゆえに，直示によっては理解・習得されえないし，さまざまな徳性の枚挙によっても説明されえない。その意味において，善悪の概念には，マクダウェルが指摘したように「形がない」。個々の徳性は，善悪の例示には役立ちうるとしても，その定義を与えない。したがって，諸科学における理論的な概念がそうであるように，善悪もまた，その明確な定義を与えるには，なんらかの原理が必要となる。

ルール 4 したがって
ルール 7 need to

お試し問題の解説

ルールを活用できましたか？　文章を読み進め，正答を導くためには，筆者の主張を確実に見つける必要があります。そのためにまず行ってほしいことは，文中に登場する「**逆接**」と「**換言**」の接続詞のチェックです。この2つの接続詞の後ろには，筆者の意見，つまり正答が隠れています。

《直感ルールによる文章構造》

ルール2より，全部で5段落構成であることがわかります。

第一段落（❶）

4行目：ルール4「したがって」&ルール10「～してはじめて」

「『善・悪』という包括的な，したがって抽象的な概念は，“親切な行いがよいのは，どうしてなのか”というように，徳性についての反省が進むことによって，はじめて主題となる。」

第二段落（❷）：特にチェックする箇所なし。

第三段落（❸）

4行目：ルール3「しかし」&ルール7「need to」

「しかしながら，こうした言い方については慎重さを要する。」

「しかし」は前の文を受けているので，直前の文もチェックすること！

↓

9行目：ルール3「しかし」

「しかし，だからと言って，善悪は，もっぱら徳性についての述語だということにはならない。」

「しかし」は前の文を受けているので，直前の文もチェックすること！

第四段落（❹）

3行目：ルール4「したがって」&ルール13「AだけでなくBもまた」

「したがって，そのぶん『善悪』は，濃密な評価語とは異なって，行為・態度あるいは人柄についてだけではなく，さらに政策や制度にかんしても用いられうる。」

第五段落（⑤）

6行目：ルール4「したがって」＆ ルール7「need to」

「したがって，諸科学における理論的な概念がそうであるように，善悪もまた，その明確な定義を与えるには，なんらかの原理が必要となる。」

ルール により，第一・第三・第四・第五段落から見えてくる重要部分の記された選択肢が正答となります。特に第五段落は，文章の最後＝結論部で「したがって」が使われているうえに，「必要となる」という筆者の強調表現が含まれているので，この一文には筆者の強い主張が表れていると考えられ，選択肢を選ぶ際の重要な箇所です。

選択肢の検討

1．第四段落で記されている部分であり，ルール4 の該当部分でもありますが，そこには「濃密な評価語とは異なって」とあるので，「評価語を習得することによって」という部分が一致しません。

2．第二段落で説明されている部分ですが，ここにはルールが特になく，筆者の強い主張が見られません。また，「善悪と徳性は，～諸種の徳性を推奨する理由の説明において不可欠な働きをする」と記されてはいますが，「補完の関係にある」とまでは記されていません。

3．第三段落 ルール3 の該当部分です。そこでは「『善悪』は，もっぱら徳性についての述語だということにはならない」と記されているので，「評価語の述語となっている」が当てはまりません。

4．第三段落では「善悪は，私たちの態度・行為の諸種のパターンのパターンだ，と言えるかもしれない」としながらも，ルール3 より，「しかしながら，こうした言い方については慎重さを要する」としています。そして，第四段落で「パターン認知のレベルが違っているがゆえに，記述的な意味が希薄で抽象的である」とも記されているので，「認知レベルを判断する基準」とはいえません。

5．正しい。

出典：大庭健『善と悪－倫理学への招待－』

正答 5

実戦問題

check □□□

No.1 【平成19年度・国税専門官】GⅢ

➡正答と解説はP.17

次の文の内容と合致するものとして最も妥当なのはどれか。

①リスザルは，親和的な関係にあって顔を合わすことの多い仲間同士が音声を交わす。しかしニホンザルは，仲間が自分から空間的に離れた時に，むしろ声を出し合うことがわかる。そうすることで姿は認めなくとも，相手が自分の周辺にいることを確認しているのだろう。彼らが生活する森のなかは視界が良くない。へたをすると仲間からはぐれてしまう危険が存在する。それを防ぐために，おしゃべりが役に立っている。自分が声を出して応答があることで彼らは仲間と一体であるという安心感を得ているらしい。

②相手が視界から消え去った時に，社会関係を維持するためにおしゃべりをし合うというのが，きわめて高度な社交術であるのはあらためて指摘するまでもないだろう。目下のところ動物ではヒヒとニホンザルの仲間だけで報告されている。しかも両者とも，時として数百頭という例外的に巨大な規模の群れを形成することが知られているが，それはこの社会性によってのみ可能となったと思われる。他の霊長類の群れは，大きくても50頭を超えることはない。対面して関係を維持するには，このあたりが限界なのだ。

③ただし，彼らの出す音声そのものには，メッセージが含まれていない。仲間の所在を確認して，反応が聞こえなくなる事態を防いでいるにすぎない以上，やっていることは下等と言えば下等かもしれない。だが最近の日本人と比べてみた時，あまり差がないように思えてならないのだ。

④とりわけ若者が携帯でメールをやりとりするのと，そっくりだと思う。そもそもケータイを使いだすと，常に身につけていないとどうも不安な気分に陥るらしい。さきほどまで会っていた相手と離れるや，ただちに「元気？」とか，あえて伝える価値のない情報を交信している。しかしそんなことは，大昔からサルがやっていたことなのだ。ニホンザルも起きている間中，誰かとつながっていないと落ち着かないようである。《中略》日本語には英語のグループにあたるものとして，群れと集団ということばがある。前者は動物については用いられることはあっても，ふつう人間には使わない。しかしケータイの普及は，人間ですら群れ的にしか結びつかず，それでいて充足して生活できることを実証してくれているのである。

1　リスザルは，仲間同士が親和的な関係をより深める意味合いで音声を発するが，ニホンザルの親は，視界に子どもの姿が見えないときに子どもがはぐれないように音声を発する。

2　ニホンザルは群れの規模が50頭を超えると，見えない相手と社交するようになるが，50頭以下では対面して関係が維持できるので，この社交術は見られない。

3　サルも人間も，社会関係を維持するためには，相手の応答によって誰かとつながっていることを確認できる道具として音声を必要としているのであって，メッセージの内容は必要ではない。

4 携帯電話を通じて，人間は群れ的にも他者と結び付くことができるようになったことに伴い，孤独に伴う不安を解消し，精神的に豊かな生活を送ることが可能になった。

5 姿の見えない相手に対して声を出し応答を求めるニホンザルの行動は，若者が携帯電話を通じて相手ととりとめもない情報をやりとりする行動と，安心感を得ようとする点で似ている。

No.2 【平成19年度・国家Ⅰ種】GⅢ ➡正答と解説はP.18

次の文の内容と合致するものとして最も妥当なのはどれか。

①規則正しい生活は，大げさに言うなら，大宇宙の叡知に参加することだ。大宇宙の叡知とは自然界に見られるよろずのリズムだ。波は寄せるだけではない。満ちて返す。満ちるだけが潮ではない。満ちて干く。太陽は当りっぱなしではない。日没には姿を西に消す。代って夜が来る。花は一年じゅう咲きっぱなしではない。散る時がある。花の次には果の熟す時が訪れる。

②すなわち――すべてのものごとには，「時」というものがある，のだ。それは大原則である。散りながら同時につぼみを開かせる花がないように，散る時，咲く時，のリズムがある。

③自然界に身を置いて生きる人間は，やはり自然界同様の，「時」のリズムに身をゆだねて，はじめて，内・外ともに，身・心ともに健やかになる。

④だらだらと食べっぱなし，乗りものに乗りさえすれば食事時間でなくても，おなかがすいていなくても，「何となくたいくつをまぎらすために」食べっぱなし……そういうことをやめて（あるいは子供にはきびしくやめさせて），食べる「時」にしっかりと食べ，食べぬ「時」には食べずにいる。こんな小さなことからスタートをしても，規則正しさはやがて規律となり，規律はやがて「よい習慣」となる。つまり，外面の規律は内面の規律にもひびいて来るのだ。そして規律は，人間最大の宝である自由の土台をなすものなのである！　規律なき自由は，もはや人間の自由ではないのだ。

⑤そして――ここがかんじんなところだ――自由こそ，正しいほんとうの自由こそ，人間の幸福の中核なのだ。これについてはまたのちに，あらためてゆっくりと書くこともあろう。いまはただ，規律を形づくる規則正しい生活が，実は内面的な幸福と大きくかかわりあっていることを強調するにとどめておく。

⑥規則正しい生活を送る人は，また，時間を支配する人である。時間に追われるのではなく。いや，支配する以上に，時間をつくり出すことさえ出来るようになる。これは経験から――多くの人の経験から――言えることであって，理屈ではない。

⑦「忙しくって忙しくって」一枚のハガキすら，受取りの便りの一通すら書けない，などと言いわけをする人に限って，だらだらと時間をうんと持つ人だ。古今東西，規則正しい生活を送った，ほんとうに忙しい，たくさんの仕事をなしおえた人ほど，「忙しい忙しい」とほざきもせず，実にこまめにおびただしい書簡をのこしている。大部の書物あまたをも読んでいる。それは彼らが時間を支配出来る人であったことを，また，規則正しい生活の副産物として当然，生じて来る「この仕事（たとえば要件の手紙一本）には何分あればよいか」の知識を持って，それをフルに利用した人であったことを物語る。

⑧規則正しさは，リズムを生むが，リズムとは，ひとつのことからちがうことへ（休息から仕事へ等）の変化である。

⑨変化は当然，単調さを破る。「間」がそこに入る。日常生活内にリズムを持つと，頭や思考の切り替えがきくようになる。と同時に，ひとつことへの集中度が密になる。つまり，散漫ボンヤリ，気が散ってあれもこれも，が，なくなる。精神がゆるんでだらけてしまわずに，快い緊張と，快い休止との間をリズミカルに往復するようになる。

⑩だから――規則正しい生活を送れば送るほど，休止符の時，「間」の時，つまり休息期を，日曜一日であれ，長い四週間であれ，うまく使えるようになるのである。休息は，全力投球の，勤勉な活動を大前提とするから，だ。

1　「時」というものには，自然界における決まったリズムがあるが，人間は独自のリズムを作り出すことによって規則正しい生活ができる。

2　規則正しい生活を送ることで，時間をつくり出すことができるようになるが，規則正しい生活はまた，人間の幸福の中核である自由の土台をなす規律へとつながっていく。

3　規則正しい「時」のリズムをもつ人間に仕事が必然的に増えていく傾向にあるので，「時」は忙しい人間の副産物とされている。

4　規則正しい生活は，「時」のリズムが単調になるので注意力が散漫になりがちであり，それを防ぐために時折「間」をもたせる必要がある。

5　休息をうまく使える人間は，「時」のリズムが変化しても対応できるため，変則的な生活になっても気持ちを切り替えることができる。

No.3 【平成22年度・国家Ⅱ種】 GⅡ

➡正答と解説はP.20

次の文の内容と合致するものとして最も妥当なのはどれか。

❶世界の相互依存が，ますます緊密化を高めようとするとき，日本のそれまで相対的固有性を保っていた「文化」が，今後どのような連続性を守ることが必要とされているのか，さらにまた，従来の経済的繁栄や社会的豊かさを維持するためには，日本の「文化」の改変を必要としているのはどのような部分であるのか。《中略》

❷この研究の基本的立場は，「グローバリゼーション」と「伝統文化」は，いずれかを選ばなければならないような，対立関係にあるのではないとする点である。国民国家はなんらかの形態を変えつつも，グローバルな社会の基本単位として，今後も存続していくであろう。国民国家は存続するためには，なんらかの文化的伝統の上に，その土台を置いていなければならない。多くの日本人は，今後も日本語を日常語として使い，日本語の中に圧縮されて秘められている，日本人的発想や価値観や美意識は，連続性を持たざるを得ないと考える。しかし，言語も含めて「文化」というものは，常に再定義され，再構築されてきた，動的な価値観・生活様式なのであって，過去に完成され，固定化され，ただ守るだけの存在ではない。過去に蓄積された日本の「文化」を維持・発展させるためにも，日本の「文化」のある部分の改変は不可避である。

❸それは「伝統文化」と呼ばれるものにも当てはまる。それは，新しい創造の原点にもなれる，文化の動的基盤である。「伝統文化」の再検討や再発見によって，より古典的な姿への回帰も可能であり，逆に，グローバル社会への創造的適応によって，新たな「伝統文化」(形容矛盾だが) へと再生することもありうる。日本人で世界のファッション界で活躍している人々の戦略は，日本の「伝統服飾文化」の中からエッセンスと思われるものを取り出し，それを「世界化」(グローバル化) することを基本としている。

❹ともあれ，「伝統文化」とは，歴史のさまざまな可能性の中から，一つの選択がなされた結果なのであって，歴史必然的に残された「伝統文化」なるものは存在しないのである。

1　伝統文化の再構築のためには，日本人的発想や価値観や美意識といったものに拘泥せず，既存の文化を新しいものへと変容させていくことが不可避となる。

2　従来の伝統文化を基盤とするのではなく，グローバル社会に通用する考え方を基盤として，新たな伝統文化を構築していくことが必要である。

3　従来の伝統文化を見直し，古典的な姿へと回帰することにより，更にグローバル化した文化へと発展していくことが可能となる。

4　伝統文化を基本とする国民国家が存続するためには，グローバル社会と対立する部分の改変が不可欠である。

5 伝統文化は，いろいろな可能性の中で選択がなされてきたものであり，また，グローバリゼーションとは二者択一的なものではない。

check □□□

No.4 【平成14年度・国家Ⅱ種】GⅠ

➡正答と解説はP.21

次の文の内容と合致するものとして妥当なのはどれか。

❶これまでに述べてきた科学者共同体の内部における倫理の問題は，マートンによる倫理規範の主張にもかかわらず，科学者共同体が，現実には，他の共同体に比べても，とりわけ高貴なる倫理規範を備えているとは思えないことを示している。すでに第二章でも述べたように，とりわけ西欧にあっては，医師や聖職者の共同体の内部における職能倫理は，神との関係において明確な基盤に支えられて来た。今は知らず，かつては，それは，神とその職能者との間に特別に交わされた契約に基づいて初めて成立する職業として理解されてきたがゆえに，何よりも先ず，その職業的行為は神に対して責任を負うべきものと考えられ，またそれが求められてもいた。

❷聖俗革命を経たのち，キリスト教的な枠組みは，基本的には崩壊した（無論聖職者の共同体については別である）けれども，医師も聖職者も，さらには法曹家も，いずれも，人間，それも苦しんでいる人間を相手にするという意味では，おのずから，自分たちの職能者集団の内部のみでは，その職業的行為が完結せず，同時に，その行為の結果もまた，職能者集団の内部のみでなく，その外部社会との繋がりを断つことができないという性格を必然的に帯びている。したがって，共同体内部の倫理規範も，外部社会に対してどのように責任をとるのか，という配慮なくしては成り立たないものであった。

❸しかし，彼らと同じように，知識と技術とを職能の基盤としながらも，科学者は，繰り返し述べて来たように，常に，共同体内部の同業者にのみ目を向け，同業者の評価だけを求めて，自己完結的な営みを重ねているという点では，極めてユニークなカテゴリーに属すると考えられる。責任をとらなければならない相手がいるとすれば，それは同業者だけであって，そのような特殊な事態を，「真理の追究」という美しい言葉で粉飾してきたとさえ言えるかもしれない。

❹科学者の共同体を，そのようなものとして見るとすれば，それは，「ブレーキのない車」という比喩さえ妥当のように思えてくる。何故なら，ある個別の共同体の内部では，その共同体公認の知識体を増加させることは，無条件に善であり，逆にその増加を障(さまた)げるものは無条件に悪であるという評価基準が働いているからである。その評価基準こそが，その共同体全体を動かし，あるいはその共同体に属する個人を動かす唯一の価値意識であるからである。研究の推進にブレーキをかけたり，あるいは現在進んでいる方向に修正を求めたりすることがすべて「悪」として拒絶されるのであれば，それは「ブレーキ」ばかりか，ギアもハンドルさえもなく，アクセルだけが備わった車でなくて何であろうか。

1　科学者共同体には，内部でのみ通用する唯一・絶対の倫理規範が存在している。

2　科学者共同体は，本来，外部社会に配慮した倫理規範を持つ義務を負っていない。

3　医師や聖職者の職能者集団は，独自の倫理規範を持っていないため外部社会のそれに従っている。

4　医師や聖職者の職能者集団にとって，「真理の追究」を前提とする倫理規範を持つ必要はない。

5　すべての職能者集団は，キリスト教的倫理規範を失った後も集団独自の倫理規範を維持している。

正答と解説

No.1の正答と解説 【平成19年度・国税専門官】

➡問題文はP.11

《直感ルールによる文章構造》

ルール2 より，全部で４段落構成であることがわかります。

第一段落（①）

２行目：ルール3「しかし」＆ルール8「AよりもむしろB」

「しかしニホンザルは，仲間が自分から空間的に離れた時に，むしろ声を出し合うことがわかる。」

第二段落（②）：特にチェックする箇所なし。

第三段落（③）

３行目：ルール3「だが」＆ルール9「～と思う」

「だが最近の日本人と比べてみた時，あまり差がないように思えてならないのだ。」

第四段落（④）

１行目：ルール9「～と思う」

「とりわけ若者が携帯でメールをやりとりするのと，そっくりだと思う。」

４行目：ルール3「しかし」

「しかしそんなことは，大昔からサルがやっていたことなのだ。」

８行目：ルール3「しかし」

「しかしケータイの普及は，人間ですら群れ的にしか結びつかず，それでいて充足して生活できることを実証してくれているのである。」

ニホンザルの例を用い，仲間と離れた時にサルが声を出し合う様子が，携帯電話を利用して，群れとして結びつき，充足して生活をしたいという人間，それも若者の姿と似ているという内容の展開です。特に難しい文章ではないので，筆者が主張している部分を見つけられれば，正答にたどり着くことができます。

選択肢の検討

1× 前半は第一段落で述べられていますが，そこは筆者の主張部分とはズレています。また，後半のように音声を発する点で「ニホンザルの親」や「子どもの姿が見えないとき」といったように限定した記述は見られません。

2× 第二段落をまとめた文章ですが，ここに筆者の主張がないことはルールから

わかります。また，そこで述べられているのは，ニホンザル以外の霊長類の群れは「大きくても50頭を超えることはない」ということだけで，本肢のように「(ニホンザルが) 50頭を超えると，見えない相手と社交するようになる」という記述は見当たりません。

3 × 「サルも人間も」相手とつながっているための「道具として音声を必要としている」とありますが，本文では人間の中でも，「最近の日本人」の「若者」と限定し，「若者」に必要なのは「ケータイ」または「携帯」としており，「音声」とはしていません。

4 × 第四段落で，若者は「あえて伝える価値のない情報を交信している」と述べつつも，「それでいて充足して生活できる」としていますが，それは第三段落にも見える「反応が聞こえなくなる事態を防いでいる」のであって，本肢にあるように「精神的に豊かな生活を送ることが可能になった」とまでは読み取れません。

5 ◎ 正しい。

出典：正高信男『ケータイを持ったサル－「人間らしさ」の崩壊』

正答 5

No.2の正答と解説 【平成19年度・国家Ⅰ種】

→問題文はP.12

《直感ルールによる文章構造》

ルール2 より，全部で10段落構成であることがわかります。

第一段落（❶）：特にチェックする箇所なし。

第二段落（❷）

1行目：ルール4「すなわち」

「すなわち――すべてのものごとには，『時』というものがある，のだ。」

第三段落（❸）

1行目：ルール10「～してはじめて」

「自然界に身を置いて生きる人間は，やはり自然界同様の，『時』のリズムに身をゆだねて，はじめて，～健やかになる。」

第四段落（❹）

5行目：ルール4「つまり」& ルール10 最上級表現「最大の」

「つまり，外面の規律は内面の規律にもひびいて来るのだ。そして規律は，人間最大の宝である自由の土台をなすものなのである！」

7行目：ルール12「二重否定」

「規律なき自由は，もはや人間の自由ではないのだ。」

第五段落（❺）

3行目：ルール12「実は」

「いまはただ，規律を形づくる規則正しい生活が，実は内面的な幸福と大きくかかわりあっていることを強調するにとどめておく。」

第六段落（⑥）

1行目：ルール8「AではなくてB」の変形→「Bである。Aではない」
「規則正しい生活を送る人は，また，時間を支配する人である。時間に追われるのではなく。」

第七段落（⑦）：特にチェックする箇所なし。

第八段落（⑧）：特にチェックする箇所なし。

第九段落（⑨）

3行目：ルール4「つまり」
「（リズムを持つと）つまり，散漫ボンヤリ，気が散ってあれもこれも，が，なくなる。」

第十段落（⑩）

1行目：ルール4「つまり」
「だから――規則正しい生活を送れば送るほど，休止符の時，『間』の時，つまり休息期を，～うまく使えるようになるのである。」

第二段落で「時間」の概念を，そして第四～第六段落で「規律」を持って生活をすること，さらに，最後の第十段落で「規則正しい生活を送る」ことの大切が述べられている文章です。

選択肢の検討

1 × 前半は第一・第二段落で述べられていますが，後半は第三段落にあるように「自然界同様の，『時』のリズムに身をゆだね」ることが求められているのであり，本肢にあるように「独自のリズムを作り出す」とは記されていません。

2 ◎ 正しい。

3 × 規則とリズム，そして仕事との関係が述べられているのは第七段落。したがって，筆者の主張部分ではありません。ちなみに本文の該当部分を読んでも，「規則正しい生活を送った，ほんとうに忙しい，たくさんの仕事をなしおえた人ほど」「時間を支配出来る人」と記されており，本肢にあるように「仕事が必然的に増えていく」と読み取ることはできません。

4 × 本文では全体的に，規則正しい生活はプラスの意味でとられています。また第八・第九段落で「規則正しさは，リズムを生むが，リズムとは，ひとつのことからちがうことへ（休息から仕事へ等）の変化である」，「変化は当然，単調さを破る」とあるので，本肢で記されているように，規則正しい生活では「時」のリズムが単調になるという部分が違うことがわかります。

5 × 前半は第十段落で述べられているとおりですが，後半の「変則的な生活になっ」たときの対応については記されていません。

出典：犬養道子『幸福のリアリズム』　**正答 2**

No.3の正答と解説 【平成22年度・国家Ⅱ種】

➡問題文はP.14

《直感ルールによる文章構造》

ルール2 より，全部で４段落構成であることがわかります。

第一段落（①）

１行目：ルール11「疑問形」

「世界の相互依存が，〜守ることが必要とされているのか，さらにまた，〜どのような部分であるのか。」

第二段落（②）

４行目：ルール5「must」

「国民国家は存続するためには，なんらかの文化的伝統の上に，その土台を置いていなければならない。」

７行目：ルール3「しかし」＆ルール8「AではなくてB」の変形→「Bである。Aではない」

「しかし，言語も含めて『文化』というものは，〜なのであって，〜ただ守るだけの存在ではない。」

第三段落（③）：特にチェックする箇所なし。

第四段落（④）

１行目：ルール8「AではなくB」の変形→「Bである。Aではない」

「ともあれ，『伝統文化』とは，〜一つの選択がなされた結果なのであって，〜存在しないのである。」

第一段落で提示された「文化」に対する疑問の答えが，第二・第四段落で「伝統文化」のあり方とともに，導き出されていく文章です。そこで述べられている筆者の主張と合致する選択肢を選びます。

選択肢の検討

1× 第二段落で記されているように，「日本の『文化』のある部分の改変は不可避」とし，第三段落の冒頭で「それは『伝統文化』と呼ばれるものにも当てはまる」，つまり「伝統文化の再構築」について述べているとはいえます。しかし，第二段落で「日本人的発想や価値観や美意識は，連続性を持たざるを得ない」としているので，「拘泥せず」という表現は不適切です。また「既存の文化を新しいものへと変容させていく」のではなく，第二段落10行目にあるように「日本の『文化』のある部分の改変」は必要と述べています。

2× **1**と同様に，「日本人的発想や価値観や美意識は，連続性を持」つものですし，「再構築」「再定義」するためには，これまであるものを基盤にしないと，構築も定義も改めて行うことはできません。

3 × 第三段落で述べられていることなので，筆者の主張とは異なります。またそこで述べられているのは，「『伝統文化』の再検討や再発見によって，より古典的な姿への回帰も可能であり」，「逆に」グローバル社会へ適応することで，「新たな『伝統文化』～へと再生する」とあり，本肢にあるように「更に」ではなく，一方的な関係であることがわかります。

4 × 本肢にあるように「グローバル社会と対立する部分」については，本文では記されていません。第二段落３行目でも「グローバルな社会の基本単位として，今後も存続していく」とあります。

5 ◎ 正しい。

出典：園田英弘『流動化する日本の「文化」』

正答 5

No.4の正答と解説 【平成14年度・国家Ⅱ種】

➡問題文はP.15

《直感ルールによる文章構造》

ルール２ より，全部で４段落構成であることがわかります。

第一段落（❶）

5行目：ルール10「～してはじめて」& ルール10「何よりも」

「今は知らず，かつては，～初めて成立する職業として～何よりも先ず，その職業的行為は～」

第二段落（❷）

2行目：ルール３「けれども」& ルール13「AだけでなくBもまた」

6行目：ルール４「したがって」& ルール12「二重否定」

☞ここでは2行目の「けれども」以下をまとめている6行目が要チェック部分です！

「したがって，（医者や聖職者たちの）共同体内部の倫理規範も，外部社会に対してどのように責任をとるのか，という配慮なくしては成り立たないものであった。」

第三段落（❸）

1行目：ルール３「しかし」& ルール９「考える」

「しかし，彼らと同じように，知識と技術とを職能の基盤としながらも，科学者は，～ユニークなカテゴリーに属すると考えられる。」

4行目：ルール10「only」

「（科学者が）責任をとらなければならない相手がいるとすれば，それは同業者だけであって，～」

第四段落（④）

6行目：ルール11「疑問形」

「研究の推進にブレーキをかけたり，あるいは～アクセルだけが備わった車でなくて何であろうか。」

第一段落と第二段落では「医者や聖職者」たちの「共同体内部の倫理規範」について述べ，第三段落の「しかし」をきっかけに，「科学者の共同体内部」の話に転換しています。筆者の主張は後者。科学者は常に同業者のみに目を向けており，医師や聖職者とは異なり，共同体内部の倫理規範も自己完結しているということが述べられています。この辺りをまとめている選択肢が正答となります。

選択肢の検討

1 ◎ 正しい。

2 × 第三段落で「責任をとらなければならない相手がいるとすれば，それは同業者だけ」とは記していますが，本肢にあるように，「外部社会に配慮した倫理規範を持つ義務を負っていない」とまでは読み取れません。

3 × 第一段落に「医師や聖職者の共同体の内部における職能倫理は，神との関係において明確な基盤に支えられて来た」とあり，それは第二段落にあるように，「聖俗革命を経たのち，キリスト教的な枠組みは，基本的には崩壊し」ましたが，「共同体内部の倫理規範」はあったと読み取れます。

4 × 「真理の追究」について述べられているのは第三段落の最後ですが，そこで記されているのは，科学者が自分たちの置かれている特殊な事態を，「真理の追究」という言葉で呼んでいただけです。したがって，医師や聖職者にとっての「真理の追究」については言及されてはおらず，第二段落の最後にも「共同体内部の倫理規範」が必要であることが述べられていますので，本肢とズレています。

5 × 第二段落では，共同体内部と外部社会とのつながりについての倫理規範は記されていますが，それが「集団独自の倫理規範」であるかどうかは記されていません。

出典：村上陽一郎『科学者とは何か』

正答 1

テーマ2

強調表現

お試し問題 ……………………【平成22年度・国税専門官】

次の文の内容と合致するものとして最も妥当なのはどれか。

これまでの観察を通じて，社交という営みについておよその概括的なイメージが浮かびあがってきた。ここでそれに定義めいた整理を与えてみると，まず社交とは厳密な意味で人間が感情を共有する行為だといえるだろう。そこでは中間的な距離を置いて関わりあう人間が，一定の時間，空間を限って，適度に抑制された感情を緩やかに共有する。社交の場では人は互いに親しんで狎(な)れあわず，求心的な関係を結びながらも第三者を排除しない。人びとが社交に集まるとき，彼らは一応の目的を共有するが，けっしてその達成を熱狂的に追求することはない。ともに食べともに技を競い，ともに語って意思を伝えあうにしても，人びとはそうした目的よりも達成の過程に重点を置く。すべての行動が即興劇に似た姿を備え，会話はせりふに，動作はしぐさに，参加者は仮面をつけた役の人物に近いものとなる。

そしてこの逆転を起こさせる仕掛けが礼儀作法であって，これが社交の行動に定式を与えるとともに，それから効率的な実用性を奪う。それは行動のすべてが目的に収斂(しゅうれん)することを妨げ，そのことによって過程を充実させて，始めと中と終わりのある完結性をもたらす。作法はまた，人を目的達成にあせる情熱から解放し，自己の感情を半ば対象化させることによって抑制に導く。それはいわば即興劇の粗筋として，また俳優の肉体に備わった技能として働き，その力によって社交の時空間を内側から限定し，また社交する人間の感情を自然に統御された快活さに誘うのであった。

さらに社交の行動のこのような構造から，社交する人間の精神はおそらく矛盾に満ち，その矛盾の統一によって緊張したものになるであろう。それはまず何ごとにも「付かず離れず」の態度をとり，人間にも催事にも，さらには文化の全体にすら，参加しながら距離を置く危うい姿勢を保たねばならない。社交する精神はすべてにしらけない関心を抱き，それでいて本質的に無欲であることが期待される。何ごとをも遊びと見なしながら，その遊びにたいして真面目でなければならない。それはまた作法に従う精神であるから，行動の規律と自然な滑らかさを同時に追求しなければならない。拘束と自由を微妙に均衡させ，形式と内からの自発性を両立させなければならないのである。

1　社交の場では，人々は，互いに親しみながらも，相手に不快な思いをさせないよう，個人の感情の表出を排除して作法に徹することが大切とされている。

2　社交の場では，人々は，礼儀作法を重んじるあまり，仮面をつけた役の人物のようにぎこちなく，無表情になりがちである。

3　社交は，本来，人間が感情を共有する行為であるにもかかわらず，実際は，自然な感情の共有よりも，作法の美しさの競い合いといった，競争の場に収斂してしまう。

4　社交において，人々は，内心に抱えた矛盾を克服し，社交の場に適した明るい振る舞いを保つという真面目さが求められる。

5　社交において，人々は，一応の目的を共有するが，その達成よりも過程を重視しており，参加しながら何ごとにも距離を置くという微妙な姿勢を保たねばならない。

直感ルールはココだ！

次の文の内容と合致するものとして最も妥当なのはどれか。→ ルール２ ３段落構成

❶これまでの観察を通じて，社交という営みについておよその概括的なイメージが浮かびあがってきた。ここでそれに定義めいた整理を与えてみると，まず社交とは厳密な意味で人間が感情を共有する行為だといえるだろう。そこでは中間的な距離を置いて関わりあう人間が，一定の時間，空間を限って，適度に抑制された感情を緩やかに共有する。社交の場では人は互いに親しんで狎（な）れあわず，求心的な関係を結びながらも第三者を排除し**ない**。人びとが社交に集まるとき，彼らは一応の目的を共有するが，**けっして**その達成を熱狂的に追

ルール８
「ＡではなくてＢ」
↓変形
「Ａではない。Ｂである」
＋
ルール12 never
ルール８
「ＡよりもＢ」

求することはない。ともに食べともに技を競い，ともに語って意思を伝えあうにしても，人びとはそうした目的よりも達成の過程に重点を置く。すべての行動が即興劇に似た姿を備え，会話はせりふに，動作はしぐさに，参加者は仮面をつけた役の人物に近いものとなる。

❷そしてこの逆転を起こさせる仕掛けが礼儀作法であって，これが社交の行動に定式を与えるとともに，それから効率的な実用性を奪う。それは行動のすべてが目的に収斂（しゅうれん）することを妨げ，そのことによって過程を充実させて，始めと中と終わりのある完結性をもたらす。作法はまた，人を目的達成にあせる情熱から解放し，自己の感情を半ば対象化させることによって抑制に導く。それはいわば即興劇の粗筋として，また俳優の肉体に備わった技能として働き，その力によって社交の時空間を内側から限定し，また社交する人間の感情を自然に統御された快活さに誘うのであった。 ルール 特になし

❸さらに社交の行動のこのような構造から，社交する人間の精神はおそらく矛盾に満ち，その矛盾の統一によって緊張したものになるであろう。それはまず何ごとにも「付かず離れず」の態度をとり，人間にも催事にも，さらには文化の全体にすら，参加しながら距離を置く危うい姿勢を保たねばなら → ルール5 must
ない。社交する精神はすべてにしらけない関心を抱き，それでいて本質的に無欲であることが期待される。何ごとをも遊びと見なしながら，その遊びにたいして真面目でなければな → ルール5 must
らない。それはまた作法に従う精神であるから，行動の規律と自然な滑らかさを同時に追求しなければならない。拘束と → ルール5 must
自由を微妙に均衡させ，形式と内からの自発性を両立させな → ルール5 must
ければならないのである。

お試し問題の解説

筆者は自分の意見を強調するために，接続詞のほかに，文字どおり「強調表現」を使用し，自分の主張を光らせます。もちろん，「強調」する部分も筆者の大切な意見部分ですから，本文を読み進めながら，接続詞（逆接・換言）とともに「強調表現」をチェックしてください。そこにも大切な正答が隠れています。

《直感ルールによる文章構造》

ルール 2 より，全部で3段落構成であることがわかります。

第一段落（❶）

6行目：ルール 8 「AではなくてB」の変形→「Aではない。Bである」& ルール12 「never」& ルール 8 「AよりもB」

「社交の場では～排除しない。～けっしてその達成を熱狂的に追求することはない。ともに食べともに技を競い，～人びとはそうした目的よりも達成の過程に重点を置く。」

第二段落（❷）：特にチェックする箇所なし。

第三段落（❸）

3行目：ルール 5 「must」

「それはまず何ごとにも『付かず離れず』の態度をとり，～危うい姿勢を保たねばならない。」

7行目：ルール 5 「must」

「何ごとをも遊びと見なしながら，その遊びにたいして真面目でなければならない。」

9行目：ルール 5 「must」

「それはまた作法に従う精神であるから，行動の規律と自然な滑らかさを同時に追求しなければならない。」

10行目：ルール 5 「must」

「拘束と自由を微妙に均衡させ，形式と内からの自発性を両立させなければならないのである。」

第一段落では社交の場での取るべき姿勢を説明し，第三段落でそこでの注意点を「ねばならない」という言葉で４点述べている文章です。それらに含まれている内容が記されているものが正答候補です。

選択肢の検討

1．前半の「相手に不快な思いをさせないよう」という表現は，一般的には社交にとって必要と思われますが，本文ではそのことについては記されていません。また後半に「個人の感情の表出を排除して」とありますが，排除するのではなく，第二段落６行目に見えるように「自己の感情を半ば対象化させることによって抑制に導く」ので誤りです。

2．「仮面」の話は第一段落のラストに出てきます。社交の場で「一定の時間，空間を限って，適度に抑制された感情を緩やかに共有する」ために，「参加者は仮面をつけた役の人物に近いもの」となるのですが，それを逆転させるためとして，第二段落で礼儀作法が出てきます。そして礼儀作法により，第二段落のラストに見えるように「人間の感情を自然に統御された快活さに誘う」のですから，「ぎこちなく，無表情になりがち」になるとはいえません。

3．第三段落辺りに，催事や文化に参加するとはありますが，それが「作法の美しさの競い合い」や「競争の場」となるといった表現は見当たりません。

4．前半は第三段落の最初で「社交する人間の精神はおそらく矛盾に満ち，その矛盾の統一によって緊張したものになる」とあり，それを「克服」するといった表現は見当たりません。また後半についても，第三段落８行目辺りで「遊びにたいして真面目でなければならない」としながらも，「社交の場に適した明るい振る舞いを保つ」とまでは記していません。

5．正しい。

出典：山崎正和『社交する人間』

正答 5

check □□□ **No.1** 【平成30年度・地方上級（東京都）】 GⅢ ➡正答と解説はP.33

次の文章で述べられていることとして，最も妥当なのはどれか。

❶科学的思考，批判的思考は学びの達人になるためにとても大事で，最近は教育界のキーワードになっている。他方，熟達者の特徴は鋭い直観力にあることも，誰もが認めるところである。批判的思考を重要視するということは直観的思考をどれだけ排除できるか，と考えられるのに，この「矛盾」はどのように考えればよいのだろうか。

❷じつは「直観」ということばは，いくつかの意味合いを持つ。三つの形を考えてみよう。

(1)　ある状況で何がしかの判断をするとき，知識がないときは，コイントスのように適当にするしかない。

(2)　子どもが単語の意味を考えるとき，「形ルール」のようなスキーマに沿って，その場ですぐに初めて聞いた単語の意味を考え，その単語が使える範囲を決めてしまう。

(3)　将棋の達人は，次の一手についてあれこれ可能性を考えなくても最善の一手が頭に浮かぶ。

❸(1)から(3)はすべて一般的には「直観的思考」と考えられる。しかし，その判断の精度や質はそれぞれ異なる。(3)は非常に精度が高い判断。(2)はいわゆる「スキーマ」に頼った思考で，「当たらずとも遠からず」の判断になる場合もよくある。(1)の判断はまったく偶然のレベルである。これら三つの形の「直観」は，まったく違う種類の思考というよりは，判断の拠り所となる背景の知識のありかたが違う思考と考えたほうがよい。豊富で精緻な知識を持っていれば直観の精度は上がり，「ひらめき」になる。知識がないところで直観に頼れば，「あてずっぽう」になってしまう。

❹科学者にも直観は大事だ。そもそも，理論を構築するためには仮説がなければならない。仮説をつくるときに直観は絶対に必要である。ニュートンの万有引力の発見も，ケプラーの楕（だ）円軌道の発見も，データを積み上げて吟味する批判的思考だけで生まれたわけではない。批判的思考により，仮説とデータが整合的に一致しているかを検討することは絶対に必要だ。しかし，現象のしくみを説明するための仮説をつくるには「ひらめき」が必要で，それには熟達した科学者の直観がモノをいうのである。

❺知識は常に変化をつづけている流動的なものだし，最終的な姿は誰にもわからない。最終的な姿がわからないのにシステムを構築するためには，要素を増やしつつ，それに伴ってシステムも変化させながら，成長させていくしかない。「生きた知識のシステム」を構築し，さらに新しい知識を創造していくためには，直観と批判的思考による熟慮との両方を両輪として働かせていく必要がある。

1 批判的思考を重要視するということは直観的思考をどれだけ排除できるかに依存しており，教育の世界では，直観を交えない議論の訓練をしている。

2 直観的思考には三つの形が考えられ，非常に精度の高い判断も，まったくの偶然も，共通の判断のスキーマが存在すると考えてよい。

3 精緻な思考力により直観の精度は向上するものであり，思考力を補うものとして，知識もまた必要になってくる。

4 科学者にも直観は大事であるが，それは主に自然科学の分野であり，人文科学や社会科学では，直観に頼らないことが求められる。

5 直観と批判的思考による熟慮との両方を両輪として働かせていくことは，変化しつづける知識のシステムを構築し，新しい知識を創造するために必要である。

No.2 【平成30年度・国家専門職】GⅡ

➡正答と解説はP.35

次の文の内容と合致するものとして最も妥当なのはどれか。

❶哲学の書物は難解であると一般にいわれている。この批評には著作家の深く反省しなければならぬ理由もあるのであるが，読者として考えねばならぬことは，哲学も学問である以上，頭からわかる筈のものでなく，幾年かの修業が必要であるということである。そこには伝統的に用いられている術語があり，また自分の思想を他と区別して適切に或いは厳密に表現するために新しい言葉を作る必要もあるのである。しかし哲学は学問ではあるが，フィヒテがその人の哲学はその人の人格であるといったように，個性的なところがあることに注意しなければならぬ。従って哲学を学ぶ上にも，自分に合わないものを取ると，理解することが困難であるに反し，自分に合うものを選ぶと，入り易く，進むのも速いということがある。すべての哲学は普遍性を目差（めざ）しているにしても，そこになお一定の類型的差別が存在するのであるから，自分に合うものを見出すように心掛けるのが好い。その意味ですでに研究は発見的でなければならぬ。流行を顧みるということは時代を知り，自分を環境のうちに認識してゆくために必要なことであるけれども，流行にとらわれることなく，どこまでも自分に立脚して勉強することが大切である。そして先ず自分に合う一人の哲学者，或いは一つの学派を勉強して，その考え方を自分の物にし，それから次第に他に及ぶようにするのが好くはないかと思う。最初から手当り次第に読んでいては，結局同じ処（ところ）で足踏みしていることになって進歩がない。他の立場に注意することはもちろん必要であるが，先ず一つの立場で自分を鍛えることが大切である。広く見ることは哲学的である，同時に深く見ることが哲学的である。

❷ドイツは世界の哲学国といわれており，哲学を勉強するにはドイツのものを読まねばならぬが，ドイツの哲学には伝統的に難解なものが多いということがある。英仏系統の哲学になると比較的やさしく読めるであろう。やさしいから浅薄であると考えるのは間違っている。ドイツの影響を最も受けている現在の日本の哲学書を難

解と思う人には，英仏系統の哲学の研究を勧めたい。ドイツの哲学者でも劃(かっ)期(き)的な仕事をした人は，英仏の影響を受けているものが多く，カントがそうであったし，近くはフッサールがそうであって，彼の現象学にはデカルトやヒュームの影響が認められる。

1　哲学は学問ではあるが個性的なところがあり，哲学を学ぶ際には，自分に合うものを選ぶと理解しやすい。

2　哲学は，流行にとらわれることなく，自分に立脚して勉強することが大切である一方，全ての哲学は普遍性を目指しており，常に流行を顧みることが必要である。

3　哲学の勉強では，まず一つの立場で自分を鍛えることが大切であり，その考え方を自分の物にするまでは，他の立場に関心を持ったり，触れたりするのは避けなければならない。

4　伝統的にドイツの哲学には難解なものが多く，ドイツの哲学者で画期的な仕事をした人が書いた哲学書は特に難解である。

5　ドイツは世界の哲学国といわれているが，ドイツの哲学者の多くは英仏の影響を受けており，哲学を理解するためには，英仏系統の哲学の研究が必要不可欠である。

check □□□

No.3　【平成22年度・国税専門官】GⅡ　➡正答と解説はP.37

次の文の内容と合致するものとして最も妥当なのはどれか。

❶もし「個性」というものがほんとうに発見され表現されるべきものだと思うのなら，自分の記憶の中にある偽造され外部から「事後的に」注入された部分を選(え)り出し，除去してゆくという作業が必要になるでしょう。「ビートルズ世代」としてビートルズを聴いて，「全共闘世代」として学園闘争を戦ったというふうに「偽りの記憶」を内面化させた同時代人をぼくは何人も知っています。彼らはリアルタイムではビートルズなんか聴いてなかったし，学園闘争にも背を向けていた。しかし，その事実は忘れられ，より快適な「共同的記憶」が彼らの自己史には採用されている。もし，この人たちがほんとうに個性的であろうとしたら，共同的な「模造記憶」からではなく，彼らが少年だった頃に，誰とも共有できず，誰にも承認されなかった彼らの内密で，ユニークな幻想や情念を記述するところから始めるべきでしょう。

❷すべての世代はその世代に固有の「正史」を持っています。それはたとえば，流行した音楽やTVの人気番組やマンガや映画の記憶です。「おお，あれな，オレも毎週見てたよ」というふうにして同世代の宴会は盛り上がるわけですが，この「おお，オレも」の相当部分はかなり誇張されています。

❸でもこのわずかな（あるいは大幅な）誇張によって「オレたち」という記憶の共同体に「オレ」は住民登録できるわけです。
❹でも，個性的であるというのは，「記憶の共同体」への住民登録を求めないということです。頭にぎっしり詰め込まれた「偽造された共同的記憶」を振り払い，誰にも共有されなかった思考，誰にも言えなかった欲望，一度もことばにできなかった心的過程を拾い集める，ということです。
❺これは徹底的に知的な営みです。メディアでは人々が「個性的に」ということを実にお気楽に口にしていますが，「個性的である」というのは，ある意味で，とてもきついことです。誰からも承認されないし，誰からも尊敬されないし，誰からも愛されない。そのことを覚悟した人間だけが「個性的であること」に賭金（かけきん）を置けるのですから。

1　外部から注入された「共同的記憶」の存在を認め，それを除去する作業によって，個性的であることが可能となる。
2　その人の「個性」というものは，自分の記憶の中にある「共同的記憶」を内面化し，自己史として記述する過程から生まれてくる。
3　学園闘争を戦ったにもかかわらず，心情的にそうした記憶から距離を置き，より快適な自己史を作ろうとする人たちがいる。
4　その世代に固有の「共同的記憶」が内面化されることによって，誰にも承認されず共有されなかった心的過程を取り戻すことができる。
5　誰からも承認されないことに覚悟を決めた人間だけが，メディアから「個性的である」と認められる。

check □□□

No.4 【平成30年度・国家一般職】 GⅠ

➜正答と解説はP.38

次の文の内容と合致するものとして最も妥当なのはどれか。

❶近代的自我の文学の到達点であるプルーストの小説は，あの目ざめの「最初の瞬間」，「自分が誰であるかを知らず，何者でもなく，新しく，何にでもなれる状態にあり，脳はそれまで生きてきたあの過去というものを含まず空虚になっている」そのような瞬間からくりかえしはじまっている。
❷死への抵抗，長い，毎日の，必死の抵抗……しかもその死は，断片的，継起的な死であって，われわれの一生の全持続にわりこむ。〔『花咲く乙女たちのかげに』〕
❸われわれの人生の持続にわりこむ死，「断片的，継起的な」死とはどういう死なのだろうか。それは瞬間ごとにわれわれの実存を帰無し，次の瞬間には見知らぬ他者をわれわれの内に生みだすかもしれないような死だ。
❹「われ信ず」「われ思う」「われ感ず」ということは近代世界の熟成してゆくそれぞれの世紀において，人間が自分自身の存在感，実存のリアリティをとりもどすた

めに要請し，発見してきた条件法であった。それらはけっして観念の中の小理屈ではなく，それぞれの時代の人びとにとって，なまなましく強迫的な条件法であったということが，まず理解されねばならない。これらの生きられる条件法の基礎にあるものは，カルヴァンからデカルトを経てプルーストに至る近代的自我の全歴史につきまとってきたひとつの〈おびえ〉，ひとつの不信，ひとつの喪失，あるいは疎外の感覚である。

⑤彼らの存在感は，たえずあらたに風を送らねば消えはててしまう炎のように不安定なものだ。信仰や思惟や感覚は，このような炎をたえずよみがえらせる生命の風のさまざまなかたちに他ならない。これらの時代の内部の人びとが自己の存在証明のために，これらさまざまな条件法をその主題として追求してきたことは当然であるが，近代をその総体として問題とするわれわれにとって，主題は反転されねばならない。それぞれの世紀の〈解決形態〉の底にある問いそのものの場を問いかえすということ，すなわち，これらの条件法なしには主体が持続する実在感をもちえぬという，時間と自我との双対的な解体感自体がまず主題化されねばならない。

1　プルーストの小説は，近代の人々が何者でもないという目覚めの瞬間を繰り返し，それまで生きてきた過去を捨て去るという状態を描いたことで，近代的自我の文学の到達点となった。

2　人生の持続に割り込もうとする死に対し，人々が必死に抵抗するのは，死によって自分が永遠に実存しなくなり，見知らぬ他者に取って代わられるというおびえがあるためである。

3　近代世界の人々は，不安定な自分自身の存在感を取り戻すため，それぞれの時代において自分の存在を証明するような信仰・思惟・感覚における条件法を求めてきた。

4　「われ信ず」という信仰上の強迫的な教えは，近代世界が熟成するとともに疎外の感覚を募らせた人々によって否定され，「われ感ず」という感覚上の解決形態に置き換えられた。

5　主体が持続するための条件法が，それぞれの時代において観念の中の小理屈ではないことを理解することによって，我々は近代をその総体として問題とすることができる。

実戦問題 正答と解説

No.1の正答と解説 【平成30年度・地方上級（東京都）】 ➡問題文はP.28

《直感ルールによる文章構造》

ルール2 より，全部で5段落構成であることがわかります。

第一段落（①）

1行目：ルール13「一方～他方…」

「科学的思考，批判的思考は学びの達人になるためにとても大事で，最近は教育界のキーワードになっている。他方，熟達者の特徴は鋭い直観力にあることも，誰もが認めるところである。」

☞ 2行目が「他方」で始まっていることから，1行目が「一方」に当たる部分であることをチェックします。また「一方～他方…」の中に，「最近の教育界のキーワード」という言葉があるので，筆者の直近の興味がここにあることも押さえます。

3行目：ルール11「疑問形」

「批判的思考を重要視するということは～，この「矛盾」はどのように考えればよいのだろうか。」

第二段落（②）

1行目：ルール12「実は」

「じつは『直観』ということばは，いくつかの意味合いを持つ。」

☞ 次に三つの形が挙げられているので，そこに強調が見えればチェックをしていきます。

第三段落（③）

1行目：ルール3「しかし」

「しかし，その判断の精度や質はそれぞれ異なる。」

4行目：ルール8「AよりもB」

「これら三つの形の『直観』は，まったく違う種類の思考というよりは，判断の拠り所となる背景の知識のありかたが違う思考と考えたほうがよい。」

第四段落（④）

1行目：ルール5「must」

「そもそも，理論を構築するためには仮説がなければならない。」

2行目：ルール7「need to」

「仮説をつくるときに直観は絶対に必要である。」

3行目：ルール8「Aではない。Bである」& ルール7「need to」
「データを積み上げて吟味する批判的思考だけで生まれたわけではない。批判的思考により，仮説とデータが整合的に一致しているかを検討することは絶対に必要だ。」

5行目：ルール3「しかし」& ルール7「need to」
「しかし，現象のしくみを説明するための仮説をつくるには『ひらめき』が必要で，それには熟達した科学者の直観がモノをいうのである。」

第五段落（⑤）

2行目：ルール10「only」
「最終的な姿がわからないのにシステムを構築するためには，要素を増やしつつ，それに伴ってシステムも変化させながら，成長させていくしかない。」

3行目：ルール7「need to」
「『生きた知識のシステム』を構築し，さらに新しい知識を創造していくためには，直観と批判的思考による熟慮との両方を両輪として働かせていく必要がある。」

筆者は第一段落で「科学的思考，批判的思考」は大事であるが，「鋭い直観力」も必要であることを述べ，そこに起こる「矛盾」を挙げています。そして第二・第三段落で論証を行い，第四段落で「理論を構築するためには仮説」が必要で，「仮説をつくるには直観」が必要ということを繰り返して述べ，最終段落でシステムを構築するために必要なことについて述べており，この流れを含んでいる選択肢が正答となります。

選択肢の検討

1 × 第一段落に「批判的思考を重要視するということは直観的思考をどれだけ排除できるか」とありますが，そこに起こる「矛盾」をどう考えればよいのかというのが本文のテーマです。その結論は第五段落でシステムの例を出し，「直観と批判的思考による熟慮との両方を両輪として働かせてく必要がある」と述べています。また本文内で，「教育の世界では，直観を交えない議論の訓練をしている」といった記述は見当たりません。

2 × 第二段落で挙げられた直観の三つの形は，第三段落で「その判断の精度や質はそれぞれ異なる」とし，「スキーマ（言語の論理構造やデータベース）」については，二番目の直観の形として挙げられています。またそこでは「判断の拠り所となる背景の知識のありかたが違う思考」と述べているので，共通の判断ではないことがわかります。

3 × 第三段落の筆者の主張部分とは異なる部分をさしています。そこでは「精緻な知識を持っていれば直観の精度は上が」るとあり，選択肢に見える「精緻な思考力」ではなく，さらに「思考力を補うものとして」の「知識」については述べられていません。

4 × 第四段落の冒頭に「科学者にも直観は大事だ」とありますが，筆者の主張部分ではありません。また，自然科学や人文科学，社会科学という切り口は本文にはなく，第四段落の主張部分では「理論を構築するためには仮説がなければなら」ず，その「仮説をつくるときに直観は絶対に必要である」とあります。

5 ◎ 正しい。

出典：今井むつみ「学びとは何か―〈探究人〉になるために」

正答 5

No.2の正答と解説 【平成30年度・国家専門職】

➡問題文はP.29

《直感ルールによる文章構造》

ルール2 より，全部で２段落構成であることがわかります。

第一段落（❶）

1行目：ルール5「must」& ルール8「AではなくてB」& ルール7「need to」

「この批評には著作家の深く反省しなければならぬ理由もあるのであるが，読者として考えねばならぬことは，～頭からわかる筈のものでなく，幾年かの修業が必要であるということである。」

4行目：ルール7「need to」

「そこには伝統的に用いられている術語があり，～新しい言葉を作る必要もあるのである。」

6行目：ルール3「しかし」& ルール14「例示」& ルール5「must」

「しかし哲学は学問ではあるが，～個性的なところがあることに注意しなければならぬ。」

☞「フィヒテがその人の哲学はその人の人格であるといったように，」という部分は，哲学者であるフィヒテの発言であり，筆者の意見ではない「例示」であることに注意！

7行目：ルール4「したがって」& ルール3「～に反し」

「従って哲学を学ぶ上にも，自分に合わないものを取ると，理解することが困難であるに反し，自分に合うものを選ぶと，入り易く，進むのも速いということがある。」

☞「AではなくてB」の変形である「Aに反してB」に注意！

11行目：ルール5「must」
「その意味ですでに研究は発見的でなければならぬ。」
12行目：ルール7「need to」& ルール3「けれども」
& ルール8「AではなくてB」
「流行を顧みるということは時代を知り，自分を環境のうちに認識してゆくために必要なことであるけれども，流行にとらわれることなく，どこまでも自分に立脚して勉強することが大切である。」
14行目：ルール9「～と思う」
「そして先ず自分に合う一人の哲学者，或いは一つの学派を勉強して，～それから次第に他に及ぶようにするのが好くはないかと思う。」
16行目：ルール8「Aではない。Bである」& ルール7「need to」
「最初から手当たり次第に読んでいては，～進歩がない。他の立場に注意することはもちろん必要であるが，先ず一つの立場で自分を鍛えることが大切である。」

第二段落（❷）
1行目：ルール5「must」
「ドイツは世界の哲学国といわれており，哲学を勉強するにはドイツのものを読まねばならぬが，～難解なものが多いということがある。」

第一段落のほとんどが筆者が主張したい文であることがわかります。「哲学の書物は難しく，個性的なところがあるので，自分に合うものを選ぶと入りやすく，自分に合う一人の哲学者を勉強するのがよい」ということが繰り返し述べられています。第二段落は第一段落を受けて，ドイツの哲学は難解なものが多いので，易しく読める英仏系統の哲学が入りやすいと述べられていますが，あくまでも第一段落の補足的文章です。

選択肢の検討

1◎ 正しい。

2× 前半に見える「流行にとらわれることなく，自分に立脚して勉強することが大切」なのは，第一段落13行目辺りに見えますが，哲学を勉強するときの姿勢であり，哲学のあり方ではないことがわかります。また「全ての哲学」が「普遍性を目指して」いることは9行目に見えますが，「流行を顧みる」ことの必要性については，14行目にあるように「勉強すること」にとってのものであり，やはり哲学の様子を表していないことがわかります。

3× 第一段落の17行目辺りで述べられていることですが，そこでは「他の立場に注意することはもちろん必要」とあり，また「触れたりするのは避けなければならない」とまでは記されてはいません。19行目は筆者の主張部分ではありませんが，「広く見ること」「深く見ること」が「哲学的である」と述べています。

4 × 第二段落の冒頭に見える筆者の主張部分ですが，そこでは「ドイツの哲学者で画期的な仕事をした人が書いた哲学書は特に難解である」とは記されてはおらず，6行目に「英仏の影響を受けているものが多」いとしています。

5 × 前半は第二段落の最初で述べられていますが，筆者の主張部分ではありません。また「英仏の影響を受けて」いるのは，「ドイツの哲学者の多く」ではなく，「ドイツの哲学者でも劃期的（かっき）な仕事をした人」であり，さらにドイツの影響を受けている日本の哲学書を難しいと思う人に「英仏系統の哲学の研究を勧めたい」としているだけで，それが「必要不可欠」とまでは述べていません。

出典：三木 清『読書と人生』

正答 1

No.3の正答と解説 【平成22年度・国税専門官】 ➡問題文はP.30

《直感ルールによる文章構造》

ルール2より，全部で５段落構成であることがわかります。

第一段落（①）

1行目：ルール7「need to」
「もし『個性』というものが～除去してゆくという作業が必要になるでしょう。」

6行目：ルール3「しかし」
「しかし，その事実は忘れられ，より快適な『共同的記憶』が彼らの自己史には採用されている。」

8行目：ルール8「AではなくてB」& ルール6「should」
「もし，この人たちが～共同的な『模造記憶』からではなく，～内密で，ユニークな幻想や情念を記述するところから始めるべきでしょう。」

第二段落（②）

1～4行目：ルール14「例示と引用」➡ 筆者の主張なし。

第三段落（③）

1行目：ルール3「でも」（逆接）
「でもこのわずかな（あるいは大幅な）誇張によって～」

第四段落（④）

1行目：ルール3「でも」（逆接）
「でも，個性的であるというのは，『記憶の共同体』への～」

第五段落（⑤）

4行目：ルール10「only」

「そのこと（＝２～３行目）を覚悟した人間だけが～」

筆者の主張は第一段落に集中していることがわかります。「個性」を発見し，表現するためにはどうしたらよいか。ちなみに第一段落７行目で求められている「共同的記憶」は，第四段落１行目では「記憶の共同体」という言葉に置き換えられています。筆者が主張部分で二度同じ言葉を使用しているのですから，選択肢にもその言葉が出てこないといけません（したがって，**3**や**5**は必然的に選ばれないことになります）。

選択肢の検討

1 ◎ 正しい。

2 × 第一段落冒頭で述べられるように「共同的記憶」は「内面化」するのではなく，「除去してゆくという作業が必要になる」ので誤りです。

3 × 第一段落３～８行目辺りをまとめていますが，そこに筆者の主張はなく，また「共同的記憶」に関する語句がないこと。さらに「心情的にそうした記憶から距離を置」いたのではなく，内面化させたという意志が明らかに見えるので誤りです。

4 × **2**と同様に，「共同的記憶」の記述はあるものの，それを内面化してはいけないことが筆者の主張です。また，第四段落の最後からも「心的過程を取り戻す」のではなく，「拾い集める」ことがわかります。

5 × 「共同的記憶」に関する記述がないのと，本肢にあるように「メディアから『個性的である』と認められる」ことの必要性について言及した文章ではありません（第五段落にメディアと個性について記されていますが，そこが筆者の主張部ではないことは上記のルールどおりです）。

出典：内田樹『疲れすぎて眠れぬ夜のために』

正答 1

No.4の正答と解説 【平成30年度・国家一般職】

➡問題文はP.31

《直感ルールによる文章構造》

ルール２より，全部で５段落構成であることがわかります。

第一段落（❶）

ルール14 **「例示と引用」（プルーストの小説）** ➡ 筆者の主張なし。

第二段落（❷）

ルール14 **「例示と引用」（同上）** ➡ 筆者の主張なし。

第三段落（❸）

1行目：ルール11「疑問形」

「われわれの人生の持続にわりこむ死，『断片的，継続的な』死とはどういう死なのだろうか。それは瞬間ごとにわれわれの実存を帰無し，次の瞬間には見知らぬ他者をわれわれの内に生みだすかもしれないような死だ。」

☞第一・第二段落の例示部分の直後であり，主張が出やすい部分であること。さらに疑問を投げ掛けた直後の文章が「それは」で受け，回答している箇所なので，この3行は注意して読んでいきます。

第四段落（④）

3行目：ルール12「never」＆ルール 8「AではなくてB」＆ルール 5「must」

「それらはけっして観念の中の小理屈ではなく，それぞれの時代の人びとにとって，なまなましく強迫的な条件法であったということが，まず理解されねばならない。」

☞「それら」とは，「われ信ず」「われ思う」「われ感ず」の3つをさしていることに注意します。

第五段落（⑤）

2行目：ルール10「ほかならない」

「信仰や思惟や感覚は，このような（＝たえずあらたに風を送らねば消えてしまう不安定な）炎をたえずよみがえらせる生命の風のさまざまなかたちに他ならない。」

3行目：ルール 5「must」

「これらの時代の内部の人びとが〜近代をその総体として問題とするわれわれにとって，主題は反転されねばならない。」

6行目：ルール 4「すなわち」＆ルール12「二重否定」＆ルール 5「must」

「それぞれの世紀の〜すなわち，これらの条件なしには主体が持続する実在感をもちえぬという，時間と自我の双対的な解体感自体がまず主題化されねばならない。」

筆者が主張を繰り返す中，第四段落と第五段落に強調表現を3つ含んだ，より強い主張部分があることがわかります。第四段落では「それら」，すなわち「われ信ず・われ思う・われ感ず」ということが，時代の中での強迫的な条件法と挙げられ，第五段落の最初ではそれが「信仰や思惟や感覚」という単語に置き換えられ，最後の強い強調部分で，その条件法がなければ実在感を持つことができないと述べています。その実在感は第四段落で挙げられる「なまなましさ」であることを示しており，その流れを含んだ選択肢を選びます。

選択肢の検討

1 × 第一段落をまとめている選択肢ですが，ここは「引用」で占められている部分なので，筆者の主張はありません。なお，筆者は「近代的自我の文学の到達点であるプルーストの小説」と記しているだけで，選択肢にあるような展開を経て，「近代的自我の文学の到達点となった」とまでは記していません。

2 × 第二段落の引用部分と，第三段落の筆者の主張部分をまとめたものですが，「死によって自分が永遠に実存しなくな」るという表現が本文に見当たらないこと，さらに「おびえがある」という表現は，第四段落を読むと「近代的自我につきまとってきた不信や喪失，あるいは疎外の感覚」の比喩であることがわかります。

3 ◎ 正しい。

4 × 第四段落をまとめたものですが，「われ信ず」という教えが，近代世界の熟成とともに「われ感ず」に置き換えられたという記述は本文になく，また「われ信ず」は「信仰上の強迫的な教え」という記述もなく，「なまなましく強迫的な条件法であった」ことが，同じ段落から読み取れます。

5 × 第四段落と第五段落の一部に該当しますが，まず「主体が持続するための条件法」ではなく，「主体が持続する実在感」を論じていることがポイントです。そして，その「存在感，実存のリアリティをとりもどすため」の「条件法」の前提にあるのが，「われ信ず」「われ思う」「われ感ず」であり，「それらはけっして観念の中の小理屈ではな」いということが第四段落の強調部分で記されています。

出典：真木悠介『時間の比較社会学』

正答 3

テーマ3 例示と引用

お試し問題 ……………………【平成21年度・国家Ⅰ種】

次の文の内容と合致するものとして最も妥当なのはどれか。

人間の知性というのは，本来，学識，教養といった要素に加えて，協調性や道徳観といった要素を併せ持った総合的なものを指すのでしょう。しかし，本来そうあるべきだった人間の知性は，どんどん分割されていきました。それは科学技術の発達と密接に関係しています。分割されて，ある部分ばかりが肥大していった結果，現在のようになってしまったのです。

十九世紀末に，人間の知性の断片化が加速度的に進んでいく状況を意欲的に分析探求しようとしたのが，マックス・ウェーバーです。彼は文明が人間を一面的に合理化していく状況を主知化の問題としてとらえ，人間の調和ある総合的な知性の獲得の断念が，主知的合理化の「宿命」であると考えていました。彼はダンテの『神曲』の言葉を引いて，「すべての望みを捨てよ」と説いたほどです。

「職業としての学問（科学）」の中で，ウェーバーはこう言っています。

われわれはみな，自分たちは未開の社会よりはるかに進歩していて，アメリカの先住民などよりはるかに自分の生活についてよく知っていると思っている。しかし，それは間違いである。われわれはみな電車の乗り方を知っていて，何の疑問も持たずにそれに乗って目的地に行くけれども，車両がどのようなメカニズムで動いているのか知っている人などほとんどいない。しかし，未開の社会の人間は，自分たちが使っている道具について，われわれよりはるかに知悉（ちしつ）している。したがって，主知化や合理化は，われわれが生きるうえで自分の生活についての知識をふやしてくれているわけではないのだ――と。

そして，高度に科学が進んだ医学についても，こう言っています。

医者は手段をつくして患者の病気を治し，生命を維持することのみに努力を傾ける。たとえその患者が苦痛からの解放を望んでいても，患者の家族もそれを望んでいても，患者が治療代を払えない貧しい人であっても関係ない。すなわち，科学はその行為の究極的，本来的な意味について何も答えない――と。

1　一人の人間が獲得できる知識は限られており，各人が得意とする分野の知識を蓄積し，それらを合理的に融合することによって科学技術は加速度的に発達した。

2　発達した科学技術の利便性は人間から思考の機会を奪い，その結果，社会の文明化が進むにつれて人間の知性は衰退化への道をたどっている。

3　マックス・ウェーバーは，科学技術が加速度的に発達するためには，調和ある総合的な知性の獲得は必要ないと考えていた。

4　人間の知性は科学技術によって分割されており，未開の社会のような人間本来の姿と調和するような科学技術の方向性を探求する必要がある。

5　人間は科学技術を発達させたが，そのような進歩した科学技術が，人間の知性として本来あるべき姿を教示してくれるわけではない。

直感ルールはココだ！

次の文の内容と合致するものとして最も妥当なのはどれか。➡ **ルール 2** 6段落構成

❶人間の知性というのは，本来，学識，教養といった要素に加えて，協調性や道徳観といった要素を併せ持った総合的なものを指すのでしょう。**しかし，本来そうあるべきだった人間の知性は，どんどん分割されていきました。それは科学技術の発達と密接に関係しています**。分割されて，ある部分ばかりが肥大していった結果，現在のようになってしまったのです。

➡ **ルール 3** 「しかし」
※次の文が「それは」で始まっているので，「しかし」で始まる文と強いつながりがあると考え，一緒にチェックします。

❷十九世紀末に，人間の知性の断片化が加速度的に進んでいく状況を意欲的に分析探求しようとしたのが，マックス・ウェーバーです。彼は文明が人間を一面的に合理化していく状況を主知化の問題としてとらえ，人間の調和ある総合的な知性の獲得の断念が，主知的合理化の「宿命」であると考えていました。彼はダンテの『神曲』の言葉を引いて，「すべての望みを捨てよ」と説いたほどです。

ルール14 例示と引用
➡ウェーバーの発言①
‖
筆者の意見ではない

❸「職業としての学問（科学）」の中で，ウェーバーはこう言っています。

ルール14 例示と引用
➡ウェーバーの発言②
‖
筆者の意見ではない

❹われわれはみな，自分たちは未開の社会よりはるかに進歩していて，アメリカの先住民などよりはるかに自分の生活についてよく知っていると思っている。しかし，それは間違いである。われわれはみな電車の乗り方を知っていて，何の疑問も持たずにそれに乗って目的地に行くけれども，車両がどのようなメカニズムで動いているのか知っている人などほとんどいない。しかし，未開の社会の人間は，自分たちが使っている道具について，われわれよりはるかに知悉（ちしつ）している。したがって，主知化や合理化は，われわれが生きるうえで自分の生活についての知識をふやしてくれているわけではないのだ——と。

ルール14 例示と引用
➡ウェーバーの発言③
‖
筆者の意見ではない

❺そして，高度に科学が進んだ医学についても，こう言っています。

ルール14 例示と引用
➡ウェーバーの発言④
‖
筆者の意見ではない

❻医者は手段をつくして患者の病気を治し，生命を維持することのみに努力を傾ける。たとえその患者が苦痛からの解放を望んでいても，患者の家族もそれを望んでいても，患者が治療代を払えない貧しい人であっても関係ない。すなわち，科学はその行為の究極的，本来的な意味について何も答えない——と。

ルール14 例示と引用
➡ウェーバーの発言⑤
‖
筆者の意見ではない

お試し問題の解説

本文では筆者の主張を裏づけするために，他人の意見を用いることがあります（第三者の意見をとり入れることで，持論に客観性を持たせるのです）。そこで注意しなければならないことは，「他人の意見」＝「筆者自身の意見」ではないので，「要旨や主旨」には該当しないということです。つまり，例示や引用部分には筆者の意見はないので，正答の根拠にはならないということを頭に入れておいてください。

《直感ルールによる文章構造》

ルール 2 より，全部で６段落構成であることがわかります。

第一段落（❶）

3行目： ルール 3 **「しかし」**

「しかし，本来そうあるべきだった人間の知性は，どんどん分割されていきました。それは科学技術の発達と密接に関係しています。」

第二～第六段落（❷）：ルール14 **「例示と引用」**

☞特にチェックする箇所なし（ウェーバーの発言①～⑤）。

短い文章で，第二段落以降ははとんどが「引用」に当たるため，そこに筆者の主張はなく，第一段落の「しかし」前後に主張が集約されていることがわかります。「本来そうあるべきだった人間の知性」が「科学技術の発達と密接に関係し」，それによって「分割されて」いった。これが主張であり，それに近い選択肢が正答です。

選択肢の検討

1．第一段落で人間の知性と科学技術の密接な関係は記されていますが，「一人の人間が獲得できる知識が限られて」いることや，「（知識を）融合することによって科学技術」が発達したという記述は本文にありません。

2．「科学技術の利便性は人間から思考の機会を奪」ったという記述は本文に見られません。また第一段落６行目辺りを見ると，知識のある部分は「肥大していった」とあるので，「人間の知性は衰退化への道をたどっている」という記述とは合いません。

3．マックス・ウェーバーの考えは，筆者の主張ではないので，正答にはなりません。なお，第二段落で「人間の調和ある総合的な知性の獲得の断念」と記してはいるものの，「調和ある総合的な知性の獲得は必要ない」と記してはいません。

4．未開の社会の話は第四段落の引用内でされていますが，そこでは「人間本来の姿と調和するような科学技術の方向性」の話はしていません。

5．正しい。

出典：姜尚中『悩む力』

正答 5

実戦問題

check □□□

No.1 【平成19年度・国家Ⅱ種】 GⅢ

➔正答と解説はP.50

次の文の内容と合致するものとして最も妥当なのはどれか。

❶世界の集落を調べていて知ったのであるが，伝統なる概念は，ナショナリズムに帰属するのではなく，インターナショナリズムに帰属する概念である。

❷こうした見解が生まれてきたのは，日本的な空間であると信じこんでいるような空間を，アフリカや中米で見出すといった経験を重ねてきたからである。たとえば，イラクの北部の住居には，独立した棟の土壁で陸屋根の客間があるが，そこでは茶の儀式が行われる。この儀式と日本の伝統的な茶の儀式とをくらべれば，もちろん差異はいくらでも挙げることができる。けれども，類似している点も少なくない。主人や客が坐わる位置が決っていること，つまり座があって空間が場としてとらえられていること，茶をまわして味わうことをはじめとして，いろいろな動作において順序が重んじられていることなどである。しかし，こうした類似点にもまして，言葉ではうまく表現できないが，茶の儀式のおもむき，情感が似ているのである。儀式の席にいて，私には，小さな土壁の一棟が茶室に似て見えてきたのだった。まったく異種の建築であるはずの日乾し煉瓦の壁さえ，日本の素朴な塗り壁とひどく似て見えてくる。イラクの住居の一角を占める客間のような茶室が，かつては日本にもあったのではないだろうか。そんなふうにも思えてきたのだった。

❸伝統を論じる場合，当然ながら文化の差異が重んじられる。しかし，差異性と同時に，類似性や同一性にも着目すべきであって，もし類似性や同一性に関するネットワークを描くとすれば，世界各地の伝統は孤立点のないネットワークを組むにちがいない。文化が伝播によって形成されるだけでなく，多発的にも形成されることを考えれば，遠く離れた地域の伝統が，ある共有項によって結びつけられることが頻繁に起るであろう。この共有のネットワークこそ，伝統がインターナショナリズムに帰属することを明らかにするだろう。

1　世界中の集落と日本の文化との間に類似点が多いのは，文化がネットワークによって伝播した後，その国独自の伝統が形成されてきたためである。

2　日本とアフリカや中米とは文化の差異があるので，特段ネットワークがなくとも自ずとその地域独特の空間が見いだされていく。

3　イラクの住居に見られる茶室は，日本の文化が伝播して形成されたものであり，その中で行われる儀式が類似してくるのは当然である。

4　日本人は，茶の儀式を日本独自の文化として重んじているため，類似したイラクの茶の儀式との差異性を明らかにしたがる。

5　各地域の文化は，伝播のみならず多発的に形成され，共有項によって結びつけられることから，伝統がインターナショナリズムに帰属するといえる。

□□□ **No.2** 【平成28年度・国家専門職】 GⅡ ➡正答と解説はP.51

次の文の内容と合致するものとして最も妥当なのはどれか。

❶それでは，国家はどのように「実在」するのであろうか。それはたとえば，きわめて日常的に起こりうる次のような事例においてである。ある日，帰宅すると家が荒らされて，現金はじめ貴重品が盗まれている。そこで，直ちに警察に通報する。警官がやってくる。調べが始まる。事情が聴かれる。それを取り囲む人々も，警察が早く犯人を捕まえることを期待する。ほとんど大多数の日本人は，こうした一連の出来事が生じることを当然のことと受け止めているであろう。この点は，国家相対化論者の多くにおいてもそうではなかろうか。国家とは，まさしく，そうした一連の過程を生じさせる人々の心のなかに実在する。要するに，国家とは，まず何よりも，ある事態や問題を前にして，人々が当然の如く互いに期待し，さらには承認しているところの，自分も含めた複数の人々の行動の仕組みのひとつである。

❷こうした行動の仕組みとは，言葉を換えて言えば，まさしく「制度」と称されるものである。むろん，こうした人々の期待と承認のうえに築かれた行動の仕組み＝制度は，社会における家族や会社，学校その他の様々な場において，それぞれの仕方で多様なものが存在している。日常生活の多くは，こうした制度をもとに営まれている。制度がなければ，私たちは，次の瞬間，自分の周辺で何が起きるか，その都度予測しながら行動しなければならない。

❸といって，制度があるということは，単に合理的な予測が可能な状態を指すわけではない。空が暗くなり，雲が厚く垂れ込めると，やがて雨が降ることを私たちは予測するけれども，曇りの後に雨が降ることを制度とは呼ばない。また，経済情勢が悪化すれば犯罪が増加するが，それを制度とは呼ばない。すなわち，制度とは，単に事実として繰り返される現象のことではない。そこには，純粋な予測という以上に，そうした繰り返し起こる事態についての規範的な予期と肯定がなければならない。すなわち，そうした出来事が，起きねばならないという期待と，起こるべきことが起きたという承認である。

1　国家相対化論者にとっては，物を盗まれたときに警察に通報すれば，警察が犯人を捕まえることが当然のこととされる国家が，実在する国家である。

2　国家は，ある出来事が起きたときに人々が当然のことと受け止める一連の過程を生じさせるものであり，人々の心の中に実在する点において，制度とは異なっている。

3　制度がなければ私たちは常に予測をしながら行動する必要があり，その予測の方法は社会における家族や会社，学校その他の様々な場で異なっている。

4　私たちが日常生活を営む上で予測しながら行動してきたことが，やがて合理的な仕組みとなったものが制度である。

5 ある事態や問題に対して，起きねばならないという期待と起こるべきことが起きたという承認の上に築かれた人々の行動の仕組みが，制度と呼ばれる。

check □□□

No.3 【平成30年度・国家総合職】 GⅡ

➡正答と解説はP.53

次の文の内容と合致するものとして最も妥当なのはどれか。

❶文化は様々な規範・価値を通して我々の思考・行動に制限を加えます。そのおかげで日常生活の行為が可能になる。攻撃するつもりがないと知らせるために，犬ならば尻尾を振ります。この行動は遺伝子的にほぼ決定されている。しかし生物としての所与に対して人間はもっと自由であり，好意を示すという同じ目的のために多様な表現が可能です。したがって社会制度が我々の思考や行動に制限を加えなければ，好意を示すためにどのような表現をすべきかの決定さえできません。また相手の方も，示された表現がどういった意味を持つのかを判断できない。生物学的所与から多大の自由を獲得しつつも，安定した生を人間が営めるのは，その補償作用として社会が人間の自由を制限するからです。

❷ところで，他者が行使する強制力として規則が感じられると，社会生活が円滑に営まれないので，社会規制に何らかの正当性が付与される必要があります。集団が及ぼす力は，外部から強制される暴力としてではなく，内面化された規範の形を取って自然な感情の下に服従を促すのが望ましい。

❸マックス・ヴェーバーによれば，支配とは次のような関係を言います。少なくとも二人の個人あるいは集団ＡとＢの間に上下関係が存在している。そしてＡが発した命令・示唆に適合した行動をＢが取り，かつ，Ａからの命令・示唆がなければ，Ｂはその行為を実行しない場合に，ＡはＢを支配すると形容される。

❹ここで問題は支配を可能にする手段・方法です。物理的な強制力や拘束力，すなわち殺傷したり飢餓状態においたりして直接的にまたは間接的に苦しみを与える能力だけが，支配形態の発生と存続を可能にするのではありません。それどころか反対に，継続する安定した支配はこのようなむき出しの強制力によってはもたらされない。「一定最小限の服従意欲，すなわち服従に対して外的あるいは内的な利害関心のあることが，あらゆる真正な支配関係の要件である」とヴェーバーは述べます。真の支配においては命令意志が根拠あるものとして現れる。つまり支配関係に対する被支配者自身の合意が必要です。

《中　略》

❺安定した社会秩序維持に支配は必要不可欠です。支配から自由な社会は空想の産物にすぎず，そのようなユートピアは「どこにもない場所」というギリシア語の原義通り，建設しようがありません。人類の努力が足りないから，支配から解放された世界が実現しないのではない。支配は社会および人間の同義語だと言ってもよいほど，我々の生活の根本を成しています。支配関係の消失は原理的にありえませ

ん。社会には必ずヒエラルキーが発生し，人々の地位の違いは何らかの方法で正当化される必要がある。そうでなければ絶えず争いが生じ，社会が円滑に機能しない。

1　人間以外の生物の行動は，遺伝子的にほぼ決定されているのに対して，人間の行動は，所属する社会の文化的な規範や価値によって決定されている。
2　人間は，生物学的所与から多大の自由を獲得した一方，社会が人間の自由を制限したため，同じ目的のために多様な表現を用いることを編み出した。
3　社会における支配は，一般にその社会の発展・進歩と共に，外部から強制される暴力による服従から内面化された規範による服従へと変容する。
4　物理的な強制力や拘束力によっても支配は可能であるが，真正な支配関係が成立するためには，支配関係に対する被支配者の合意が必要である。
5　人間は，支配から解放された世界の実現を理想としつつも，安定した社会秩序維持のために支配関係を構築することを迫られている。

No.4 【平成20年度・国家Ⅰ種】 GⅠ

➡正答と解説はP.55

次の文の内容と合致するものとして最も妥当なのはどれか。

❶「罪は神を愛する最大の刺戟剤であつて，ひとは自身を罪あるものと感ずれば感ずるほど，それだけ基督教的となるのである。」

❷こうノヴァーリスが述べたとき，その後に現われた時代の精神内容が，極めて的確に予感されていたと云えるだろう。恐らくパスカル以後，宗教の本質に最も深く達していると思われるこの詩人は，次に来るべき時代の特徴を，放蕩と犯罪と悔改の相牽引する時代として予感していた。われわれにとつて興味深いことは，この詩人が，放蕩や犯罪を宗教の堕落によつて起るものと見ず，却つてそれらによつて深い宗教性が喚起されるという見解を持ちつづけたことである。ノヴァーリスはまつたく逆説的に述べている。

❸「近時，放逸と宗教と残忍が，それぞれ，その内的な親近性と共通な傾向をひとびとに注意せしめていることは，十分驚くべきことである。」

❹これは真摯な逆説であつた。そして，これらの言葉は，その後のデカダンスがもつ逆説ともなつたのである。

❺ノヴァーリスが鋭く予感したデカダンスの論理は，次の二つのものに支えられている。その一つは，基督教の伝統的特質であり，われわれの精神生活の最後の規範ともなつたあの驚くべきほどの内的真実の徹底的追求。そして，他の一つは，如何なる悪徳の相貌をも最後まで直視しつづけようとする飽くまで冷静な客観的態度。この二つのものが微妙にからみあつたところに，やがて，デカダンスの逆説が生れたと云えるだろう。

❻歴史をひもどけば，デカダンスの時代は屢々われわれの前に現われる。歴史家

が，ローマ末期の頽廃こそ最も典型的なものとして，その特徴を挙げるとき，その様相のすべては現代からほとんど距つていず，あまりの相似に驚くばかりであるが，しかも，現代のデカダンスに独自的な特徴を問えば，前記の二つを答えることが出来よう。内的真実の徹底的追求は，しかも，自己の内面に関わりをもたなければ如何なるものも真実たり得ないという鋭い心理的真実へまで深く掘りさげられ，他方，事物を観察する客観的態度は，恐らく冷酷と呼び得る程度にまで至つて，この二つが組み合わされた様相は，他のデカダンスの時代に嘗て知られぬものなのであつた。

1　キリスト教的な精神の神髄に達するためには，自己の内面に深くかかわるだけでなく，冷酷なまでに徹底して現実を直視することが必要である。

2　ノヴァーリスが来るべき時代の精神について宗教的な観点から予見することができたのは，宗教の堕落が人びとの内面に及ぼす悪影響を追求したからであった。

3　ローマ時代末期の社会に見られた頽廃の特徴を見てみると，既に現代社会の頽廃と同じ程度のものが出そろっており，これは実に驚くべきことである。

4　放蕩や犯罪が宗教性を喚起するというノヴァーリスの見解は，罪の意識の存在を前提とせずに，現実を客観的に観察しようとする態度から生まれたものであった。

5　現代のデカダンスの特徴は，内的真実を追求する態度と悪徳すら直視しようとする客観的態度とが組み合わされた様相をもっていることである。

実戦問題 正答と解説

No.1の正答と解説 【平成19年度・国家Ⅱ種】

➡問題文はP.45

《直感ルールによる文章構造》

ルール2より，全部で3段落構成であることがわかります。

第一段落（❶）

1行目：ルール8「AではなくてB」

「世界の集落を調べていて知ったのであるが，～ナショナリズムに帰属するのではなく，インターナショナリズムに帰属する概念である。」

第二段落（❷）

2～13行目：ルール14「例示と引用」➡筆者の主張なし。

「たとえば，イラクの北部の～そんなふうにも思えてきたのだった。」

第三段落（❸）

1行目：ルール3「しかし」&ルール6「should」

「しかし，差異性と同時に，類似性や同一性にも着目すべきであって，～孤立点のないネットワークを組むにちがいない。」

4行目：ルール13「AだけでなくBもまた」

「文化が伝播によって形成されるだけでなく，多発的にも形成される～」

第二段落がほぼ「例示」に当たるので，そこには筆者の主張はありません。したがって，例示部分をメインにとり入れている選択肢は正答とはならず，**2**，**3**，**4**はこの段階で落とせます。さらにルール14から筆者の主張はその前後（第一・第三段落の強調部分）にあることがわかります。

選択肢の検討

1× 「世界中の集落と日本の文化との間に類似点が多い」という記述は本文には見られません。また第三段落に，文化は「多発的にも形成される」と記されているので，「ネットワークによって伝播した後」という限定はできません。

2× 第二段落「例示」部分の記述であり，ここに筆者の主張はありません。

3× 第二段落「例示」部分の記述であり，ここに筆者の主張はありません。

4× 第二段落「例示」部分の記述であり，ここに筆者の主張はありません。

5◎ 正しい。

出典：原広司『空間〈機能から様相へ〉』

正答 5

No.2の正答と解説 【平成28年度・国家専門職】 ➡問題文はP.46

……………………《直感ルールによる文章構造》……………………

ルール2 より，全部で３段落構成であることがわかります。

第一段落（❶）

1行目：ルール11「疑問形」

「それでは，国家はどのように『実在』するのであろうか。」

☞本文の出発点が，強調表現の一つ「疑問形」で始まることから，国家の実在について論じられていくことをチェックします。

1～8行目：ルール14「例示と引用」➡筆者の主張なし。

「それはたとえば，～そうした一連の過程を生じさせる人々の心のなかに実在する。」

☞直後に筆者の主張がくることが多いので，チェックを忘れないでください！

8行目：ルール4「要するに」＆ルール10「最上級表現」

「要するに，国家とは，まず何よりも，～自分も含めた複数の人々の行動の仕組みのひとつである。」

第二段落（❷）

1行目：ルール4「言葉を換えて言えば」（換言）

「こうした行動の仕組みとは，言葉を換えて言えば，まさしく『制度』と称されるものである。」

5行目：ルール5「must」

「制度がなければ，私たちは，～その都度予測しながら行動しなければならない。」

第三段落（❸）

4行目：ルール4「すなわち」＆ルール10「Aではない。Bである」＆ルール5「must」

「すなわち，制度とは，単に事実として繰り返される現象のことではない。そこには，～繰り返し起こる事態についての規範的な予期と肯定がなければならない。」

7行目：ルール4「すなわち」

「すなわち，そうした出来事が，起きねばならないという期待と，起こるべきことが起きたという承認である。」

☞ここでの「ねばならない」は，「出来事が起きねばならない」という「条件」の意味であり，筆者の命令ではないので，ノーチェックです。

ルールが3つ用いられている第三段落4行目が強い主張部分ですが，第一段落に見える例示と引用の直前と直後も，筆者の主張が来やすいというルールから，強い主張部分であることに注意をしてください。特に「国家の実在は？」と問いを設け，直前で引用を用い，その引用から「自分も含めた複数の人々の行動の仕組みのひとつである」という答えを導き出している辺りは，ルールが多く用いられている，本文の中でも強い箇所であることがわかります。

選択肢の検討

1 × 第一段落の例示部分をまとめた選択肢であり，筆者の主張ではありません。また「警察が犯人を捕まえることが当然のこととされる国家」という記述はなく，事件が起こり，警察が早く犯人を捕まえることを期待するといった一連の流れを，日本人が「当然のことと受け止めている」と示されています。さらに，選択肢に見えるように「実在する国家」の話をしているのではなく，本文では「そうした一連の過程を生じさせる人々の心のなかに実在する」と記しています。

2 × 選択肢の後半部分である「人々の心の中に実在する点において，制度とは異なっている」という表現は，本文では「心のなかに実在」し，さらに「人々の行動の仕組みのひとつである」ことが，第一段落の7行目辺りで示されていますが，それこそが「『制度』と称されるものである」と，第二段落の冒頭で記されています。

3 × 第二段落で述べられていますが，行動の仕組みである「制度」は，社会や家族，会社でそれぞれ異なるものであるので，その「制度」がなければ，その時その時で予測をしなければならないと述べられています。そして，選択肢に見える，「様々な場で異なっている」のは，「予測の方法」ではなく，「制度」であることがわかります。

4 × 第三段落では，制度が「単に合理的な予測が可能な状態」ではないこと。さらに「純粋な予測」ではないとしており，筆者の主張としては「規範的な予期と肯定」，さらに「起きねばならないという期待と，起こるべきことが起きたという承認」が「制度」であるとしています。つまり，筆者は予期という，いわば合理的ではないものが「制度」には含まれると記しています。

5 ◎ 正しい。

出典：坂本多加雄『国家学のすすめ』

正答 5

No.3の正答と解説 【平成30年度・国家総合職】

➡問題文はP.47

《直感ルールによる文章構造》

ルール2 より，全部で５段落構成であることがわかります。また，ルールには該当しませんが，第二段落で「ところで」と話題転換されることから，第一段落と第二段落以下のどちらがより重要なのかを見極めることが必要です。

第一段落（❶）

3行目：ルール3 「しかし」

「しかし生物としての所与に対して人間はもっと自由であり，好意を示すという同じ目的のために多様な表現が可能です。」

5行目：ルール4 「したがって」& ルール12 「二重否定」

「したがって社会制度が我々の思考や行動に制限を加えなければ，好意を示すためにどのような表現をすべきかの決定さえできません。また相手の方も，～判断できない。」

☞強調表現の一つである「二重否定」が見えますが，この文は，「また」という接続詞が用いられていることで，次の行も受けることをチェックしてください。

第二段落（❷）

1行目：ルール7 「need to」

「ところで，他者が行使する強制力として規則が感じられると，～社会規制に何らかの正当性が付与される必要があります。」

2行目：ルール8 「AではなくてB」

「集団が及ぼす力は，外部から強制される暴力としてではなく，内面化された規範の形を取って自然な感情の下に服従を促すのが望ましい。」

第三段落（❸）

1～4行目：ルール14 「例示と引用」➡ 筆者の主張なし。

「マックス・ヴェーバーによれば，～AはBを支配すると形容される。」

第四段落（❹）

1行目：ルール4 「すなわち」& ルール10 「only」

「物理的な強制力や拘束力，すなわち殺傷したり飢餓状態においたりして直接的にまたは間接的に苦しみを与える能力だけが，支配形態の発生と存続を可能にするのではありません。」

3行目：ルール3 「反対に」

「それどころか反対に，継続する安定した支配はこのようなむき出しの強制力によってはもたらされない。」

5～7行目：ルール14「例示と引用」➡ 筆者の主張なし。

「『一定最小限の～支配関係の要件である』とヴェーバーは述べます。」

7行目：ルール 4「つまり」

「つまり支配関係に対する被支配者自身の合意が必要です。」

第五段落（⑤）

1行目：ルール 7「need to」

「安定した社会秩序維持に支配は必要不可欠です。」

3行目：ルール12「二重否定」＆ ルール 8「Aではない。Bである」

「人類の努力が足りないから，支配から解放された世界が実現しないのではない。支配は～我々の生活の根本を成しています。」

5行目：ルール 7「need to」＆ ルール 8「Aではない。Bである」

「支配関係の消失は原理的にありえません。社会には必ずヒエラルキーが発生し，人々の地位の違いは何らかの方法で正当化される必要がある。」

7行目：ルール12「二重否定」

「そうでなければ絶えず争いが生じ，社会が円滑に機能しない。」

第一段落では文化や社会制度が我々の思考や行動に制限を加えることを述べ，第二段落の「ところで」以降では，社会規制の正当性や支配関係について展開されていきます。最後の第五段落では「安定した社会秩序維持に支配は必要不可欠」とまで述べ，そうした社会が正当化される必要があると述べています。第四段落5～7行目に引用が見えますが，前後ともに強調表現が用いられているので，特にここには筆者の強い意見があること。さらに，第四段落と第五段落の間に《中略》とありますが，省略された箇所は本文の展開には必要のなかった部分であり，残されたその前後で述べていることに大事な内容が含まれているわけなので，引用部分と同様に，第四段落の最後と第五段落の冒頭では筆者が強調したい意見が述べられていることに注意してください。

選択肢の検討

1 × 第一段落の2行目で「犬ならば尻尾を振ります」と述べてはいますが，「人間以外の生物」とまでは言及することはできません。また「人間の行動」と「決定」に関する記述は，第一段落5行目に示されていますが，そこでは「社会制度」とあり，選択肢にあるように，「所属する社会の文化的な規範や価値」という指摘はありません。

2 × 前半は第一段落7行目で述べられていますが，そこは筆者の主張部分ではありません。また「社会が人間の自由を制限したため」ではなく，5行目にあるように「社会制度が我々の思考や行動に制限を加え」たという細かい条件が提示されており，またその制限によって，4行目に見える「多様な表現が可能」になるわけです。

3 × 第二段落では「社会における支配」ではなく，「集団が及ぼす力」の中で，「外部から強制される暴力としてではなく，内面化された規範の形を取って」とありますが，さらに「内面化された規範の形を取」るも，「自然な感情の下に服従を促すのが望ましい」と記しているように，選択肢にあるような「変容」については述べていません。

4 ◎ 正しい。

5 × 第五段落の冒頭を読むと，選択肢にあるように「人間は，支配から解放された世界の実現を理想」にはしておらず，「支配から自由な社会は空想の産物にすぎ」ないと述べています。また「支配関係」は「我々の生活の根本を成してい」るとあり，「構築することを迫られている」とは記されてはいません。

出典：小坂井敏晶『社会心理学講義』

正答 4

No.4の正答と解説 【平成20年度・国家Ⅰ種】 ➡問題文はP.48

《直感ルールによる文章構造》

ルール2より，全部で6段落構成であることがわかります。

第一段落（❶）
　ルール14「例示と引用」➡筆者の主張なし。
第二段落（❷）：特にチェックする箇所なし。
第三段落（❸）
　ルール14「例示と引用」➡筆者の主張なし。
第四段落（❹）：特にチェックする箇所なし。
第五段落（❺）：特にチェックする箇所なし。
第六段落（❻）
　5行目：ルール12「二重否定」&ルール13「一方～他方…」
　「内的真実の徹底的追求は，しかも，自己の内面に関わりをもたなければ如何なるものも真実たり得ない～他方，事物を観察する客観的態度は，～」

文章が長く，内容的に難しい表現も見られますが，筆者の主張部分さえ見つけられれば，その他の部分は特に読めなくても正答にたどり着くことができるという問題です。第一段落と第三段落は「例示と引用」であり，ルールからすると本来その前後の段落や文章に筆者の主張が表れるものですが，この問題文では該当部に主張は表れず，第六段落の最後にその主張が表れています。

選択肢の検討

1 × 筆者の主張部を含んだ選択肢ですが，「冷酷」と呼べるのは「現実を直視すること」ではなく，第六段落7行目の「事物を観察する客観的態度」です。また本来の主語は「キリスト教的な精神の神髄に達するためには」ではなく，5行目にある「内的真実の徹底的追求」です。

2 × 第二段落で述べられていることですが，ノヴァーリスが予感したものは，5行目にあるように「放蕩や犯罪を宗教の堕落によつて起るものと見ず，却つてそれらによつて深い宗教性が喚起されるという見解を持ちつづけた」からであり，本肢にあるように「悪影響を追求した」からではありません。

3 × 第六段落1行目辺りで述べられていることですが，本文では，ローマ時代と現代の相似点は「様相」としており，選択肢に見える「同じ程度のもの」では具体性に欠けること。さらに本文では単に「ローマ末期」と「現代」としているだけで，「ローマ時代末期の社会」や「現代社会」とまでは言及していないことも本文との違いとして見て取れます。やはり筆者の主張は5行目以降にあり，この選択肢はややズレています。

4 × 第一段落にあるように，「罪は神を愛する最大の刺激剤」であるのですから，本肢とは反対に「罪の意識の存在」が大前提となります。

5 ◎ 正しい。

出典：石井恭二編『埴谷雄高エッセンス』

正答 5

現代文【要旨把握】

攻略法 「次の文の要旨（主旨）として最も妥当なのはどれか」と求められる要旨把握の問題は，PART 1で取り上げた内容把握の問題と同じで，問題文を漠然と読み，漠然と選択肢に当たっても，効率よく正答にたどり着くことはできません。また，本文全体を読み進めながら「筆者が主張している部分」を見つけ，その部分を的確にさし示している選択肢を選ぶのも内容把握と同様ですが，要旨把握の問題では筆者が主張する意見が“すべて”含まれている選択肢を選ぶ必要があります。

したがって，ルールをフルに活用して，まずは筆者の主張している部分をもれなくチェックし，それをまとめた選択肢を探すことが攻略の確かな糸口となります。

テーマ4

接続語

お試し問題

……………【平成18年度・地方上級(特別区)】

次の文の主旨として最も妥当なのはどれか。

筆者の先輩に，何でもとっておく教授がおられる。その先生は筆者が容赦なく捨てるのを見ると，まことに悲しそうな顔をされる。失礼ないい方になるが，ときには拾っていきたいような表情さえなさることがある。そのためか，その先生の研究室は書類の山である。整理どころか，人間の存在する場所さえなくなりつつある。

経験によれば，いずれ役立つと思ってとっておいた後で実際に役に立つ確率は，たいへん小さい。それに，捨ててしまって，しまったと思っても，どこかに残されていることが多いから安心である。たとえば，教授会の記録を何年もきちんと残している人がある。「偉いなあ」と思うが，よく考えてみると，「なぜ，あんな無駄をするのか」ということになる。実際には，学部事務室にいけば必ず保存されているから，捨てても困るわけはない。筆者は，年度末には，必ず焼却処分にすることにしている。

そもそも，整理するのは，後で再利用するためである。したがって再利用の可能性の少ないものは，整理の対象よりも，むしろ消滅させた方が良い。それに，時代が変わって，スペースは貴重になりつつある。資料よりもスペースの方がずっと高価な世の中になっている。思い切りよく捨てて後悔せず，さばさばした気持ちになることが大切であろう。

かく申す筆者も，油断すればすぐに机や棚の中が一杯になる。幸いなことに，この十数年の間，研究室を二度引っ越す機会があった。いずれのときも，大きな段ボールに何箱分かの書類や資料を捨ててしまった。しかし，それで困ったことは今までない。

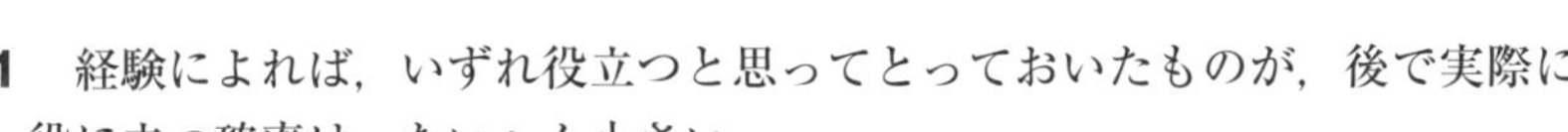

1　経験によれば，いずれ役立つと思ってとっておいたものが，後で実際に役に立つ確率は，たいへん小さい。

2　書類を捨てて，しまったと思っても，どこかに残されていることが多いから安心である。

3　整理するのは，後で再利用するためであり，再利用の可能性の少ないものは，整理の対象よりも，むしろ消滅させた方が良い。

4　資料よりもスペースの方がずっと高価な世の中になっており，思い切りよく捨てて後悔せず，さばさばした気持ちになることが大切である。

5　研究室を引っ越す機会に，大きな段ボールに何箱分かの書類や資料を捨ててしまったが，それで困ったことは今までない。

直感ルールはココだ！

次の文の主旨として最も妥当なのはどれか。　→ルール2 4段落構成

❶筆者の先輩に，何でもとっておく教授がおられる。その先生は筆者が容赦なく捨てるのを見ると，まことに悲しそうな顔をされる。失礼ないい方になるが，ときには拾っていきたいような表情さえなさることがある。そのためか，その先生の研究室は書類の山である。整理どころか，人間の存在する場所さえなくなりつつある。　→ルール 特になし

❷経験によれば，いずれ役立つと思ってとっておいた後で実際に役に立つ確率は，たいへん小さい。それに，捨ててしまって，しまったと思っても，どこかに残されていることが多いから安心である。たとえば，教授会の記録を何年もきちんと残している人がある。「偉いなあ」と思うが，よく考えてみると，「なぜ，あんな無駄をするのか」ということになる。実際には，学部事務室にいけば必ず保存されているから，捨てても困るわけはない。筆者は，年度末には，必ず焼却処分にすることにしている。　→ルール14 例示と引用 ＝ 筆者の意見ではない

❸そもそも，整理するのは，後で再利用するためである。**したがって**再利用の可能性の少ないものは，整理の対象**よりも，むしろ**消滅させた方が良い。それに，時代が変わって，スペースは貴重になりつつある。資料よりもスペースの方がずっと高価な世の中になっている。思い切りよく捨てて後悔せず，さばさばした気持ちになることが大切であろう。　→ルール4 したがって　→ルール8 AよりもむしろB

❹かく申す筆者も，油断すればすぐに机や棚の中が一杯にな

る。幸いなことに，この十数年の間，研究室を二度引っ越す機会があった。いずれのときも，大きな段ボールに何箱分かの書類や資料を捨ててしまった。しかし，それで困ったことは今までない。 → ルール3 しかし

お試し問題の解説

「内容把握」のPARTでも説明したように，正答に直結する本文中の筆者の主張を見つけるために，文中の「逆接」と「換言」の接続詞は確実にチェックしていきます。「逆接」と「換言」の接続詞の後ろには，筆者の意見，つまり正答が隠れているからです。

《直感ルールによる文章構造》

ルール2 より，全部で４段落構成であることがわかります。

第一段落（①）：特にチェックする箇所なし。

第二段落（②）：特にチェックする箇所なし。

☞ 段落内に「引用」があり，ルール14 より，この部分を含んでいる選択肢は正答にはなりません。

第三段落（③）

１行目：ルール４「したがって」＆ルール８「Aよりもむしろ B」

「したがって再利用の可能性の少ないものは，整理の対象よりも，むしろ消滅させた方が良い。」

第四段落（④）

４行目：ルール３「しかし」

「しかし，それ（書類や資料を捨ててしまったこと）で困ったことは今までない。」

ルールに準じた読みをすると，本文で筆者が主張したいことはわずか3行です。なかでも第三段落１～３行目はルールが２つ適用されているだけに，

筆者の主張が強く出ている部分であることがわかります。したがって，この部分を含んでいるものが正答です。

筆者の主張したいことをこの3行からまとめると，次のようになります。

「再利用の可能性の少ないものは，整理するよりも消滅させたほうがよく，これまでそれをして困ったことはない。」

これに近い選択肢が正答です。

選択肢の検討

1．第二段落の冒頭で述べられている内容ですが，筆者が主張したい箇所はその先の第三段落1～3行目です。そこでは筆者は「整理するよりも消滅させた方が良い」としているので，主張とズレた選択肢であることがわかります。

2．**1**と同様で第二段落で述べられている内容ですが，筆者の主張はこの先の第三段落1～3行目にあります。

3．正しい。

4．やはり第二段落2～3行目で記されている内容で，本文との相違はありませんが，筆者の主張は**1**，**2**でも記したように，第三段落1～3行目にあり，そこを記している選択肢でないと正答にはなりません。

5．第四段落で述べられている内容ですが，筆者の一番の主張は第三段落1～3行目と，第四段落であれば4～5行目にあるので，その両者を含んだ選択肢でなければ正答にはなりません。

出典：太田次郎『文科の発想・理科の発想』

正答 3

実戦問題

check □□□

No.1 【平成11年度・国家Ⅱ種】 GⅢ ➡正答と解説はP.67

次の文はファッションに関するエッセイの一部であるが，趣旨として妥当なものはどれか。

❶仮面の装着，すなわち違ったメイクをし，違った服を着こむことによって，わたしたちは自分を，そうありえたかもしれないもうひとりの〈わたし〉へとずらしてしまおうとする。しかしそれは，同時にきわめて危うい行為でもある。

❷服装を変えればたしかにわたしたちの気分は変わる。気分が変われば，ひととのつきあい方にも変化が現われる。ひとの自分を視る眼が変わる。そうしてわたしは別の〈わたし〉になりきれる――たしかによくできた話である。しかし，こうしたかたちでの〈わたし〉の変換は，〈わたし〉が次第に重力を喪ってゆく過程，すなわち〈わたし〉が消失してゆく過程でもないだろうか。

❸衣服の取り替えによる可視性の変換を，そして，それのみをてこにして〈わたし〉の変換を企てるというのは，可視性のレヴェルで一定の共同的なコードにしたがって紡ぎだされる意味の蔽いでもって，〈わたし〉の存在を一度すっぽり包みこむことを意味する。そうすると，わたしはたしかに別なわたしになりうるにしても，そのような〈わたし〉の変換そのものは，〈わたし〉が他の〈わたし〉とともに象(かたど)られている意味の共通の枠組を，いわばなぞるかたちでしか可能とならないであろう。可視性の変換を通じて〈わたし〉はたしかにその位置をずらしていきはするが，それは同時に，自らの位置決定を共同的なものにゆだねることでもある。このとき〈わたし〉の変換は，たぶん定型の反復でしかないだろう。言いかえると，〈わたし〉の変換は共同的なコードによってほぼ全面的に拘束され，〈わたし〉の身体的＝可視的な存在は「記号による外科手術」を施され，それらの記号の藪のなかに〈わたし〉はすっかりまぎれこみ，他との区別がつきにくくなる。属性だけが残って，〈わたし〉はむしろ消散してしまうことになる。

1　ファッションとは，人が共同的なコードに従って自分を様々に変換させ，本来の自分とは全く異なる人格へと変貌を遂げていく過程である。

2　自分の個性を失わないためには，ファッションの選択を共同的なものへと委ねるのではなく，自分の決定によらなければならない。

3　ファッションには，常に人の存在を規格化する傾向があり，これに対抗して個性を主張するためには，意識的に主体性を打ち出していく必要がある。

4　人は共同的なコードに従うことによって個性を奪われる可能性を理解しながらも，新しい自分への変貌を求めてファッションを追い求めていく。

5　人はファッションによって新しい自分を獲得しようとするものの，共同的なコードによって記号のなかに埋没し，自分の存在を失っていく。

check □□□

No.2 【平成21年度・地方上級（特別区）】 GⅢ ➔正答と解説はP.68

次の文の主旨として，最も妥当なのはどれか。

❶自意識は，人を規範的にし，また，自己批判を強めることによって，更なる努力を促します。しかし，自意識がいつでもこうした建設的なはたらきをするわけではありません。自己否定的な気持ちが強すぎると，強い劣等感や引け目を感じ，むしろ意欲をなくしてしまうこともあります。大人から見れば，些細なことでくよくよしたり，小さな問題でひどく落ち込んだりする子がいます。容貌，容姿が人と少し違うといって悩みます。勉強ができない，スポーツが苦手といって劣等感を持ちます。

❷私たちには，もともと，人と自分を比較するという習性があります。専門家はこれを「社会的比較」と呼んでいます。自分の能力や魅力，価値などを知りたいと思うとき，私たちは周囲にいる人たちと自分を比較します。ある子どもは，あるとき，友達と競走すると，たいてい自分が勝つことに気づいて，「自分は走るのが得意なんだ」という認識を持ちます。初対面の人と友達が平気で話をしている様子を見て，「自分はこうはできないな」と一種の自己認識を形成します。走力にしても社交性にしても，絶対的基準があるわけではありません。人と比較して，自分の特徴がわかります。

❸いろいろな面で私たちは社会的比較をしています。その結果，人よりも劣っている点だけでなく優れている点も見つかるはずですが，既に述べたように，私たちは，劣っている点の方に意識が向かう傾向があります。優れた点を「よかった」と素直に喜ぶことができれば，劣っている点があったとしても，精神的に安定しますが，思春期にいる人たちは，劣っている点ばかりがひどく重要なことのように思います。良い点を伸ばしていこうと前向きな気持ちになれればいいのですが，時には，劣等感の方に負けて，行動が萎縮してしまうこともあります。

1　自意識は，人を規範的にし，また，自己批判を強めることによって，更なる努力を促すが，いつでもこうした建設的なはたらきをするわけではない。

2　容貌，容姿が人と少し違うなどといった，大人から見れば，些細なことでくよくよしたり，小さな問題でひどく落ち込んだりする子がいる。

3　私たちには，もともと，人と自分を比較するという習性があり，自分の能力や魅力，価値などを知りたいと思うとき，周囲の人たちと自分を比較する。

4　社会的比較の結果，人よりも劣っている点だけでなく優れている点も見つかるはずだが，私たちは，劣っている点の方に意識が向かう傾向がある。

5　良い点を伸ばしていこうと前向きな気持ちになれれば良いが，時には，劣等感の方に負けて，行動が萎縮してしまうこともある。

No.3 【平成30年度・国家一般職】GⅡ ➡正答と解説はP.69

次の文の内容と合致するものとして最も妥当なのはどれか。

❶「労働者のあり方」という観点からしたら，近代工業社会は，生まれ続ける失業者をすくい上げるために「新しい産業」を作って来たという面もある。つまり，労働者の安定が帝国主義の発展を支えて来たという一面もあるけれど，でもその「発展の形」は飽和状態に来た。

❷かつて産業とは「物を作ること」だった。物を大量に作って売る――そうすれば利益を得ることが出来る。そういうことが可能だった時代には，市場というものが無限に近い広さを持っているもののように思われた。でも当然，それは無限ではない。

❸需要を生み出すマーケットが無限に近い広大さを持っていると思われた時期には，物を作り出すための資源の有限が言われた。つまり，エネルギー資源の確保ということだが，これは「需要は無限にある」ということを前提にしている。その時代には「石油の枯渇」が心配されて，まさか現在のような「石油のだぶつきと値下がり」が起きるとは思わなかった。

❹人が「需要」と考えるものは往々にして「欲望」のことで，「人の欲望が無限である以上，需要もまた無限に存在して，であればこそ“物”を作り出す産業も不滅だ」と考えられていた。それは，実は「物が足りなくて困ることがある」という「それ以前の時代」の考え方で，「物が余ってしまう未来」のことを頭に置いていない。だから，「人の需要は無限に存在し続けて，マーケットもまた無限に近く続いて広大だ」ということが，うっかり信じられてしまう。

❺「それは飢餓の時代の世界観である」と言ってしまうと，「世界にはまだ飢餓が存在している」と言われてしまうかもしれない。しかし，産業は「需要」と向かい合うもので，「飢餓」と向かい合うものではない。飢餓と向かい合ったって一銭の得にもならないのだから，利潤を求める「産業」というものは，飢餓なんかには向き合わない。飢餓と向かい合って「なんとかしなければ」と考えるのは「人の善意」で，産業なんかではない。そこに「メリット」を発見しない限り，産業は飢餓と向かい合わない。そして，一方に飢餓と窮乏があったとしても，「無限の需要」を習慣的に夢見てしまう産業は，知らない間に「物が余ってしまう社会」を作り出してしまう。

1　かつて産業とは物を作って市場で売ることであり，その市場は無限の広さを持っていたが，資源の有限が言われると，市場の広さは無限ではなくなった。

2　石油の枯渇が回避された結果，需要が無限にあることを前提としたエネルギー資源の確保が行われ，物が余ってしまう社会が作り出された。

3　飢餓の時代の世界観に基づくと，人の需要は無限に存在するので物を作り出す産業も不滅であるという考え方となる。

4 産業は，飢餓とは向き合わないが，一度飢餓にメリットを発見すると，何とかしなければと考え，そこに人の善意が生まれる。

5 かつては，労働者の安定のために新しい産業が作られてきたが，物が余ってしまう未来では，世界に存在する飢餓を求めて新しい産業が作られる。

No.4 【平成11年度・市役所上級】GⅠ ➡正答と解説はP.71

次の文の要旨として妥当なものはどれか。

①たしかに死は，人間にふりかかる最大の暴力ないし災厄として，ながらく不安や恐怖の最後の対象だった。人はそれを理不尽なしかし逃れがたい運命として，暗黙の諦観をもって受け入れもしたが，死という生存の剝奪ないし消滅が逃れられない定めであるからこそ，恐るべき死の不安を和らげるためにも霊魂の不滅を信じたり，また生の悲惨からの救済として永遠の来世を仮想したり，あるいはまた，永世や来世への希望に頼ることなく，死への思い煩いを一切無意味なものとして生の現実から排除する知恵をあみだす努力をしたりしてきた。いずれにせよ死は，人間の意志や権能を超えた有無を言わせぬある威力の発露であり，それが人間の力を超えているがゆえに，ひとはそれだけ深く死に捉えられ，それゆえにまた根深く死からの解放を願ってきた。

②だが，霊魂の不滅も神による救済も信じられなくなり，人間が人間以外の威力に依存しなくなると，死は逆に人間の生にとってもっとも重要な構成要素となる。死は生を終結させるが，その死なくしてまた生は完結しない。死を究極の可能性として生に取り込むこと，それによってはじめて人間の自律性と生の完全無欠は保証される。生を完結する死が人間のものにならない限り，絶対的主体としての人間の自律性は成立しないのだ。つまり，神を，超越を廃棄する以上，死は「私の死」にならなければならない。死が「私」の自由にしうる「私の」ものにならなければ，誕生に始まり死に終わる「私の生」は，ついに「私の」ものとはならない。死はしたがって，事故のように外部から運命として「私」に降りかかりただ単純に「私」を消滅させるものではなく，ある弁証法によって「私」に内属させられるのでなければならない。たとえばリルケは，自分の身内に果実のように成長し熟してゆく生そのものであるかのような死を想定し，それを熟視しようとした。彼のような近代人にとって，死はおのれの生の最終的かつ根元的な可能性であって，それこそが置き換えのきかない「私」の存在の固有性を根拠づけるものだった。

1 死は，神の救済や霊魂の不滅を用いて説明されてきた。しかし，近代人はそうした説明を信じようとはせず，死を観察し，操作しようと試み，死を生の対極に追いやることによって，自らの生に対する自律性を強め，死から解放されることをめざした。

2 死は，誕生によって始まる人間の生を完結させるものであるから，もともと生の一部と考えられてきた。しかし近代になると人間は，生の固有性を根拠づけるものとしての死を廃棄しようとして，神々の救済や霊魂の不滅といった説明のしかたに満足しなくなった。

3 死は，霊魂が自由になることによって人間が絶対的自律性を獲得する機会であると，長い間考えられてきた。しかし，霊魂の不滅といった超越的なものを信じない近代人は，死を熟視することによって，死を生の究極的な形態ととらえるようになった。

4 死は，人間にとって逃れがたい運命であるから，それから逃れることが人類にとっての課題であった。人間はいつの時代も，霊魂の不滅を信じて来世に希望を託したり，自らの死を徹底的に観察して内属させることによって，死の運命から逃れようとした。

5 死は，長い間超越者から与えられる生の剝奪であると考えられ，恐怖の対象であった。神や霊魂をもはや信じなくなった近代人は，死を自らの自律性の発露の機会としてとらえ，死から逃れるよりもそれを生の一部として取り込もうとした。

正答と解説

No.1の正答と解説 【平成11年度・国家Ⅱ種】

➡問題文はP.62

《直感ルールによる文章構造》

ルール2 より，全部で3段落構成であることがわかります。

第一段落（①）

1行目：ルール4「すなわち」

「仮面の装着，すなわち違ったメイクをし，違った服を着こむことによって，～もうひとりの〈わたし〉へとずらしてしまおうとする。」

3行目：ルール3「しかし」

「しかしそれは，同時にきわめて危うい行為でもある。」

第二段落（②）

3行目：ルール3「しかし」＆ ルール4「すなわち」＆ ルール11「疑問形」

「しかし，こうしたかたちでの〈わたし〉の変換は，〈わたし〉が次第に重力を喪ってゆく過程，すなわち〈わたし〉が消失してゆく過程でもないだろうか。」

第三段落（③）

9行目：ルール4「言いかえると」（換言）

「言いかえると，〈わたし〉の変換は共同的なコードによってほぼ全面的に拘束され，～それらの記号の薮のなかに〈わたし〉はすっかりまぎれこみ，他との区別がつきにくくなる。」

明解な文章です。第一段落ではファッションによって，〈わたし〉はもう一人の〈わたし〉になることができるが，それは危険であると述べ，その危険性を第二段落と第三段落で主張として挙げています。ルールに従って読み進めると，その危険性は「共同的なコードによってほぼ全面的に拘束され，～他との区別がつきにくくなる」ことにあることがわかります。

選択肢の検討

1× 第一段落冒頭の部分ですが，3行目の「しかし」で，ファッションに関する問題提起がされているのは，上記のルールどおりです。

2× 本文の主題は「自分の個性を失わない」ことにあるのではなく，自分を失ってしまうことの危険性についてです。また，個性を失わないために「自分の決定によらなければならない」という記述も本文に見えません。

3 × **2**と同様に，本文の主題は「個性を主張する」ことではなく，また，本文に「意識的に主体性を打ち出していく必要がある」とも記されていません。

4 × 「人は共同的なコードに従うことによって個性を奪われる可能性を理解」するのではなく，第三段落にあるように，共同的なコードに拘束されることから，本文のラストにあるように「〈わたし〉はむしろ消散してしま」い，個性を奪われることを知らなければならないのです。

5 ◎ 正しい。

出典：鷲田清一『モードの迷宮』

正答 5

No.2の正答と解説 【平成21年度・地方上級（特別区）】 ➡問題文はP.63

《直感ルールによる文章構造》

ルール2より，全部で３段落構成であることがわかります。

第一段落（❶）

2行目：ルール3「しかし」

「しかし，自意識がいつでもこうした建設的なはたらきをするわけではありません。」

3行目：ルール8「AよりもむしろB」

「自己否定的な気持ちが強すぎると，～むしろ意欲をなくしてしまうこともあります。」

第二段落（❷）：特にチェックする箇所なし。

第三段落（❸）

1行目：ルール13「AだけでなくBもまた」

「その結果，人よりも劣(おと)っている点だけでなく優れている点も見つかるはずですが，～劣っている点の方に意識が向かう傾向(けいこう)があります。」

全部で22行の文章ですが，筆者の主張は7行にまとめられてしまいます。まず，第一段落2行目は，ルール3の「しかし」という言葉が，前の言葉や文章を受けて，それを否定する言葉なので，念のため「しかし」の直前の文章を読むことを忘れないでください。第三段落1行目にはルール13の適用文が見られますが，この文は「既に述べたように」という言葉からも，先に記した文の補足。具体的には第一段落3行目と同じことを記していることがわかります。したがって，筆者の主張は，「自意識は，人を規範的にし，また，自己批判を強めることによって，更(さら)なる努力を促します。しかし，自意識がいつでもこうした建設的なはたらきをするわけではありません」というものであり，それが正答となります。

選択肢の検討

1◎ 正しい。
2× 第一段落4～7行目で述べられていることですが，筆者の主張部分ではありません。
3× 第二段落1～3行目で述べられていることですが，第二段落には筆者の主張はありません。
4× 第三段落1～3行目で述べられていることですが，解説にも示したように，ここは第一段落3行目の補足部分です。ここで記されるような気持ちになるのは「自意識」ですが，その言葉が入ってこないことも正答に至らない理由です。
5× 第三段落6～7行目で述べられていることですが，筆者の主張とズレています。

出典：大渕憲一『思春期のこころ』

正答 1

No.3の正答と解説 【平成30年度・国家一般職】 ➡問題文はP.64

《直感ルールによる文章構造》

ルール2より，全部で５段落構成であることがわかります。

第一段落（①）

2行目：ルール4「つまり」＆ルール3「でも」（逆接）
「つまり，労働者の安定が帝国主義の発展を支えて来たという一面もあるけれど，でもその『発展の形』は飽和状態に来た。」

第二段落（②）

3行目：ルール3「でも」（逆接）
「でも当然，それは無限ではない。」
☞「それ」は前の行の「市場」をさしています。

第三段落（③）

2行目：ルール4「つまり」
「つまり，エネルギー資源の確保ということだが，これは『需要は無限にある』ということを前提にしている。」

第四段落（④）

3行目：ルール12「実は」
「それは，実は『物が足りなくて困ることがある』という『それ以前の時代』の考え方で，『物が余ってしまう未来』のことを頭に置いていない。」

☞最初の「それ」は前の行の「人の欲望が無限である以上，～産業も不滅だ」という考えをさしています。

第五段落（⑤）

2行目：ルール3「しかし」

「しかし，産業は『需要』と向かい合うもので，『飢餓』と向かい合うものではない。」

第一・第二段落では，「帝国主義の発展」と「市場」が飽和状態であることを示し，第三段落以降では「需要が無限にある」という考えが，エネルギー資源の確保という考えや「物が足りなくて困ることがある」という考え方を生んでしまうと述べています。そして「飽和」なのか，それとも「物が足りない」＝「飢餓」なのかという疑問提示から，産業は「飢餓」ではなく，「需要」と向き合うものであるという答えが筆者の考えです。

選択肢の検討

1 × 第二・第三段落で述べられていますが，「市場は無限の広さを持っていた」のではなく，「持っているもののように思われた」のです。さらにそう思われていた時代に「物を作り出すための資源の有限が言われた」のであり，そのことが起因で「市場の広さは無限ではなくなった」のではありません。

2 × 第三段落で「『石油の枯渇』が心配されて，まさか現在のような『石油のだぶつきと値下がり』が起きるとは思わなかった」とはありますが，そこから「石油の枯渇が回避された」とまでは読めません。さらに「エネルギー資源の確保」によって「物が余ってしまう社会が作り出された」という因果関係も本文では見て取れません。

3 ◎ 正しい。

4 × 産業が飢餓と向かい合わないという点は，第五段落2行目の主張部分と合いますが，6行目辺りまで読むと，飢餓と向かい合ってあれこれ考えるのは「人の善意」であるが，それは「産業なんかではない」としているので，選択肢のように産業から人の善意が生まれるという記述は誤りです。

5 × 選択肢の前半は第一段落で述べられていることですが，後半は第四段落にもあるように，メリットがなければ産業は飢餓とは向き合わないことと，それに加えて「世界に存在する飢餓」についての指摘がされていません。

出典：橋本治『知性の顚覆 ―日本人がバカになってしまう構造』

正答 3

No.4の正答と解説 【平成11年度・市役所上級】 ➡問題文はP.65

………………………《直感ルールによる文章構造》………………………

ルール2 より，全部で2段落構成であることがわかります。そして，第二段落が「だが」という逆接で始まっているので，筆者の主張は第一段落ではなく，第二段落にあることがわかります。そこで第二段落を中心とした読みを進めます。

第一段落（❶）

2行目：ルール3「しかし」＆ ルール8「AではなくてB」

「人はそれ（死）を理不尽なしかし逃れがたい運命として，～あるいはまた，永世や来世への希望に頼ることなく，～努力をしたりしてきた。」

第二段落（❷）

1行目：ルール3「だが」

「だが，～人間が人間以外の威力に依存しなくなると，死は～重要な構成要素となる。」

2行目：ルール12「二重否定」

「死は生を終結させるが，その死なくしてまた生は完結しない。」

3行目：ルール10「～してはじめて」

「死を究極の可能性として生に取り込むこと，それによってはじめて人間の自律性と生の完全無欠さは保証される。」

⬇（以上のまとめとして）

5行目：ルール12「二重否定」

「生を完結する死が人間のものにならない限り，絶対的主体としての人間の自律性は成立しないのだ。」

6行目：ルール4「つまり」＆ ルール5「must」

「つまり，神を，超越を廃棄する以上，死は『私の死』にならなければならない。」

7行目：ルール5「must」＆ ルール12「二重否定」

「死が『私』の自由にしうる『私の』ものにならなければ，～ついに『私の』ものとはならない。」

⬇（今一度，ここまで記してきた意見のまとめとして）

8行目：ルール4「したがって」＆ ルール8「AではなくてB」＆ ルール5「must」

「死はしたがって，事故のように外部から～『私』を消滅させるものではなく，～『私』に内属させられるのでなければならない。」

☞「つまり」の後に来る「したがって」なので，ここは「まとめのまとめ」となり，かなり強い結論部分です。選択肢にはここで説明されている内容が含まれていないといけません。
11～12行目：ルール14「例示と引用」➡筆者の主張なし。
「たとえばリルケは，～」

本文自体は長いものではありませんが，筆者が自分の主張を繰り返しながら，それを深めていくという，本文内の言葉を借りれば，まさに「弁証法的」な文章です。第一段落では，人間が長い間どのように「死」と向き合ってきたかについて述べられ，第二段落の「だが」から，人間が「死」に対する考え方を変えたことが記されています。これまでは第一段落６行目にあるように，死を「生の現実から排除する知恵をあみだす努力をしたりしてきた」のに対し，現在では第二段落３行目のように，「死を究極の可能性として生に取り込む」ようになったというのです。もちろん，筆者のより強い主張は後者にあるわけですから，上記の対比を頭に置きつつ，ルールに従って，第二段落の主張を含んだ選択肢を選んでください。

選択肢の検討

1× 上記のルールから，後半に記されている「近代人は～死を生の対極に追いやる」という点が筆者の主張と異なることがわかります。

2× 上述したように，人間の「死」に対する考えはかつてと今では異なっています。第一段落でも記されるように，かつて人間は「死」を「生の現実から排除する知恵をあみだす努力をしたりしてきた」のですから，本肢にあるように「生の一部と考え」たというのは誤りです。

3× 本肢に記される「人間が絶対的自律性を獲得する」には，第二段落５行目に記されるように「死が人間のものにならな」ければならないので，第一段落で指摘されるように，「(死を) 理不尽なしかし逃れがたい運命として，暗黙の諦観をもって受け入れ」た時代には，人間の絶対的自律性はないと考えられます。

4× 第一段落に記される，かつての人間の「死」に対する考えが記されています。しかし，筆者の主張は第二段落にあるので，本肢は筆者の主張を取り上げていることにはなりません。

5◎ 正しい。

正答 5

テーマ5 強調表現

お試し問題

【平成30年度・国家一般職】

次の文の内容と合致するものとして最も妥当なのはどれか。

懐石を支えた茶の文化は，チャという植物や木，紙，タケなどモンスーンの気候帯に固有の植生に支えられた文化でもある。茶室というしつらえそのものが木の文化の産物である。木の椀，箸，膳などの什器類も木の文化の産物であるといってよい。このようにみれば，和食の文化が，日本列島の気候風土やそれに育まれた文化によって支えられてきたことは明白である。

和食の背景の一番奥にある思想の底流にも，輪廻の思想はじめ東洋の思想が流れている。そして，これらの思想体系自身がモンスーンの風土に育まれた多様な生物群に支えられてきたことを考えれば，和食の文化は日本の「風土」に支えられてきたというべきであろう。無形文化遺産に登録された和食のこころとは，日本の風土の，食というかたちでの発現にほかならないのである。そしてなによりも大切なことは，「文化遺産」つまり放置すればやがては消失してしまう危険性があるという認識を持つことなのではないだろうか。

世界文化遺産の登録をめぐって，和食とはなにか，たとえば，カレーライスやラーメンは和食かそうでないかという議論があった。さらには，和食の大きな要素が出汁(だし)にあるということで，出汁，うま味をめぐる議論もある。しかし，登録されたのは和食のメニューなのでもなければ，出汁や特定の食品なのでもない。登録されたのは文化なのだ。しかもそれが文化として根づいてきたのは，和食の文化が環境にもやさしく日本の風土にマッチしてきたからにほかならない。いくら和食がヘルシーだからといって，海の向こうの人びとから金にもの言わせて世界中から食材を買いあさって調理したところで，それはもはや文化としての和食でも何でもない。和食の再認識は，じつは日本の風土の再認識でなければならない。これがわたしの出した結論である。同時に，日本に限らず，それぞれの地域の食文化と風土の再認識でなければならない。

このように，食とは，地球システムのなかでの人類の営みなのであって，いくら技術が進んだところでこの根本原則が変わることはない。これを都合よく制御しようという現代社会の試みは，いったん動きだせばあとは永遠に動きつづける「永久機関」を作ろうという試みと何ら変わるところはなく，破綻は目に見えている。

1　木の文化は，地域の気候帯に固有の植生に支えられて形成されており，日本では，木の文化の産物である什器類が懐石を支えた。

2　和食の底流に流れる東洋の思想は，輪廻の思想とモンスーンの風土に育まれた多様な生物群への敬意とが混ざり合って生まれた。

3　和食の文化の大きな要素は出汁やうま味にあり，無形文化遺産に登録されず放置されれば，和食の文化は消失するという危機意識があった。

4　和食は日本の風土に支えられて文化として根付いており，和食の再認識には日本の風土の再認識が必要とされる。

5　和食は環境に優しく，海外でも受け入れられているが，地域の食文化を消失させないように制御しようとする試みは，現代においても困難である。

直感ルールはココだ！

次の文の内容と合致するものとして最も妥当なのはどれか。→ ルール２ ４段落構成

❶懐石を支えた茶の文化は，チャという植物や木，紙，タケなどモンスーンの気候帯に固有の植生に支えられた文化でもある。茶室というしつらえそのものが木の文化の産物である。木の椀，箸，膳などの什器類も木の文化の産物であるといってよい。このようにみれば，和食の文化が，日本列島の気候風土やそれに育まれた文化によって支えられてきたことは明白である。 ← ルール 特になし

❷和食の背景の一番奥にある思想の底流にも，輪廻の思想はじめ東洋の思想が流れている。そして，これらの思想体系自身がモンスーンの風土に育まれた多様な生物群に支えられてきたことを考えれば，和食の文化は日本の「風土」に支えら

れてきたというべきであろう。無形文化遺産に登録された和食のこころとは，日本の風土の，食というかたちでの発現にほかならないのである。そしてなによりも大切なことは，「文化遺産」つまり放置すればやがては消失してしまう危険性があるという認識を持つことなのではないだろうか。

→ルール10 ほかならない
→ルール10 なによりも
→ルール4 つまり
→ルール11 疑問形

❸世界文化遺産の登録をめぐって，和食とはなにか，たとえば，カレーライスやラーメンは和食かそうでないかという議論があった。さらには，和食の大きな要素が出汁（だし）にあるということで，出汁，うま味をめぐる議論もある。しかし，登録されたのは和食のメニューなのでもなければ，出汁や特定の食品なのでもない。登録されたのは文化なのだ。しかもそれが文化として根づいてきたのは，和食の文化が環境にもやさしく日本の風土にマッチしてきたからにほかならない。いくら和食がヘルシーだからといって，海の向こうの人びとから金にもの言わせて世界中から食材を買いあさって調理したところで，それはもはや文化としての和食でも何でもない。和食の再認識は，じつは日本の風土の再認識でなければならない。これがわたしの出した結論である。同時に，日本に限らず，それぞれの地域の食文化と風土の再認識でなければならない。

ルール14 例示と引用 ＝ 筆者の意見ではない
→ルール3 しかし
→ルール8 Aではない。Bである
→ルール10 ほかならない
→ルール12 実は
→ルール5 must
→ルール9 私が
→ルール5 must

❹このように，食とは，地球システムのなかでの人類の営みなのであって，いくら技術が進んだところでこの根本原則が変わることはない。これを都合よく制御しようという現代社会の試みは，いったん動きだせばあとは永遠に動きつづける「永久機関」を作ろうという試みと何ら変わるところはなく，破綻は目に見えている。

ルール 特になし

お試し問題の解説

「要旨把握」問題の中から，筆者が自分の意見をさらに強めるために用いる「強調表現」を中心に見ていきます。

《直感ルールによる文章構造》

ルール２より，全部で４段落構成であることがわかります。

第一段落（❶）：特にチェックする箇所なし。

第二段落（❷）

５行目：ルール10「ほかならない」

「無形文化遺産に登録された和食のこころとは，日本の風土の，食というかたちでの発現にほかならないのである。」

７行目：ルール10「なによりも」＆ルール４「つまり」＆ルール11「疑問形」

「そしてなによりも大切なことは，『文化遺産』つまり放置すればやがては消失してしまう危険性があるという認識を持つことなのではないだろうか。」

第三段落（❸）

１～４行目：ルール14「例示と引用」➡筆者の主張なし。

「～，たとえば，カレーライスやラーメンは～議論もある。」

４行目：ルール３「しかし」＆ルール８「Ａではない。Ｂである」

「しかし，登録されたのは和食のメニューなのでもなければ，出汁や特定の食品なのでもない。登録されたのは文化なのだ。」

☞「例示と引用」の直後であり，ルールが２つ使われているので，筆者の強い主張の文であることを押さえます。

６行目：ルール10「ほかならない」

「しかもそれが文化として根づいてきたのは，和食の文化が環境にもやさしく日本の風土にマッチしてきたからにほかならない。」

11行目：ルール12「実は」& ルール5「must」

「和食の再認識は，じつは日本の風土の再認識でなければならない。」

13行目：ルール9「私は（が）～」

「これがわたしの出した結論である。」

13行目：ルール5「must」

「同時に，日本に限らず，それぞれの地域の食文化と風土の再認識でなければならない。」

☞ここでの「同時に」は，11行目の「和食の再認識は，じつは日本の風土の再認識でなければならない」を受けたもので，筆者による「must」が2つ並ぶことがわかります。その2つを「わたしの出した結論」という表現で，さらに強めていることがわかる要チェック箇所です。

第四段落（④）：特にチェックする箇所なし。

筆者が強く主張したい部分の中でも，ルールが複数使用されている第二段落7～9行目とともに第三段落11～13行目が見逃せないことは上記したとおりです。したがって，「日本の食の文化遺産を放置しておくと消えてしまう可能性がある」が，「和食の再認識をすることが日本の風土の再認識になる」という筆者の指摘したい点を含んだ選択文が正答です。

選択肢の検討

1．第一段落で述べられていることですが，この段落は筆者の主張部分ではありません。また第一段落では茶の文化について言及されており，「固有の植生に支えられて形成」したのも，什器類を支えたのも，「木の文化」ではなく，「茶の文化」であることがわかります。

2．第二段落の冒頭に見られますが，ここは筆者の主張部分ではありません。また「東洋の思想は，輪廻の思想とモンスーンの風土に育まれた」のではなく，第二段落1行目からも，輪廻の思想をはじめとした東洋の思想が，モンスーンの風土に育まれた多様な生物群に「支えられてきた」のであり，さらに「混ざり合って生まれた」という表現が本文には見られません。

3．選択肢の前半は第三段落3行目に記されていますが，例示部分であり筆者の主張部分ではありません。また，結果として無形文化遺産に登録されたのは，第二段落5行目から「和食のこころ」であり，さらに第三段落5行目にも見えるように，登録されたのは「出汁や特定の食品」ではなく，「文化」であることがわかります。それらが放置されれば，消失する危険性があったというのです。

4．正しい。

5．選択肢冒頭の「和食は環境に優しく」は，第三段落7行目では，「文化として根づいてきた」原因として挙げられ，「海外でも受け入れられている」理由ではありません。また，「制御しようとする試み」は，筆者の主張が見えない第四段落3行目にあり，そこでは食が人間の営みであるという根本原則を現代社会が制御しようとしているとあり，「地域の食文化」ではありません。さらに，その試みが「現代においても困難」という記述も見当たりません。

出典：佐藤洋一郎『食の人類史』

正答 4

実戦問題

check □□□

No.1 【平成21年度・地方上級（特別区）】 GⅢ ➡正答と解説はP.84

次の文の主旨として，最も妥当なのはどれか。

①科学が万能でないことは，科学がいちばんよく知っている。その科学の限界を超えた発展をするためには，次元の異なった世界に対して一歩を踏み出していかなくてはならない。

②二千五百年前の古代ギリシアのピタゴラスは，世界の根源は数にあると考えるようになって，数の研究に熱中した。そして，有名な「ピタゴラスの定理」などを発見して，今日の数学の基礎を築いた。自然の仕組みについて考察を重ねた哲学者であるが，その哲学的考察が数学や天文学へと発展していったのである。

③その時代の人たちが考える枠組みを超えて考えていった結果である。この世の中で人々が一般に考えていることは，それが現実という限りにおいては，一つの真実であり無視することはできない。しかし，その枠の中だけで考えていたのでは，いくら集中的に努力をしても，大きな進歩は望めない。宇宙という広い視野から見ると，うろうろと暗中模索をしているのと同じである。

④いたずらに周囲の雑音に惑わされないで，自分ひとりで静かに深く考えてみる。人間の奥深いところは，その思考力にある。落ち着いて沈思黙考すれば，かなり深遠なところまで考えを至らせることができる。毎日の忙しいスケジュールに追いかけられている現代の人たちは，深く考えようともしないで適当なところで結論を出してしまう。だからこそ，その場限りの一時的で妥協的な結論しか出ないのである。

⑤広くこの世の中のことであれ，ビジネス社会におけることであれ，もっと奥深く考えていって，もっと普遍性のある真理の探究に邁進（まいしん）するべきだ。「考える」ということに，もっと重点を置いた生活やビジネスに対する姿勢をとる必要がある。ピタゴラスに習って，何か定理を発見するくらいの熱意をもたなくてはならない。

1 科学の限界を超えた発展をするためには，次元の異なった世界に対して一歩を踏み出していかなくてはならない。

2 ピタゴラスは自然の仕組みについて考察を重ねた哲学者であるが，その哲学的考察が数学や天文学へと発展していったのである。

3 この世の中で人々が一般に考えていることは，それが現実という限りにおいては，一つの真実であり無視することはできない。

4 人間の奥深いところは，その思考力にあり。落ち着いて沈思黙考すれば，かなり深遠なところまで考えを至らせることができる。

5 「考える」ということに，もっと重点を置いた生活やビジネスに対する姿勢をとる必要がある。

No.2 【平成29年度・国家一般職】GⅢ ➡正答と解説はP.85

次の文の内容と合致するものとして最も妥当なのはどれか。

❶現在の日本社会は，社会保障制度の議論のなかで，さまざまな難問に直面しています。そこには二つの要素が存在しています。ひとつは，「利用者とサービス提供者の間で，費用負担とサービス提供における循環がきちんと成り立っているか」「そうした循環について，国民や社会が共通の理解をしているのか」ということです。そこで理解が得られなければ，循環の輪は切れてしまい，いくら高邁な理想を掲げても成り立たなくなってしまうのです。

❷もうひとつは，「循環が成り立つために必要な財源が確保できているのか」ということです。そこでの議論としては，「総体としての費用がより必要ならば，制度による負担を増やすべきではないか」という意見もあるし，「総体の費用を抑えなければ，循環そのものが成り立たなくなってしまう」といった意見もあるでしょう。

❸しかしながら，制度はただ単に循環を成り立たせるために存在しているわけではありません。利用者に対するサービスの提供を成り立たせるために制度が活用されて初めて，利用者と提供者の間の循環が生まれるのです。この循環が成り立たなくなれば，制度が成り立たなくなる可能性もあります。そして，制度が成り立たなくなれば，福祉サービスそのものが担えなくなってしまうのです。

❹換言すれば，制度を成り立たせるためには，利用者とサービス提供者との間の循環を成り立たせるしかありません。しかしながら，社会に暮らすすべての人がこのことに納得しているのでしょうか。ひょっとしたら，誰一人として納得していないかもしれません。そうしたときに，循環をつぶすのではなく，どうしたら循環が成り立つよう納得してもらえるのか。そこで生まれてくる命題は，「皆が仲間だ」と思えるような社会にしていかなければならないということです。

❺「皆が仲間だと思える社会」を実現すること，その下支えとしての制度がきちんと設計され運用されていることは，筆者の願望であり希望でもあります。これは，“実践から生まれた哲学”であり，いま，まさに求められていることだろうと思います。従来の社会福祉の分野は，“困ったときは相身互い”といった環境のなかで循環を保とうとしてきました。しかし，現在では，その循環を成り立たせるために，制度そのものがきちんと構築されていなければならないのです。

1　従来の福祉サービスでは，利用者とサービス提供者との間で費用とサービス内容の契約を結ぶことによって，福祉サービスを維持することが重視されていた。

2　社会保障制度は，掲げられる理想が高ければ高いほど，制度による負担について国民や社会からの理解を得やすいため，制度の維持が可能になる。

3　高齢化が著しい現在の日本では，社会保障制度について，全体の費用を抑えることで費用負担とサービス提供における循環を保つ考え方が主流である。

4 利用者がサービスを受けられるようにするために社会保障制度が活用されなければ，費用負担とサービス提供における循環が成り立たず，制度も成り立たない可能性がある。

5 皆が仲間だと思える社会を実現するためには，社会の構成員全員が納得するサービスに焦点を絞ることによって成り立っている循環を保つよう，制度が構築される必要がある。

No.3 【平成19年度・大卒警察官（警視庁）】 GⅡ

➜ 正答と解説はP.87

次の文章の主旨として，最も妥当なものはどれか。

❶われわれは明治以来，外国語をたいへん熱心に学んできた。そのために注がれたエネルギーはおびただしいもので，ときに，いたましい浪費ではないかと思われるほどである。しかし，考えてみるに，そろそろ外国人に日本語を勉強してもらいたい，あるいは，してもらってもよい時期になっているのではなかろうか。そう思ってみると，だれが外国人に日本語が教えられるのか，だれもいないではないかということがはっきりしてくる。日本人が日本人に教えるための国語の知識では外国人に勉強してもらうときの役には立たないのであるが，われわれの国には，外から見た日本語の意識というものが発達していない。これが実際以上に，日本語を神秘的なものにしている。「国語」という言い方が普通になっていること自体，うちうちの言語という建前を暗示しているように思われる。

❷日本は近年，いろいろな点で国際的に注目されている。わが国の経済力はすばらしい勢いで伸びてほかの国々に脅威を与えているらしい。われわれとしては別にとくに悪いことをしているつもりはないのに，やれ，経済動物だとか，やれ，軍国主義の復活だとか，誤解にもとづくと思われるような批判をいろいろ受ける。ひとつには，われわれが外から見たらどういうように受けとられるかということに比較的に無関心であることが，他意のないことまで誤解される理由だと思われる。島国に住んでいる民族は他人も自分と同じように感じるものだと思い込みがちである。想像力が欠如している。やはり大事なことを忘れて対外的な仕事をしてきたのだと言わなくてはならない。それはすこしくらい外国援助をふやしてもどうにもなるものではなかろう。われわれの心の問題である。

1 われわれは明治以来，外国語をたいへん熱心に学んできたが，そのために注がれたエネルギーはいたましい浪費であった。

2 日本語を日本人同士のなれ合いの立場からだけでとらえるのではなく，外部の人，外国人から眺めるとどういう姿をしているか，ということを考えていく必要がある。

3 日本が国際的に誤解にもとづくと思われるような批判をいろいろと受けるの

は，日本人自身が神秘的な日本語を，うまく外国に説明できないからである。

4　日本を含めて，島国に住んでいる民族は想像力が欠如しているために，他人も自分と同じように感じるのは仕方がないことである。

5　日本人の思考と論理は，日本語の性格と不可分に結びつけられているために，日本語を理解しない外国人には，日本および日本人はなかなか理解されない。

check □□□

No.4 【平成28年度・国家一般職】GⅡ ➡正答と解説はP.88

次の文の内容と合致するものとして最も妥当なのはどれか。

❶広告をもっとも一般的な条件において規定するなら，それは「商品についての言説（discours）」であるということになろう。この規定には二重の意味がある。一つは，広告が需要喚起の観点から「商品」について訴求しており，経済資本の活動に相関していることである。二つは，広告が「言説」であり，さまざまな媒体（メディア）を通じて，言葉や映像や音楽などの記号により何かを表現し，語っており，社会的なコミュニケーションの活動に相関していることである。重要なのは，広告において経済資本の活動と言説の活動という二つの過程が密接に結びついていることである。広告の言説は資本の活動を通じて人びとの欲望の流れに浸透する。広告の言説は，(a)人びとの欲望の対象として商品を記号化し，意味づけると同時に，(b)そのような記号活動を通じて分節された欲望の〈場〉を，一つの社会的な現実として構成していくのである。

❷しかしながら，広告が最初からこのような社会現象であったわけではない。広告が顕著に社会性を帯びた現象となるのは，資本と言説という二つの力が合成して「消費社会」という欲望の領域が生み出されるときである。欲望は単なる必要の形式ではない。必要の限度を超え，新しい現実を生み出すのが欲望である。資本の力がこのような欲望の流れを触発し，消費の領域をひらいていくとき，そして言説が十分な密度で人びとの欲望のゲームを表現するとき，広告は深い意味で社会的な現象になる。このように欲望のゲームが解き放たれるのは，資本の活動が高度化し，ある「過剰の次元」に到達したときである。資本の営みが単に利潤獲得という合目的性に支配されているとき，欲望は生産の機能的な関数にとどまるからである。

❸資本の活動を個別的に見れば，そこには利潤の獲得・極大化という目的が設定されている。また，社会全体の富という見地からみれば，生産される価値の増大ということが要請されるのかもしれない。だが，現代社会では合理的な基準では測りがたい価値の膨張や収縮がみられる。また，増殖すべき価値の実体というのも，人間の欲望や労働，倫理とかかわりのないものであったりする。人間学的な基準を超えたシステム全体の膨張のなかで，資本の活動は一定の合目的性によって規定できず，ゲームと呼ぶしかない過剰な現実性として大きくせりだしているのである。

1　広告は，もともと需要喚起の観点から単にある商品について訴求するものであったが，人々の欲望に触発され，商品を記号化するものとなった。

2　広告は，経済資本の活動と言説の活動とに相関しており，資本と言説の力が合わさって，欲望の領域が生み出されることで，社会性を帯びた現象となる。

3　資本の営みが利潤の獲得・極大化という合目的性に支配されると，広告は深い意味で社会的な現象となり，資本の活動が過剰な次元に到達する。

4　社会全体の富という見地から資本の活動を見ると，人々の欲望は生産の機能的な関数にとどまっており，生産されるべき価値が不明瞭となっている。

5　資本の活動が，人間の欲望や労働，倫理と関わりのない価値の実体を増殖させ，広告を社会的なコミュニケーション活動に結び付けた。

正答と解説

No.1の正答と解説

【平成21年度・地方上級（特別区）】 ➡問題文はP.79

《直感ルールによる文章構造》

ルール2より，全部で5段落構成であることがわかります。

第一段落（❶）

1行目：ルール5「must」

「その科学の限界を超えた発展をするためには，次元の異なった世界に対して一歩を踏み出していかなくてはならない。」

第二段落（❷）：特にチェックする箇所なし。

第三段落（❸）

3行目：ルール3「しかし」

「しかし，その枠の中だけで考えていたのでは，いくら集中的に努力をしても，大きな進歩は望めない。」

第四段落（❹）：特にチェックする箇所なし。

第五段落（❺）

1行目：ルール6「should」

「広くこの世の中のことであれ，～もっと奥深く考えていって，もっと普遍性のある真理の探究に邁進（まいしん）するべきだ。」

2行目：ルール7「need to」

「『考える』ということに，もっと重点を置いた生活やビジネスに対する姿勢をとる必要がある。」

3行目：ルール5「must」

「ピタゴラスに習って，何か定理を発見するくらいの熱意をもたなくてはならない。」

筆者の主張は第一・第三・第五段落にあることがわかりますが，やはりその強さはルールが連結している第五段落が一番です。またルール5が適用される第五段落3行目を読むと，「ピタゴラスに習って」とあるので，ピタゴラスとその周辺について述べられている第一～三段落は，第五段落を導き出すための一つの例であることも見えてきます。したがって，第五段落1～3行目辺りをまとめてある選択肢が正答です。

選択肢の検討

1 × 第一段落で記されている内容ですが，第一段落の作者の主張は，最終的な結論を導くための一つの例として述べられています。

2 × 第二段落で記されている内容ですが，第二段落に作者の主張はありません。

3 × 第三段落で記されている内容ですが，作者の主張はその直後にあり，ここは主張部に当たりません。

4 × 第四段落で記されている内容ですが，第四段落に作者の主張はありません。

5 ◎ 正しい。

出典：山﨑武也『本物の生き方』　**正答 5**

No.2の正答と解説　【平成29年度・国家一般職】

➡問題文はP.80

《直感ルールによる文章構造》

ルール2 より，全部で５段落構成であることがわかります。

第一段落（①）

５行目：ルール12「二重否定」

「そこで理解が得られなければ，循環の輪は切れてしまい，～成り立たなくなってしまうのです。」

第二段落（②）：特にチェックする箇所なし。

☞ １行目に「確保できているのか」と疑問形が見えますが，これは筆者の問いかけではないのでノーチェックです。

第三段落（③）

１行目：ルール3「しかしながら」＆ ルール8「ＡではないＢである」＆ ルール10「～してはじめて」

「しかしながら，制度はただ～存在しているわけではありません。利用者に対するサービスの提供を成り立たせるために制度が活用されて初めて，利用者と提供者の間の循環が生まれるのです。」

３行目：ルール12「二重否定」

「この循環が成り立たなくなれば，制度が成り立たなくなる可能性もあります。」

４行目：ルール12「二重否定」

「そして，制度が成り立たなくなれば，福祉サービスそのものが担えなくなってしまうのです。」

第四段落（④）

１行目：ルール4「換言すれば」＆ ルール10「only」

「換言すれば，制度を成り立たせるためには，利用者とサービス提供者との間の循環を成り立たせるしかありません。」

2行目：ルール3「しかしながら」＆ルール11「疑問形」

「しかしながら，社会に暮らすすべての人がこのことに納得しているのでしょうか。」

4行目：ルール8「AではなくてB」＆ルール11「疑問形」

＆ルール5「must」

「そうしたときに，循環をつぶすのではなく，どうしたら循環が成り立つよう納得してもらえるのか。そこで生まれてくる命題は，『皆が仲間だ』と思えるような社会にしていかなければならないということです。」

☞ 5行目「そこで」で始まる文は，2行目の疑問形を受けた文章なので，一緒にチェックしていきます。

第五段落（⑤）

1行目：ルール9「私は～思う」

「『皆が仲間だと思える社会』を実現すること，その下支えとしての制度がきちんと設計され運用されていることは，筆者の願望であり希望でもあります。」

2行目：ルール9「私は～思う」

「これは，“実践から生まれた哲学”であり，いま，まさに求められていることだろうと思います。」

5行目：ルール3「しかし」＆ルール5「must」

「しかし，現在では，その循環を成り立たせるために，制度そのものがきちんと構築されていなければならないのです。」

社会保障制度が抱えている問題として，筆者は，第四段落までのルールのある文の中で，「循環」について記しています。そして最終段落で循環を成り立たせるためには「皆が仲間だ」と思える社会をめざすことであり，そのために制度が設計されて運用される必要が「筆者の願望であり希望でもあ」ると強く主張しており，これらをまとめた選択肢が正答となります。

選択肢の検討

1× 従来の福祉サービスについては第一～第三段落で述べられていますが，選択肢に見える「契約」という言葉や，契約を結ぶことによってサービスが維持され，それが重視されていたといった記述は見られません。

2× 第一段落で，現在の日本の社会保障制度が直面している問題として，「費用負担とサービス提供における循環」を「国民や社会が共通の理解をしているのか」と挙げており，理解が得られなければ循環の輪が切れ，ひいては制度が成り立たなくなってしまうとしています。

3 × 選択肢冒頭の「高齢化が著しい現在の日本」という記述が本文には見えません。また「全体の費用を抑える」ことよりも，第二段落で「必要な財源が確保できているのか」という議論をすべきだとしています。

4 ◎ 正しい。

5 × この文章の主題はあくまでも現在の日本社会が直面している社会保障制度の難問であり，それを解決するためには，利用者とサービス提供者の「循環」が必要であるというのは，繰り返し示してきたとおりです。そのためには，第四段落にあるように「皆が仲間だ」と思える社会にしなければならず，さらにそのような社会にするために「制度が構築される必要がある」わけで，選択肢は論理展開が逆です。

出典：阿部志郎・河幹夫『人と社会』

正答 4

No.3の正答と解説 【平成19年度・大卒警察官（警視庁）】 ➡問題文はP.81

《直感ルールによる文章構造》

ルール2 より，全部で2段落構成であることがわかります。

第一段落（❶）

3行目：ルール3「しかし」＆ ルール11「疑問形」

「しかし，考えてみるに，～よい時期になっているのではないだろうか。そう思ってみると，だれが外国人に日本語が教えられるのか，だれもいないではないかということがはっきりしてくる。」

☞ 4行目の「そう思ってみると～」は，直前の疑問文を前提にして，筆者がさらに考えを広げている箇所なので，併せてチェックします。

9行目：ルール9「思われる（思う）」

「『国語』という言い方が普通になっていること自体，うちうちの言語という建前を暗示しているように思われる。」

第二段落（❷）

4行目：ルール9「思われる（思う）」

「ひとつには，われわれが外から見たら～他意のないことまで誤解される理由だと思われる。」

8行目：ルール5「must」

「やはり大事なことを忘れて対外的な仕事をしてきたのだと言わなくてはならない。」

第一段落３～４行目で日本語の問題点として提示されている回答が，第二段落以降で日本人の対外的な姿勢として表されています。したがって，正答は筆者の主張をまとめている第二段落にあると考えられます。

選択肢の検討

1 × 第一段落１～２行目で記されていることですが，筆者の主張部分ではありません。

2 ◎ 正しい。

3 × 前半は第二段落１～４行目に記されていることですが，本肢の後半部は「外国にうまく説明できないから」ではなく，第二段落５行目にあるように「外から見たらどういうように受けとられるかということに比較的に無関心」だからです。

4 × 第二段落６～８行目で記されていることですが，筆者の主張部分ではありません。

5 × 「日本人の思考と論理」は「日本語の性格と不可分に結びつけられている」から外国人に理解されないのではなく，日本人が「外から見たらどういうように受けとられるかということに比較的に無関心」（第二段落５行目）であるからで，それらを引っくるめて「われわれの心の問題」（最終行）といえるのです。

出典：外山滋比古『日本語の論理』

正答 2

No.4の正答と解説 【平成28年度・国家一般職】 ➡問題文はP.82

《直感ルールによる文章構造》

ルール2 より，全部で３段落構成であることがわかります。

第一段落（①）

６行目：ルール7 「重要」（≧「need to」）

「重要なのは，広告において経済資本の活動と言説の活動という二つの過程が密接に結びついていることである。」

☞ ２～６行目で挙げている２点（経済資本の活動と言説）をまとめた，筆者の強い意見部分です。

第二段落（②）

１行目：ルール3 「しかし」＆ ルール8 「Aではない。Bである」

「しかしながら，広告が最初からこのような社会現象であったわけではない。広告が顕著に社会性を帯びた現象となるのは，資本と言説という二つの力が合成して『消費社会』という欲望の領域が生み出されるときである。」

3行目：ルール8「Aではない。Bである」

「欲望は単なる必要の形式ではない。必要の限度を超え，新しい現実を生み出すのが欲望である。」

第三段落（③）

3行目：ルール3「だが」

「だが，現代社会では合理的な基準では測りがたい価値の膨張や収縮がみられる。また，増殖すべき価値の実体というのも，人間の欲望や労働，倫理とかかわりのないものであったりする。」

☞筆者の主張部を示す「だが」ですが，ここでは「また」という言葉で次の文につながっていくので，その2つの文をチェックします。

第一段落で述べている，広告における「経済資本の活動と言説の活動」は，第二段落でそれが合わさった時に，消費社会という領域を生んだとし，さらに第三段落では，現代社会では価値が膨張したり，収縮したりすることが示されており，この辺りをまとめた選択肢が正答となります。

選択肢の検討

1 × 第一段落は広告の規定には，需要喚起と記号化の「二重の意味がある」としています。さらに，筆者の主張部ではない9行目辺りでは，広告の言説は，「欲望の対象として商品を記号化」することと，欲望を「社会的な現実として」構成するものとしており，需要喚起の観点からの訴求が商品の記号化になったという指摘はされていません。

2 ◎ 正しい。

3 × 広告が社会的な現象となるのは，第二段落の筆者の主張部に見られるように，「資本と言説という二つの力が合成して『消費社会』という欲望の領域が生み出されるとき」であり，さらに5行目では「言説が十分な密度で人びとの欲望のゲームを表現するとき」と指摘されています。また，広告による「消費社会」という欲望の領域が生み出されるために必要な「言説」について指摘がされていません。さらに第二段落の最後に見えるように，「資本の営みが単に利潤獲得という合目的性に支配されているとき」は，「欲望は生産の機能的な関数にとどまる」とあることからも，「資本の活動が過剰な次元に到達する」という点が異なります。

4 × 社会全体の富に関しては第三段落で示されています。そこでは「生産される価値の増大ということが要請される」としています。「生産の機能的な関数」については，**3**で見たように，資本が「単に利潤獲得という合目的性に支配されているとき」に，欲望はそれにとどまると述べていることがわかります。

5× 前半は第三段落1～5行目で述べられていますが，後半部分は広告の話ではなく，資本の活動が「人間の欲望や労働，倫理と関わりのない価値の実体を増殖させ」るのではなく，現代社会の姿であるということが，第三段落3行目辺りからわかります。さらに広告と社会的なコミュニケーション活動との関係性は，第一段落5行目で記されていますが，再三記すように，そのためには「言説」も関連してくる必要があります。

出典：内田隆三「資本のゲームと社会変容」（『ゆらぎのなかの社会科学』所収）

正答 2

テーマ6

不明確な主題

お試し問題

【平成11年度・地方上級（東京都）】

次の文の要旨として，妥当なのはどれか。

人間は「早産動物」だといわれる。あと一年は，母親の胎内にいてもよかったのではないかということであろうか。他の動物の子どもにくらべて，人間の赤ん坊はあまりにも未熟でか弱く，無力なまま生まれてきたように見える。

このことは，生物学や進化論の立場から興味ぶかい問題をはらんでいるが，ここでそれに立ちいる余裕はないし，また人間の新生児が果して無力なのかについての論議も，いまはひかえておこう。ここではつぎのことをいっておきたい。生物としてのか弱いままの出生ということを一応認めた上で，それを逆から考えるなら，人間という種は，その出生の直後から，おとなたちの手厚いはたらきかけと庇護のあることを前提とし，その約束のもとに生み落されてくると考えられるのである。

言いまわしをもてあそぶようだが，人間は生まれる瞬間から，周囲とのあつい人間関係にたよることを前提としている動物なのである。まさに，その意味で人間は最初から社会的動物というべきなのであろう。はじめは一人ぼっちで非社会的であった赤ん坊が，徐々に周囲の人と交渉を重ねることにより，最後にようやく社会的存在にたどりつくという考え方が一般に常識化しているが，人間は生まれたときから（あるいは生まれる前からという方が正しいかもしれないが），何よりも社会的動物なのである。このことは，くりかえし確認しておいていいと思う。人間の子どもは「かれを大切に」愛さざるをえないでいる人びとのなかへ，そして自分もそれに十分応えうる存在として生まれ出てくる。最初から「人間の絆」を，生きるため，発達するための必須の条件として生まれてくる動物なのである。

1　人間は「早産動物」であり，あと１年は母親の胎内にいてもよかったと思われ，このことは，生物学や進化論の立場から興味深い。

2　人間は，生まれる瞬間から周囲との厚い人間関係に頼ることを前提としている社会的動物である。

3　人間の赤ん坊は，最初は非社会的であり，徐々に周囲の人と交渉を重ね，ようやく社会的存在となる。

4　人間の子供は「かれを大切に」愛さざるをえないでいる人々の中へ生まれ出るが，子供自身はそれを意識していない。

5　人間は，生物としてか弱く出生するが，人間の新生児が果たして無力なのかどうかは一概にはいえない。

直感ルールはココだ！

次の文の要旨として，妥当なのはどれか。 → ルール２ ３段落構成

❶人間は「早産動物」だといわれる。あと一年は，母親の胎内にいてもよかったのではないかということであろうか。他 → ルール11 疑問形
の動物の子どもにくらべて，人間の赤ん坊はあまりにも未熟でか弱く，無力なまま生まれてきたように見える。

❷このことは，生物学や進化論の立場から興味ぶかい問題をはらんでいるが，ここでそれに立ちいる余裕はないし，また人間の新生児が果して無力なのかについての論議も，いまはひかえておこう。ここではつぎのことをいっておきたい。生 → ルール９ 私が考える（筆者の意思）
物としてのか弱いままの出生ということを一応認めた上で，それを逆から考えるなら，人間という種は，その出生の直後から，おとなたちの手厚いはたらきかけと庇護のあることを前提とし，その約束のもとに生み落されてくると考えられる → ルール９ 考える
のである。

❸言いまわしをもてあそぶようだが，人間は生まれる瞬間から，周囲とのあつい人間関係にたよることを前提としている動物なのである。まさに，その意味で人間は最初から社会的動物というべきなのであろう。はじめは一人ぼっちで非社会 → ルール６ should
的であった赤ん坊が，徐々に周囲の人と交渉を重ねることにより，最後にようやく社会的存在にたどりつくという考え方が一般に常識化しているが，人間は生まれたときから（ある

いは生まれる前からという方が正しいかもしれないが），何よりも社会的動物なのである。このことは，くりかえし確認しておいていいと思う。人間の子どもは「かれを大切に」愛さざるをえないでいる人びとのなかへ，そして自分もそれに十分応えうる存在として生まれ出てくる。最初から「人間の絆」を，生きるため，発達するための必須の条件として生まれてくる動物なのである。

何 → ルール10 最上級表現

思う → ルール9 思う

お試し問題の解説

「要旨把握」の問題は，本文全体から筆者の主張を探すというのが基本です。ところが自身の主張を強めたいがために，対比を繰り返したり，接続詞を何度も使用することで，本来の主張が見えにくい場合があります。ここでは文章展開をしっかりと追いかけなければならない問題に当たります。ルールをフルに活用して読み進めてください。

《直感ルールによる文章構造》

ルール2より，全部で3段落構成であることがわかります。第三段落の最初には「言いまわしをもてあそぶようだが」とあり，第二段落で述べた意見を繰り返しつつ，さらに持論を強めていることがわかるので，第三段落をより重点的に読んでいきます。

第一段落（①）

1行目：ルール11「疑問形」

「（人間は）あと一年は，母親の胎内にいてもよかったのではないかということであろうか。」

第二段落（②）

4行目：ルール9「私が考える」（筆者の意思）

「ここではつぎのことをいっておきたい。生物としてのか弱いままの出生ということを一応認めた上で，～考えられるのである。」

☞ 第一段落の疑問に対して，筆者は第二段落冒頭で「このことは，～問題をはらんでいるが～いまはひかえておこう」と断りつつ，今「いっておきたい」意見を述べている箇所なのでチェックが必要です。

第三段落（③）

3行目：ルール6「should」

「まさに，その意味で人間は最初から社会的動物というべきなのであろう。」

↓

4行目：ルール10「最上級表現（何よりも）」

「はじめは一人ぼっちで～何よりも社会的動物なのである。」

↓

9行目：ルール9「思う」（筆者の意思）

「このことは，くりかえし確認しておいていいと思う。」

人間はか弱く生まれてくるが，出生直後から大人たちの手厚い庇護を受けるように，最初から社会的動物であるというのが筆者の主張です。そして第三段落では「社会的動物」という言葉が二度強調表現とともに使われ，さらに「このことは，くりかえし確認しておいていいと思う」と記しているので，「社会的動物」という言葉は選択肢の中に記されていなければなりません。

選択肢の検討

1．第一・二段落で記されている内容ですが，本肢後半部については，第二段落冒頭で「このことは～いまはひかえておこう」と記されているので，筆者の主張ではないことがわかります。また肝心な「社会的動物」という言葉も含まれていません。

2．正しい。

3．後半は第三段落４行目辺りにある筆者の主張どおりですが，前半の「赤ん坊は，最初は非社会的」であるということは，主張部分にも本文にも表れてきません。反対に筆者は第三段落７行目で，「人間は生まれたときから～何よりも社会的動物なのである」と述べています。

4．前半は第三段落10行目に出てきますが，ここは筆者の主張部分ではなく，後半の「子供自身はそれを意識していない」ということは本文の中に出てきません。また，肝心な「社会的動物」という言葉も含まれていません。

5．第二段落の冒頭部分ですが，ここに筆者の主張はなく，また**1**と同様に「このことは～いまはひかえておこう」と記されている箇所です。また肝心な「社会的動物」という言葉も含まれていません。

正答 2

実戦問題

check □□□

No.1 【平成25年度・地方上級（特別区）】 GⅢ ➡正答と解説はP.100

次の文の主旨として，最も妥当なのはどれか。

❶特定の状況のもとで成功したシステムは，状況が大きく変わったときにはそのままでは失敗する。特定の目標を追求するために使われてきたシステムは，別の目標を追求するためにはそのままでは使えない。新しい目標を追求するためにはシステムをつくりかえることがどうしても必要になる。この経験法則は，おそらく生物の進化にも社会経済システムの進化にもあてはまる。

❷社会経済システムが状況の変化に対応することができず，「進化の袋小路」にはまりこんだ場合には，経済と社会の停滞と衰退が加速され，文明そのものが崩壊に向かう。「進化の袋小路」にはまりこんだ文明の最大の問題のひとつは，活力ある人間を育てることができなくなることである。その種の問題を抱えた文明は，長い時間をかけて自滅の道をたどるかもしれないし，外部からの衝撃によって短期間のうちに瓦解するかもしれない。

❸しかし，社会経済システムの進化は人為を離れた自然史的過程ではない。社会経済システムの進化には，目的意識をもった人間の取り組みがどれだけかの影響を与える。文明の衰退と崩壊を回避するためには，状況の変化を直視し，新しい目標を明確な意識と意図をもって選択することによって，社会経済システムを系統的につくりかえることが必要である。現代においては人間のマクロ的な（全体としての社会のあり方にかかわる）目的意識の確かさが問われている。いいかえれば，文明の（文明をここまで築き上げてきた人間の社会の）自己認識および自己制御の能力が問われている。

1　特定の状況のもとで成功したシステムは，状況が大きく変わったときにはそのままでは失敗し，特定の目標を追求するために使われてきたシステムは，別の目標を追求するためにはそのままでは使えない。

2　「進化の袋小路」にはまりこんだ文明は，活力ある人間を育てることができなくなり，長い時間をかけて自滅の道をたどるか，外部からの衝撃によって短期間のうちに瓦解する。

3　社会経済システムの進化は人為を離れた自然史的過程ではなく，その進化には，目的意識をもった人間の取り組みが影響を与える。

4　文明の衰退と崩壊を回避するためには，状況の変化を直視し，新しい目標を明確な意識と意図をもって選択することによって，社会経済システムを系統的につくりかえることが必要である。

5　現代においては，文明をここまで築き上げてきた人間の社会の自己認識および自己制御の能力が問われている。

No.2 【平成21年度・大卒警察官（警視庁）】 GⅡ ➡正答と解説はP.101

次の文章の要旨として最も妥当なものはどれか。

❶地球上のあらゆるところで，こんにち愛され行われている，ほとんどすべての球(ボール)を扱うスポーツは，アングロ・ブリティシュによって考案されつくり出された。テニス，テーブルテニス（ピンポン），ビリヤード，ポロ，ホッケー，ラグビー，フットボール（サッカー），ゴルフ，そしてブリティシュの国技とも言うべきクリケット（球を打ったときの音がこおろぎ(クリケット)の鳴声に似ている）。クリケットの出生はラグビーと共に古い。十六世紀末である。（野球は新大陸で生まれたが，生んだのはやはり，アングロ・ブリティシュ系アメリカ人）

❷これらのスポーツの中で，一般論だが，ブリティシュを最も夢中にさせないのはゴルフである。理由はのちに書くが，金が日本でのようにどえらくかかるからではない。

❸球(ボール)を扱うスポーツの特徴は何なのか。言わずもがな，球が行ったり来たりすること。

❹行ったり来たりするからには，ひとりでは決して出来ない。ゴルフをのぞいて。ディズニイの動画に出て来る早足うさぎであろうとも，自分でサーヴし自分で受けて打ち返すことは出来ない。相手(オポジット)はどうしたって必要になる。ゴルフをのぞいて。シングル・テニスの場合はひとり，ポロなら四人，クリケットなら十一人。

❺そして――オポジットは反(アンティ)ではないのである。ここがかんじんなところ。

❻日本語に訳してしまうと，新聞のスポーツ欄などにも屢々(しばしば)出るように「敵・味方」となり，相手は「敵」，すなわち「反(アンティ)」。ブリティシュ的ものの見方とは，この点ですでに大きくへだたる。英語での敵はエネミイであり，エネミイはゲームのさい決して使われない単語である。

❼相手同志は，オポジットゆえに，ペアをなす。オポジット同志のペアなればこそ，テニスを例にあげれば，テニスコートと呼ばれる共通のいわば広場に立って共通のルールによって，プレーをすることが出来るのである。オポジットは，だから，パートナーでもある。「きょうはパートナーが都合で来られないからテニスは出来ない」と言う風に。

❽議会政治と言ったら打てば響いてブリティシュと人の答える，その議会政治とはまさに，いましがたテニスに託して述べたものなのである。

1 ほとんどすべての球技はブリティシュ起源であるが，それは彼らがルールに従った競争に興味をもっているからである。

2 スポーツの中で球技に特徴的なことは，プレーの中に感情を持ち込まずに純粋に技術的に楽しむことができる点である。

3 球技における対戦相手をパートナーとして尊重するブリティシュに特有の気風

は，議会政治の中で育まれたものである。

4　ブリティシュの議会政治では与党と野党は，敵と味方ではなく，議会という共通の広場でプレーするパートナーである。

5　我が国はブリティシュから球技や議会制度とともに，プレーの相手を尊重するという何よりも大切な精神を受け継いだ。

No.3 【平成28年度・地方上級（東京都）】 GⅡ ➜正答と解説はP.103

次の文章で述べられていることとして，最も妥当なのはどれか。

❶自然界の数多くの特徴はかなり安定しているので，ほとんどすべての人間が同じ内部モデルを持っている。赤ん坊のとき，丸いものはどこから見ても同じかたちをしていることや，ほとんどの物体は方向によって見え方が変わることを学習する。カップを子供用食事椅子（いす）のテーブルから押し出せば，重力によってかならず床に落ちることを知る。触感，形状，色彩，昼と夜の周期などを学ぶ。現実世界の単純な物理法則は，あらゆる人々に等しく理解される。

❷しかし，脳の中のモデルには，習慣，文化，親からの教えによって形成される部分も多い。そのため，これらの部分は安定しておらず，人によってまったく違うこともある。子供が愛情に満ちた家庭でじゅうぶんに思いやられ，不安な感情をきちんと受けとめてくれる親に育てられれば，おそらく大人になったとき，世界は安全で愛にあふれていると予測するだろう。親に虐待された子供は，危険で残酷な未来を予測しがちだ。のちにどれほど優しくされても，だれも信用できないという思いは消えない。心理学で幼少時の経験，愛着，親からのいつくしみがよく問題にされるのは，脳がこの時期に現実世界の最初のモデルを描くからだ。

❸文化が現実世界のモデルに与える影響は，生半可なものではない。たとえば，研究の結果によると，東洋人と西洋人では空間と物体の認識方法が異なっている。東洋人は物体のあいだの空間に注目する傾向があるのに対して，西洋人はほとんど物体だけに注目する。この違いが，異なる美学や，問題の解き方の差になってあらわれる。また，アフガニスタンの部族やアメリカ南部のいくつかの地域のように，名誉をもっとも重んじる文化がある。この場合，暴力があたり前のこととして受け入れられやすい。若いころに学んだ宗教上の信念の違いによって，道徳観，男女の権利と役割，さらには人生そのものの価値についてさえ，まったく異なるモデルがつくられる。これらのさまざまなモデルが共通の絶対的な尺度のもとにすべて正しいことは，あきらかにありえない。それでも，個人にとっては自分のモデルだけが正しいように思える。道徳的な判断というのは，善の基準にしろ悪の基準にしろ，学習されたものなのだ。

❹文化と家庭での体験は，人間に固定観念（ステレオタイプ）を植えつけるが，残念なことに，これは人生の宿命だ。この本の全体をとおして，「普遍的な記憶」あるいは「普遍の表現」

という言葉を「固定観念」に置き換えても，大きく意味が変わることはない。類推による予測は，固定観念による判断とほとんど同じだ。誤った固定観念は，社会的にとんでもない結果を引き起こす。知能についてのわたしの理論が正しいなら，人間に固定観念を捨てさせることはできない。固定観念をつくることが新皮質の機能であり，脳の生来の性質なのだ。

❺固定観念がもたらす害悪を排除するためには，誤った固定観念に気づき，他者に共感し，権威を疑うことを子供に教える必要がある。考えられる最善の価値を教え込むとともに，批判的に考えることを身につけさせなければならない。懐疑的な態度は科学的手法の真髄であり，虚構と事実を区別する唯一の方法だ。

1　現実世界の単純な物理法則は，習慣，文化，親からの教えによって学習するものであるため，人によってまったく異なる脳内モデルが形成される。

2　現実世界の最初のモデルとして人間の脳に大きく影響を与えるのは，幼少時の経験や親からの愛情等であるが，固定観念を植えつけるものではない。

3　文化は現実世界のさまざまなモデルに大きな影響を与えるが，これらのモデルが共通の絶対的な尺度のもとにすべて正しいということにはならない。

4　人間は意図的に訓練をすることにより，脳の生来の性質や機能を変え，固定観念をつくらないようにすることが可能となる。

5　権威を疑ったり，物事を批判的に考えることを子供に教えることは，誤った固定観念にとらわれることにつながる。

No.4　【平成30年度・国家一般職】 GⅠ　➡正答と解説はP.105

次の文の内容と合致するものとして最も妥当なのはどれか。

❶技術は社会に受け入れられることによって普及する。その意味では社会が技術を選択していることになるが，普及の程度やあり方によっては，逆に技術が社会を支配する要因ともなりうる。

❷選択と支配という関係性の逆転をもたらしている要因は技術の作動条件である。あらゆる技術には作動条件というものが存在し，単独では機能を発揮できない。たとえば刃物のような原始的な道具であっても，それを使いこなす身体能力が作動条件となる。原始的な道具と近代技術の違いを指摘するとすれば，後者が生身の人間の身体能力に依存しない方向で進化していることである。その結果として個人の身体能力や感覚などに依存しない形で技術は機能を発揮できるようになっている。その一方で高度化する技術の作動条件は複雑化し，これ自体が社会の一部を構成し始める。

❸技術が社会に普及した結果，逆に社会が技術に依存するような現象もある。電気に即して考えてみよう。現在の日本では明かりが必要な時には照明をつけるだけで

用が足りる。そのために必要なのはスイッチ一つであり，単純な操作で誰でも使えるようになっている。操作の手軽さと機能の多様性という点において，技術による人工的環境は人類史上まれな水準に達しているといってよいだろう。その背景に存在するのは様々な技術群であり，これが消費者の利便性を支えている。社会基盤としての電気の作動条件となっているのが発電所や送電網などであり，これらが整えられてはじめて電気を簡便に利用することが可能になる。また化石燃料や原子力といった高密度のエネルギー源を使用する発電技術によって，電気は時間帯を問わずに利用することが容易になった。その結果，電気は他のエネルギー媒体よりも優位性を持つようになり，様々な技術が電気の供給を前提とするものへと置き換わってきた。当初の用途は熱や光であったが，家電製品のようにしだいに社会基盤としての電気を前提とする新たな商品やサービスが生み出されてきた。これらを前提として私たちの生活やライフスタイルがある。

④このように技術が普及するにしたがって，社会基盤としての重要性も高まってきた。その一方で技術の利用に必要な作動条件も複雑化してきた。道具の段階における作動条件は使用者の身体能力が多くを占めており，道具が利用者の発達を促すような関係性もあった。また道具そのものも単純であったため，比較的容易に再現することが可能であった。

1　複雑化した技術の作動条件を前提とする人工的環境の下で人間が生活することは，選択と支配という関係性の逆転をもたらす要因となっている。

2　電気を前提とする新たな商品は，手軽な操作を提供することで，人間が電気を簡便に利用することを可能にし，原始的な道具よりも優位性を持つ。

3　人間は，個人の身体能力や感覚に依存しないライフスタイルを確立したことで，電気を前提とする新たな商品やサービスを生み出してきた。

4　消費者の利便性を追求した結果，電気の作動条件が発電所や送電網などであるように，あらゆる技術の作動条件が複雑化してきた。

5　技術には，普及の程度や在り方により，社会を支配する要因となる可能性があるほか，社会に依存される現象も存在し，技術の社会基盤としての重要性も高まっている。

実戦問題 正答と解説

No.1の正答と解説 【平成25年度・地方上級(特別区)】

➡問題文はP.95

《直感ルールによる文章構造》

ルール2 より,全部で3段落構成であることがわかります。また,第三段落の冒頭に「しかし」があることから,第一・第二段落で述べられたことの論旨が変わることを意識してください。

第一段落(❶)

3行目:ルール7「必要になる」

「新しい目標を追求するためにはシステムをつくりかえることがどうしても必要になる。」

第二段落(❷)

3行目:ルール10「最上級表現」

「『進化の袋小路』にはまりこんだ文明の最大の問題のひとつは,活力ある人間を育てることができなくなることである。」

第三段落(❸)

1行目:ルール3「しかし」&ルール8「AではないBである」

「しかし,社会経済システムの進化は人為を離れた自然史的過程ではない。社会経済システムの進化には,目的意識をもった人間の取り組みがどれだけかの影響を与える。」

3行目:ルール7「必要である」

「文明の衰退と崩壊を回避するためには,〜社会経済システムを系統的につくりかえることが必要である。」

6行目:ルール4「いいかえれば」

「いいかえれば,〜自己認識および自己制御の能力が問われている。」

第一段落で「必要になる」と言われたことが,どう必要になるのかが具体化されていません。第二段落では現在の社会にあるシステムの問題を取り上げていますが,第三段落の「しかし」で,それまで述べてきたことの問題点を洗い直してみようという展開が見られます。結果として「必要である」のは,第三段落3行目で指摘されています。なお,ラストに登場する「いいかえれば」は,直前の「人間のマクロ的な目的意識の確かさ」を言い換えた文であって,本文で問われている新しいシステムのつくりかえをさしているのではないことに注意してください。

選択肢の検討

1 × 第一段落1～3行目で言われていることですが，ここは筆者の主張部ではありません。

2 × 前半は第二段落に見える筆者の主張部分ですが，本文には「～しれない」とあり，選択文にあるように「瓦解する」とまで断言はしていません。本文で「最大の問題のひとつ」としていることから，ほかにも問題がある可能性があるために，「仮定」の文で進めているわけです。

3 × 第三段落1～3行目の筆者の主張に当たる箇所ですが，上記したように，この文章の出発点は「新しい目標を追求するためにはシステムをつくりかえることがどうしても必要になる」といったことであり，何が必要なのかという答えが求められています。この選択文では，どんな「人間の取り組み」が必要なのかが記されておらず，また，その回答が示されていません。

4 ◎ 正しい。

5 × 第三段落5～8行目で言われていることですが，上記したように，ここは筆者の主張が終わった後の補足部分に当たる文章の言い換えに過ぎません。また，「自己認識および自己制御の能力」に関しては，筆者の一番の主張部でいえば「状況の変化を直視し，新しい目標を明確な意義と意図をもって選択する」という言葉に収束され，それによって社会経済システムを変えることができるとしているので，**4**に比べると，筆者の主張としては弱いことがわかります。

出典：正村公宏「改革とは何か」　**正答 4**

No.2の正答と解説

【平成21年度・大卒警察官（警視庁）】 ➡問題文はP.96

《直感ルールによる文章構造》

ルール2 より，全部で8段落構成であることがわかります。

第一段落（①）：特にチェックする箇所なし。

第二段落（②）：特にチェックする箇所なし。

第三段落（③）

1行目： ルール11 **「疑問形」**

「球（ボール）を扱うスポーツの特徴は何なのか。言わずもがな，球が行ったり来たりすること。」

☞疑問に対する回答が直後に示されているので，併せてチェックしていきます。

第四段落（④）

1行目： ルール12 **「never」**

「行ったり来たりするからには，ひとりでは決して出来ない。」

3行目：ルール7「need to」

「相手(オポジット)はどうしたって必要になる。」

第五段落（⑤）

1行目：ルール8「Aではない。Bである」

「オポジットは反(アンティ)ではないのである。ここがかんじんなところ。」

☞筆者は「Bである」の強調箇所で，さらに「ここがかんじんなところ」と，この行が重要な内容であることを示しています。

第六段落（⑥）

1行目：ルール4「すなわち」

「日本語に訳してしまうと，～相手は『敵』，すなわち『反(アンティ)』。」

☞また，筆者はこの文の直後で「ブリティシュ的ものの見方とは，この点ですでに大きくへだたる」とし，「ブリティシュ的ものの見方」のほうを支持していることがわかります。

3行目：ルール12「never」

「英語での敵はエネミイであり，エネミイはゲームのさい決して使われない単語である。」

第七段落（⑦）

1～5行目：ルール14「例示と引用」

☞具体例の前後に筆者の主張が出てくることに注意が必要です。その主張は第六・第八段落にあります。

第八段落（⑧）

☞ここは一見チェックするところがなさそうですが，具体例を記す第七段落の直後であること。また，第七段落で例に出された「テニス」が，実は「議会政治」について「テニスに託して述べた」とあるので，議会政治のどんな点がテニスと似ているのかを第六段落とともに考えていく必要があります。

球を扱うスポーツの特徴として，ブリティシュの人たちがどういうスタンスでいるのかが，第三～第七段落辺りで記されています。そして，テニスを例に，その中に出てくる特徴が議会政治にも当てはまると第八段落で述べている文章です。したがって，この文章は球を扱うスポーツの特徴を通して，議会政治のあり方を述べたものなので，その辺りが記されている選択肢が正答です。

選択肢の検討

1 × 前半は第一段落で記されていることですが，ここに筆者の主張はありません。また，後半の「ルールに従った競争に興味をもっている」という文章は本文に登場せず，「議会政治」との関連性についても記されていません。

2× 球技の特徴的な点として「プレーの中に感情を持ち込まずに純粋に技術的に楽しむ」という記述は本文になく，併せて「議会政治」との関連性についても記されていません。

3× 議会政治については触れられていますが，筆者の主張の中には，「パートナーとして尊重する～気風」が「議会政治の中で育まれた」とまでは記していません。あくまでもテニスの例が議会政治にも当てはまるというだけです。

4◎ 正しい。

5× 「我が国」＝日本，について本文の中では触れられていません。併せて「議会政治」との関連性についても記されていません。

出典：犬養道子『ヨーロッパの心』　**正答 4**

No.3の正答と解説 【平成28年度・地方上級（東京都）】 ➡問題文はP.97

《直感ルールによる文章構造》

ルール２ より，全部で５段落構成であることがわかります。また，第二段落の冒頭に「しかし」があることから，第一段落で述べられた意見がさらに発展していくことがわかります。

第一段落（❶）：特にチェックする箇所なし。

第二段落（❷）

１行目：ルール３「しかし」

「しかし，脳の中のモデルには，習慣，文化，親からの教えによって形成される部分も多い。」

第三段落（❸）

１～９行目：ルール14「例示と引用」

「たとえば，研究の結果によると～まったく異なるモデルがつくられる。」

☞ 例示部分には筆者の主張は表われませんが，その前後に主張が表われることが多く見られます。したがって，第三段落１行目「文化が現実世界のモデルに与える影響は，生半可なものではない」と，９行目の「これら（例示部分）のさまざまなモデルが共通の絶対的な尺度のもとにすべて正しいことは，あきらかにありえない」をチェックします。

第四段落（❹）：特にチェックする箇所なし。

第五段落（❺）

１行目：ルール７「need to」

「固定観念がもたらす害悪を排除するためには，誤った固定観念に気づき，他者に共感し，権威を疑うことを子供に教える必要がある。」

> **２行目：ルール５「must」**
> 「考えられる最善の価値を教え込むとともに，批判的に考えることを身につけさせなければならない。」
> **３行目：ルール10「only」**
> 「懐疑的な態度は科学的手法の真髄であり，虚構と事実を区別する唯一の方法だ。」

筆者の主張は，前半では「人間の脳の中のモデルには，習慣，文化，親からの教えによって形成される部分も多い」とし，第三段落の例示部分で「文化が現実世界のモデルに与える影響は大きなものであり，そのモデルがすべて正しいことはありえない」と新たな問題を導き出しています。後半で，その問題点を挙げつつ，最終的に「子供には虚構と事実を区別する方法である懐疑的な態度であることを教えることの必要性」があることを述べています。筆者が掲げる問題点や，その解決方法を示した選択肢が正答です。

選択肢の検討

1 × 第一段落と第二段落の冒頭をまとめたものですが，第一段落では「ほとんどすべての人間が同じ内部モデルを持っている」ので，「現実世界の単純な物理法則は，あらゆる人々に等しく理解される」としています。そしてそれを否定する形で，第二段落で「脳の中のモデル」が「人によってまったく違うこともある」としているので，選択肢のような因果関係は成り立ちません。

2 × 第二段落の冒頭で「脳の中のモデルには，習慣，文化，親からの教えによって形成される部分も多い」とし，さらに同じ段落の最終行で「脳がこの時期に現実世界の最初のモデルを描く」と述べています。さらに，第四段落の冒頭で「文化と家庭での体験は，人間に固定観念（ステレオタイプ）を植えつける」としており，肢内の「固定観念を植えつけるものではない」と異なります。

3 ◎ 正しい。

4 × 筆者の主張部分ではない第四段落の最終文では，「固定観念をつくることが新皮質の機能であり，脳の生来の性質なのだ」とし，さらにその直前で「人間に固定観念を捨てさせることはできない」と述べ，肢内に見える，「脳の生来の性質や機能を変え，固定観念をつくらないようにすることが可能となる」という箇所が異なります。

5 × 第五段落の筆者の主張部分ですが，権威を疑うことや物事を批判的に考えることは，「固定観念がもたらす害悪を排除するため」のものであるとしているので，選択肢にある「誤った固定観念にとらわれる」という部分が異なります。

出典：ジェフ・ホーキンス，サンドラ・ブレイクスリー著，伊藤文英訳「考える脳　考えるコンピューター」

正答 3

No.4の正答と解説　【平成30年度・国家一般職】

➡問題文はP.98

《直感ルールによる文章構造》

ルール２より，全部で４段落構成であることがわかります。

第一段落（➊）

１行目：ルール３「逆に」

「その意味では社会が技術を選択していることになるが，普及の程度やあり方によっては，逆に技術が社会を支配する要因ともなりうる。」

第二段落（➋）

２～４行目：ルール14「例示と引用」

「たとえば刃物のような原始的な道具であっても，それを使いこなす身体能力が作動条件となる。」

☞例示の前後に筆者の主張が表われやすいことから，２行目の「あらゆる技術には作動条件というものが存在し，単独では機能を発揮できない」と，４行目の「原始的な道具と近代的技術の違いを指摘するとすれば，～進化していることである」をチェックします。

６行目：ルール13「一方で」

「その一方で高度化する技術の作動条件は複雑化し，これ自体が社会の一部を構成し始める。」

☞「その一方で」とあることから，先に述べられているはずのもう片方を探すと，直前の文である「その結果として個人の身体能力や感覚などに依存しない形で技術は機能を発揮できるようになっている」が該当箇所であることがわかるので，併せてチェックします。

第三段落（➌）

１～14行目：ルール14「例示と引用」

「電気に即して考えてみよう。～これらを前提として私たちの生活やライフスタイルがある。」

☞例示の前後に筆者の主張が表われやすいことから，１行目の「技術が社会に普及した結果，逆に社会が技術に依存するような現象もある」と，直後の第四段落１行目を押さえます。

第四段落（➍）

２行目：ルール13「一方で」

「その一方で技術の利用に必要な作動条件も複雑化してきた。」

☞「その一方で」とあることから，先に述べられているはずのもう片方を探すと，直前の「このように技術が普及するにしたがって，社会基盤としての重要性も高まってきた」が，第三段落の例示の直後にある文であることを含めて，筆者の強い主張部であることがわかります。

第一段落で，社会が技術を選択するが，逆に技術が社会を支配することもあるという問題提起をして，その後，例示を用いながら，第二段落では「高度化する技術の作動条件は複雑化し，これ自体が社会の一部を構成し始める」。さらに第四段落では「技術の利用に必要な作動条件も複雑化してきた」という結論を導き出しています。これらを補足する形で，例示から見えてくる意見が加えられているので，例示前後に表われる筆者の主張を含んだ選択肢が正答となります。

選択肢の検討

1× 選択肢に見える「人工的環境の下で人間が生活すること」は，第二段落のほとんどを占める「電気」の例を示しています。その例は第三段落の1行目にあるように「社会が技術に依存する」≒「社会が技術に支配される」ことを示しており，選択肢にあるように，人間が生活することで選択と支配が逆転するのではなく，逆転したことで，今の「私たちの生活やライフスタイルがある」（第三段落14行目）わけです。

2× 第三段落の例示部分に見えますが，筆者の主張部ではありません。また「電気を前提とする新たな商品」の話は同じ段落の12行目に見えますが，そこには「当初の用途は熱や光であったが，～社会基盤としての電気を前提とする新たな商品」とあるように，原始的な道具と比較されるべきものは，電気という熱や光を生み出す技術であり，さらに第四段落冒頭で示されるように，その技術が普及することで，社会基盤としての重要性の中で生まれたのが，各種商品やサービスであることがわかります。

3× 筆者の主張が表われない例示部分である第三段落12行目辺りからも，電気を前提とする商品やサービスが生まれ，それらを「前提として私たちの生活やライフスタイル」が生まれたということがわかり，肢内の因果関係と異なることがわかります。

4× 筆者の主張が表われない例示部分である第三段落5行目辺りから，電気による「様々な技術群」が「消費者の利便性を支えている」ことがわかります。また4行目に見えるように「操作の手軽さと機能の多様性という点において」，電気という近代的な技術が発展し，それが消費者の利便性を生んだのであって，本文と選択肢の因果関係が異なることがわかります。

5◎ 正しい。

出典：丸山康司『再生可能エネルギーの社会化―― 社会的受容性から問いなおす』

正答 5

PART 3

現代文【文章整序】

攻略法　バラバラにされた文章を，もとあった形に並べ替える問題には，出題者側の意図があるので，それを知っておく必要があります。

それは文章というものは文と文がつながって構成されていくもので，それをつなぐ重要な役割を担っているのが「接続語」と「指示語」であるということです。したがって，正しく文章を並べ替えるには，まずこの2つを手掛かりにして，前後関係を確かめ，もとの文のように結びつけていく。その構成力が問われているわけです。

そこで文章整序の問題では，まずは選択文をしっかりと眺め，PART 1～2でも学んだ「接続語」や「指示語」のある文を見つけ，前後のつながりを考えていくことが第一です。

テーマ7

接続語

お試し問題 ……………【平成28年度・地方上級(特別区)】

次の短文A～Fの配列順序として，最も妥当なのはどれか。

A. その「別なところ」が自然だったのである。
B. ところがものを食べるとか，石油に代表されるエネルギーを消費することは，自然に直接の関わりがある。
C. 金持ちとは，金を使う権利をもつ人である。
D. 高度経済成長，つまり皆が金持ちになろうと思えば，他人から金を取り上げるか，まったく別なところからとってくるしかない。
E. 虚の経済とは，だれが金を使う権利があるかという問題である。
F. それは人間社会のなかのことで，本来は自然とは関係がない。

1 C→A→D→F→B→E
2 C→B→A→E→D→F
3 E→A→F→D→B→C
4 E→C→F→B→D→A
5 E→D→A→B→F→C

直感ルールはココだ！

次の短文A～Fの配列順序として，最も妥当なのはどれか。

A. その「別なところ」が自然だったのである。

B. ところがものを食べるとか，石油に代表されるエネルギーを消費することは，自然に直接の関わりがある。

C. 金持ちとは，金を使う権利をもつ人である。

D. 高度経済成長，つまり皆が金持ちになろうと思えば，他人から金を取り上げるか，まったく別なところからとってくるしかない。

E. 虚の経済とは，だれが金を使う権利があるかという問題である。

F. それは人間社会のなかのことで，本来は自然とは関係がない。

→アプローチ3 ルール17 指示語の含まれている選択文（A）

→アプローチ2 ルール16 接続語の含まれている選択文（B）

→アプローチ3 ルール17 指示語の含まれている選択文（F）

1　C→A→D→F→B→E　←Cスタート

2　C→B→A→E→D→F　←Cスタート

3　E→A→F→D→B→C　←Eスタート

4　E→C→F→B→D→A　←Eスタート

5　E→D→A→B→F→C　←Eスタート

アプローチ1 ルール15 選択肢の吟味➡スタートの決定

お試し問題の解説

「文章整序」問題の最初は，スタートになる文章を決め，選択文をすべて並べ替えなければならない「与文のない」問題からです。まずは前後の関係がつかみやすい，そして「接続詞」がハッキリと見える問題からアプローチを試みます。

ルールに従ってアプローチを試みます。

アプローチ1

ルール15 選択肢を見ると，Cスタートか E スタートのどちらかです。そこでCとEの選択文を読むと，接続詞や指示語で始まってはおらず，また，直前の文を受けるような指示語も含んでいないので，この時点では選択肢を絞り込むことはできません。

アプローチ2

ルール16 逆接の接続詞を探すと，Bに「ところが」があるので，その前後を考えます。「ところがものを食べるとか，石油に代表されるエネルギーを消費することは，自然に直接の関わりがある」とあるので，この前には「食べないことや消費しないこと」，もしくは「自然に直接の関わりのない」といった文が来るのがわかります。そうした内容を含んでいるのは「自然とは関係がない」とあるFです。ここで「F→B」という流れがわかるので，選択肢を**1**，**3**，**4**に絞ることができ，次の作業に移ります。

アプローチ3

ルール17 指示語を探すと，Aに「その『別なところ』」，Fに「それは」という言葉が見られます。注目したいのはAで，「その『別なところ』」とあることから，直前には「別なところ」という言葉が記されていることがわかります。Dに「まったく別なところから」があるので，ここで「D→A」の流れを確定します。

ルール18 「F→B」「D→A」の流れを含んでいる**4**を正答と見なし，並び替えた文章を読み返してください。

出典：養老孟司『いちばん大事なこと』

正答 4

実戦問題

check □□□

No.1 【平成18年度・大卒警察官（警視庁）】 GⅢ ➡正答と解説はP.114

次の短文A～Fを並べかえて一つのまとまった文章にしたいが，最も妥当な組合せはどれか。

A．したがって，計量経済学の手法を使って，過去に観察されたデータから経済的なメカニズムを抽出するという作業は，非常に重要な意味を持ってくるわけです。

B．最近の統計データの整備や，コンピュータの性能の向上により，計量経済学的な手法はますます重要になっています。

C．他方，自然科学と大きく異なる点は，経済問題の大半は実験が非常に難しいということです。すべての経済現象は一度しか起こらないので，実験室で再現することはできません。

D．計量経済学は，さまざまな統計手法を駆使し，実際のデータを分析することにより，抽象的な理論の正しさを検証したり，複雑なデータの中に潜んでいる基本的な経済的関係を抽出するといった目的で使われます。

E．このように，経済学はきちっとした理論的な基礎の上に構築されているので，世界中の多くの経済学者がこの理論的な基礎の上で分析を行うことにより，学問の国際的な発展につながっています。

F．そうした意味では，経済学というのは社会科学の中では最も自然科学に近い分野であるといってもいいでしょう。

1　B→C→E→D→A→F
2　D→B→E→F→C→A
3　B→C→E→D→F→A
4　B→C→D→A→E→F
5　D→B→A→E→C→F

check □□□

No.2 【平成13年度・国家Ⅱ種】 GⅢ ➡正答と解説はP.114

次のA～Fの文を並べ替えてつなぐと意味の通った文章になる。その場合の順序として最も妥当なのはどれか。

A．もう一つ，仕事に対する怖れ，律儀さが欠けているように思う。翻訳の一つの技術であるから，しかるべき訓練が必要である。できればすぐれた訳者の下訳をし添削してもらいながら，正確に読み的確に表現する訓練を一度は受けた方がよい。そして，仕事は律儀にやることである。

B．昔は分からないのは自分の頭が悪いからだと思っていたが，近ごろはたいていの場合，翻訳が悪いせいだという程度のことは分かるようになった。誤訳と

いうよりは，全体として文意がつかめないのである。

C．若いころ，感心して読んだ翻訳書を引っぱり出してみると，やはりみごとなものが多い。

D．自分でも翻訳をするし，後で読み直して誤訳に気づくことも一再ではないので，大きなことは言えないのだが，それにしても最近の哲学・思想関係の翻訳書には分からないものが多い。

E．今は辞書も各段に良くなったし，語学力も向上しているはずなのに，翻訳が悪くなるというのはどうしてであろう。

F．一つは，日本語の表現力の衰えがあろう。自分で的確に言葉にできないことは，読んでも分かる道理はない。

1 D→B→E→C→F→A
2 D→E→B→F→C→A
3 D→E→F→B→A→C
4 E→C→B→D→F→A
5 E→F→B→C→D→A

No.3 【平成21年度・地方上級（特別区）】GⅡ ➡正答と解説はP.114

次の短文A～Gの配列順序として，最も妥当なのはどれか。

A．不確実なものが確実なものの基礎である。

B．――「ひとは不確実なもののために働く」，とパスカルは書いている。

C．そしてひとは不確実なものから働くというところから，あらゆる形成作用の根柢（こんてい）に賭（かけ）があるといわれ得る。

D．もとより彼は不確実なもののために働くのではない。

E．けれども正確にいうと，ひとは不確実なもののために働くのでなく，むしろ不確実なものから働くのである。

F．人生がただ動くことでなくて作ることであり，単なる存在でなくて形成作用であり，またそうでなければならぬ所以（ゆえん）である。

G．哲学者は自己のうちに懐疑が生きている限り哲学し，物を書く。

1 A→B→C→D→E→F→G
2 A→B→E→G→C→F→D
3 A→C→E→D→G→F→B
4 A→F→B→D→C→G→E
5 A→G→D→B→E→F→C

No.4 【平成20年度・地方上級（特別区）】 GⅡ ➡正答と解説はP.115

次の短文A～Gの配列順序として，最も妥当なのはどれか。

A．他者軽視と仮想的有能感との関係は，他者評価と自己評価の関係として見ることもできる。

B．つまりシーソーのように，他者評価が上がれば自己評価は下がり，自己評価が上がれば他者評価が下がると考えるわけである。

C．例えば，自分の専門の分野で，これまで出会ったことのないようなきわめて優秀な人に遭遇し，高い評価を与えた場合，以前に比べて自分を厳しく低く評価することになるかもしれない。

D．他者評価の結果が自己評価に反映されたり，逆に自己評価の仕方が，他者評価に反映されたりする。

E．また逆に，自分が何らかの賞を与えられて，自己評価自体を高めた場合，他者に対して優越感を抱き，他者についての評価を幾分下げることになるとも考えられる。

F．一人の評価者が行う他者評価と自己評価は，決して独立したものではない。

G．これは他者評価と自己評価が相反する方向に作用する例である。

1 A→C→D→E→B→G→F
2 A→C→F→B→G→E→D
3 A→E→B→C→F→G→D
4 A→F→D→C→E→G→B
5 A→F→E→B→C→D→G

正答と解説

No.1の正答と解説 【平成18年度・大卒警察官（警視庁）】 ➡問題文はP.111

ルール15 B，Dともにスタートに置くことができます。

ルール16 「しかし」をはじめとする逆接の接続詞は見られませんが，2つのものごとを比較する「一方・他方」という言葉が，Cの冒頭に見られます。Cは「他方，自然科学と大きく異なる点」に関する文章なので，この文の前には「自然科学と異ならない」「同じ点」が述べられているはずです。すると，Fに「最も自然科学に近い分野」という文が見えるので，「F→C」を確定します。

ルール18 **2**だけが正答となることができます。

出典：伊藤元重『はじめての経済学』

正答 2

No.2の正答と解説 【平成13年度・国家Ⅱ種】 ➡問題文はP.111

ルール15 D，Eともにスタートに置くことができます。

ルール16 接続詞（逆接・換言）は見つかりませんが，**No.1**の問題と同様にFに「一つは」，Aに「もう一つ」が見えるので，「F→A」を決定。そして対比という意味で，Bに「昔は」とEに「今は」が見えるので，選択文を検討すると「昔は～頭が悪いからだと思っていたが，近ごろは～翻訳が悪い」という「昔→今」の時間の流れが見えるので，「B→E」を決定します。

ルール18 「F→A」「B→E」ともに満たしている**1**が正答です。

出典：木田元『哲学の余白』

正答 1

No.3の正答と解説 【平成21年度・地方上級（特別区）】 ➡問題文はP.112

ルール15 選択肢はすべてAからのスタートです。念のため，Aの次に来る文を見てみると，「B，C，F，G」とバラバラで，絞り込むのに時間を要するので，次の作業へと移ります。

ルール16 Eに「けれども」が見えます。「けれども正確にいうと，ひとは不確実なもののために働くのでなく，むしろ不確実なものから働く」とあるので，Eの前には「不確実なもののために働く」といった文が，そしてEの後ろには「不確実なものから働く」内容を含んだ文が来ることがわかります。したがって，大きな流れとして「B→E→C」がわかり，選択肢は**2**か**5**に絞ることができます。

ルール17 Dに「彼」が見えます。「彼」とさすことができるのは，Bの「パスカル」か，Gの「哲学者」です。そこでいったんルール15に戻ると，Dの前にBかGが来ているのは，**5**の「G→D」のみです。

ルール18 したがって，正答は**5**で確定します。

出典：三木清『人生論ノート』

正答 5

No.4の正答と解説 【平成20年度・地方上級（特別区）】 ➡問題文はP.113

ルール15 選択肢はすべてAからのスタートです。Aの次を見てみると，C，E，Fとバラバラで，絞り込むのに時間を要するので，次の作業へと移ります。

ルール16 逆接の接続詞に似た，E「また逆に」と，冒頭に換言を表す「つまり」があるBを見ていきます。Eの「また逆に」は，前の文章と似つつも，それとは逆の説明を始める言葉なので，Eの「自己評価を高め，他者評価を下げる」行為と似ていて逆の内容，つまり，「他者の評価を高め，同時に自己評価を下げる」といった文章が前に来ることがわかります。したがって，「C→E」を決定します。次に，Bの「つまり」を見ると，先に見た「他者評価の高低と自己評価の高低」の部分を「シーソー」と比喩していることがわかるので，「C→E→B」という流れが見え，選択肢は**1**か**4**に絞ることができます。

ルール17 Gに「これは」があり，「これは他者評価と自己評価が相反する方向に作用する例」とあるので，先に「例」が記されているはずです。その例はCにあることがわかりますが，先に見たように「C→E」は密接な関係にあるので，「C→E→G→B」が確定できます。

ルール18 したがって，正答は**4**で確定します。

出典：速水敏彦『他人を見下す若者たち』

正答 4

テーマ8

指示語

お試し問題 ……………【平成29年度・地方上級(特別区)】

次の短文A～Fの配列順序として，最も妥当なのはどれか。

A.「学ぶ」ということは「覚える」ということと深い関わりがある。
B. そこで，学習の目的とは知識を得ること，という話もよく聞く。
C. しかし，記憶とは何か，知識とは何か，この二つはどう違うのか。
D. そこで，学習を「記憶」と結びつけて語る人は多い。
E. これらの問題を深く掘り下げて考えたことがある人は，あまりいないかもしれない。
F. 一方で，「知識」もまた，「学ぶ」ということにとって重要である。

1 A→B→C→E→F→D
2 A→C→D→E→B→F
3 A→C→D→F→B→E
4 A→D→C→E→B→F
5 A→D→F→B→C→E

直感ルールはココだ！

次の短文A～Fの配列順序として，最も妥当なのはどれか。

A.「学ぶ」ということは「覚える」ということと深い関わりがある。

B. そこで，学習の目的とは知識を得ること，という話もよく聞く。

C. **しかし，**記憶とは何か，知識とは何か，この二つはどう違うのか。➡アプローチ2 ルール16 接続詞の含まれている選択文

D. そこで，学習を「記憶」と結びつけて語る人は多い。

E. **これらの問題**を深く掘り下げて考えたことがある人は，あまりいないかもしれない。

F. **一方で，**「知識」もまた，「学ぶ」ということにとって重要である。

（E・F：アプローチ3 ルール17 指示語の含まれている選択文 ルール16 接続詞の含まれている選択文）

1 A→B→C→E→F→D
2 A→C→D→E→B→F
3 A→C→D→F→B→E
4 A→D→C→E→B→F
5 A→D→F→B→C→E

（1～5：アプローチ1 ルール15 選択肢の吟味➡スタートの決定）

お試し問題の解説

「接続詞」が見えない文が並ぶ場合，次に正答の根拠となるのが「指示語」です。ここでは指示語が解答のキーとなる「文章整序」問題を見ていきます。

ルールに従ってアプローチを試みます。

アプローチ1

ルール15 全選択肢がAスタートです。そこで選択肢の「A→B」「A→C」「A→D」の三択を探っていくと，「A→B」は，Bの「そこで」を受ける言葉がAにはありません。またBには「～という話もよく聞く」とあるも

PART 3 現代文【文章整序】 テーマ8 指示語

のの，Aにはよく聞く話が述べられていないので，文章のつながりとしては△。「A→C」は，Aの「学ぶ」「覚える」という話を受けて，「しかし」という逆接で始まるCの中で，「記憶とは何か，知識とは何か」とするのは，文章のつながりが悪いので，やはり△。「A→D」は，Aで「学ぶと覚える」関連性を受けて，それを「学習を『記憶』と結びつけて語る」という流れは無理がないので，「A→D」の流れを決めます。この段階で選択肢は**4**か**5**に絞れます。

アプローチ2

ルール16 逆接の接続詞を探すと，Cに「しかし」が見えるのは前出どおりです。記憶と知識に対する疑問を投げ掛けた文章なので，直前でも記憶や知識に関する話をしている選択文が来ることがわかります。**4**であれば，直前に来るのはD。**5**であれば，直前に来るのはBですが，ともに学習と知識の話をしているので，ここでは絞り込めず，次の作業に移ります。

アプローチ3

ルール17 & ルール16 指示語を探すと，Eに「これら」があり，またFの接続詞「一方で」も見逃せません。まずEを見ると「これらの問題」とあるので，その前では「問題」が挙げられている選択文が来ることがわかります。その問題は「深く掘り下げて考え」ることが求められるものであり，問題提起されている文章を探すと，Cで疑問が投げ掛けられているので「C→E」という流れを決めますが，選択肢は**4**，**5**とも「C→E」です。そこでもう一つの「一方で」に当たると，「『知識』もまた，『学ぶ』ということ」とあるので，知識以外で「学ぶ」ということと関連性のある文を探します。選択肢から当たると，前に来るのはBかD。Bは「学習の目的とは知識を得ること」とする文章なので，それを受ける文であれば「知識の目的も学習をすること」等でなくてはなりません。ここでは「学習を『記憶』と結びつけて語る人が多い」ように，「『知識』もまた，『学ぶ』ということにとって重要であ」り，「学習の目的とは知識を得ること」という論理展開をしている，「D→F」，そして「B」という流れを確定します。

ルール18 正答を**5**と見なし，並び替えた文章を読み返してください。

出典：今井むつみ『学びとは何か』

正答 5

実戦問題

check □□□

No.1 【平成11年度・国家Ⅱ種】GⅢ

➡正答と解説はP.123

次のA～Fの文を並べ替えて意味の通った文にするとき，その順序として妥当なものはどれか。

A．ことばによって〈まこと〉を自然に語りうるという思いこみは，事実によって裏切られるほかはなく，ことばに〈まこと〉が容易に反映するはずだという，それなりにもっともな言語観が生み出すものは，結局〈まことしやか〉な文章である。

B．ありのままに自然に書く，という古来のもっとも有力な文章観は，ひどく欺瞞的である。自己欺瞞的である，と言い換えた方が一層正確かもしれない。

C．それから，すこぶる無自覚な，自分が真珠を製造しつつあることを知らない真珠貝のような天才にも，ことによると有効であっただろう。

D．それが欺瞞的ないし自己欺瞞的なのは，言うまでもなく，言語というものがそもそも不自然なものだという事実を避けている，あるいはそれに気づかない，ということによる。

E．すなわち，どんな教訓も必要ではない場合にのみ欺瞞性がばれずに済む，ということに等しい。

F．その教訓めいた基準は，おそらく，寝言戯言を書くためにもっとも有効であった。

1 A→B→E→D→F→C
2 A→F→E→B→C→D
3 B→A→D→E→C→F
4 B→A→F→D→C→E
5 B→F→C→E→D→A

check □□□ **No.2** 【平成30年度・地方上級（特別区）】 GⅢ ➡正答と解説はP.123

次の短文A～Fの配列順序として，最も妥当なのはどれか。

A．子どもの自主性・自発性を尊重する人は受身的な教育態度になる。
B．親孝行な人は，親孝行は善である，とどこかで教わったからである。
C．私の見るところ，放っておいても自発的に老人に席をゆずる少年にはならない。
D．非審判的・許容的雰囲気に人をおいておけば，放っておいても人間は成長する，という考えが戦後の日本の教育を支配した。
E．席をゆずるのはどこかでそういう行為が善であると教わったからである。
F．あるいは，放っておいても自発的に親孝行するものではない。

1 A→C→D→F→E→B
2 A→D→C→E→F→B
3 A→D→E→B→C→F
4 C→E→A→B→D→F
5 C→E→B→F→A→D

check □□□ **No.3** 【平成30年度・地方上級（東京都）】 GⅡ ➡正答と解説はP.124

次の文を並べ替えて一つのまとまった文章にする場合，最も妥当なのはどれか。

A．ここに簡単に書いてしまったことを実際に行なうには，戦ったり妥協したり，方向転換をしてみたり，といろいろなことが生じ，その人なりの「創造の作品」ができあがってくる。ここで言う「作品」とは，その人の人生そのものなのである。このような方向を見出（いだ）し，自らの力で創造活動を続けられるということになったときに，その人とわれわれは別れることになるが，それまでは数年，あるいは，十年を越える年月を要するときもある。
B．この経過のなかで既に述べたように，芸術作品を生み出してゆき，それが一般的にも評価されるようなものになるときもある。しかし，私が大切にしているのは，そのようなことも含めて，その人の生き方全体の創造であり，「私が生きた」と言えるような人生をつくり出すことなのである。創造には犠牲がつきもので，そこには何らかの犠牲が生じるだろう。そのことも明確に意識し，そのような犠牲の責任者としての自覚をもって，「私が生きた」と言えることが必要である。
C．これに反して，自分の「創造の種子」が，その人の属する集団，つまり，家庭，地域，社会，国家などの傾向と異なる場合は，なかなか困難が大きい。生きてゆくためには，その人は一応は集団に適応しなくてはならない。時には，自分の「創造の種子」を強く圧迫することによって，それを成し遂げ，本人もそれでよいと思っているときさえある。そのようなときに，その人は神経症の症状をはじめ，いろいろな「困難」や「苦悩」に出会って，われわれのところに相談に来られる。

D．人間が生まれてくるということは，そのなかに「創造の種子」をもっている，ということであろう。その種子から芽がのびてゆくときに，その人の属する集団のもつ価値観と一致する部分の多い人は，それを伸ばしてゆくのが容易であろう。しかし，その場合のその人の創造性は他に見えにくいし，つい安易になって，全体の傾向に合わせてしまって，そのなかにある自分の創造性を見出（いだ）すことを怠るかも知れない。

E．もちろん，その人たちの願いは，早くその苦しみから逃れたい，ということである。それに対しても応じようとしつつ，一方では，心理療法家はその人の「創造の種子」が発芽し，伸びてゆくのを援助したい，という気持ももっている。これは実は非常に難しいことである。創造の種子を発芽させてゆくことは，その人にとって，その人の所属している集団，家族とか社会とかに反する生き方をすることにもなってくるから，それはむしろ苦しみを倍加させることにもなる。

F．「私が生きた」という実感をもったとき，それはいつ誰によっても奪われることのないものであることが明らかで，「創造」の実感も伴なうはずである。それが明確なものになればなるほど一般的な社会的評価はそれほど気にならなくなるし，それはもっともっと普遍的な存在の一部としての責任を果したという自己評価につながってゆくだろう。

1　D→A→C→E→B→F
2　D→B→F→A→C→E
3　D→C→E→A→B→F
4　F→A→B→D→E→C
5　F→B→D→C→A→E

No.4 【平成16年度・国家Ⅰ種】 GⅠ

➡正答と解説はP.124

次のA～Fを並べ替えてつなげると意味の通った文章になるが，その順序として最も妥当なのはどれか。

A．今生きている人々の記憶からほとんど消えてしまった本であっても，どこか面白いところがあり，愛読しているというのであれば，それは自分の古典と言っていい。そうした自分にとって十分に価値のある本に巡り会えることは，人生の大きな幸福でもある。

B．それには昔から読まれてきた古典は，うってつけだ。長い年数をかけて読み続けられてきただけに，噛むだけの価値が十分にあると言えるのだ。

C．そういうことを続けていけば，自分なりの古典ができ，いつの間にか意義深い知的生活を享受できるようになるのではないだろうか。

D．今，自分にとっての古典がないというなら，まず二，三年前に読んで面白かったと思うものを片っ端から読み直してみるといいだろう。そして何冊かを読み直して，面白かったら残しておき，また来年か再来年に読み返してみる。

E．もっとも，別にそういった古典にばかり目を向ける必要もない。何回も繰り返して読み，その繰り返しがその人にとって長時間続けられているような本なら，それはその人自身の古典と言ってもいいだろう。

F．イギリスの哲学者ベーコンは，「ある本はその味を試み，ある本は呑み込み，少数のある本はよく噛んで消化すべきである」と言っている。この，よく噛んで消化すべき少数の本に巡り会うことが知的生活に欠かせないのは言うまでもない。

1　A→B→F→C→D→E
2　A→F→B→D→C→E
3　F→B→C→D→E→A
4　F→B→E→A→D→C
5　F→E→A→D→C→B

 正答と解説

No.1の正答と解説 【平成11年度・国家Ⅱ種】 ➡問題文はP.119

ルール15 A，Bともにスタートに置くことができます。

ルール16 Eが「すなわち」で始まっています。そして「どんな教訓も」とあるので，直前には「教訓」が来ることが予想できます。教訓の話をしているのは，F。この段階で「F→E」が見え，選択肢は**2**，**4**，**5**に絞れます。

ルール17 Cの「それから」，Dの「それが欺瞞的ないし自己欺瞞的なのは，～」，Fの「その教訓めいた基準」に指示語が見えます。Cを見ると「それから，～天才にも，ことによると有効であっただろう」と「も」が見え，その直線にもう１つ「有効であった」ことが書かれていることがわかります。ここで「F→C」が決定でき，「F→C→E」の流れが決まります。さらにDの「それが欺瞞的～」とあるのは，「欺瞞」という言葉の出てくるBかEの後ということがわかり，選択肢から，「F→C→E→D」の流れが見えてくる**5**が正答になります。

正答 5

No.2の正答と解説 【平成30年度・地方上級（特別区）】 ➡問題文はP.120

ルール15 A，Cともにスタートに置くことができます。

ルール16 接続詞（逆接・換言）は見つかりませんが，Fに「あるいは」と「も」があることで，Fと同じような内容や，似た方向性を持った文が前に来ることがわかります。Cの「放っておいても自発的に老人に席をゆずる少年にはならない」が置けることから，「C→F」の流れが決まりますが，選択肢の**4**と**5**はCとFが離れすぎなので，選択肢は一旦，Aスタートの**1**，**2**，**3**に絞ります。そこで「A→C」と「A→D」を検討すると，「A→D」は受身的な教育態度から，戦後の日本の教育の姿と話を進めていけますが，「A→C」のCは少年を放っておくという姿勢であり，Aで述べる受身的な教育態度の例にはならないので，「A→D」の流れが自然であると考えます。

ルール17 Eに「そういう行為が」という指示語が見えますが，これは直前に見える「席をゆずる」という行為をさしており，前の文を受けたものではありません。しかし，ここで気づいてほしいのは，先に見たCに「放っておいても自発的に席をゆずらない」，Eでは「教われば席をゆずる」という表現が見えてくることから，長文問題の ルール 8 「Aではない。Bである」という表現が用いられているということです。また，同じようにFとBも同じ流れであることがわかるので，ここで「C→E」と「F→B」を決定します。

ルール18 したがって，正答は**2**で確定します。

出典：国分康孝『〈自己発見〉の心理学』 **正答 2**

No.3の正答と解説 【平成30年度・地方上級（東京都）】 ➡問題文はP.120

ルール15 D，Fともにスタートに置くことができます。

ルール16 Cが「これに反して」という逆接（対比）で始まっています。Cでは「自分の『創造の種子』が属する集団の傾向と異なる場合は困難が大きい」と述べているので，その前では，「自分の属する集団の傾向と一緒であること」，または「似ているので困難が少ない」といった内容が来ることがわかります。最初に見たDが当てはまるので，「D→C」の流れが見えてきます。

ルール17 Bに「この経過」，Eに「その人たちの願いは，早くその苦しみから」という指示語が見えます。Bではある経過の中で，芸術作品が生み出されるということが，すでに述べられた選択文が前に来ることがわかり，「A→B」を決定します。また，Eでは「その人たちの願いは，早くその苦しみから逃れたい」とあるので，直前に苦しみから逃れたいという願いが来ることがわかり，「C→E」を決定します。

ルール18 この時点で「D→C」，「A→B」，「C→E」が決まり，正答は「D→C→E」と「A→B」の流れを含む**3**で確定します。

出典：河合隼雄『こころの処方箋』 **正答 3**

No.4の正答と解説 【平成16年度・国家Ⅰ種】 ➡問題文はP.122

ルール15 A，Fともにスタートに置くことができます。

ルール16 選択文の中に「逆接」「換言」の接続詞は見られません。

ルール17 Bに「それ」，Cに「そういうこと」，Eに「そういった古典」という言葉が見えます。Bを見てみると，前に来る文章を受けて，「それには古典は噛むだけの価値が十分にあるからうってつけ」だという読みができるので，「本を噛む」という比喩が出てくるFを前に置き，「F→B」を決定し，選択肢を**2**，**3**，**4**に絞ります。次にEを見ると，古典は「そういった古典」と「その人自身の古典」の2つに分かれることがわかります。そこで「古典」が登場する選択文を2つに分けてみます。

・「その人自身の古典」＝A，C，D
・「そういった古典（一般的な古典）」＝（F→）B，E

Eを境目にして，「一般的な古典」ではなく，「その人自身の古典」の話に移り，本文は大きく「（F→）B，E」と「A，C，D」に分かれることが判明するので，それを満たしている**4**を正答とします。

出典：渡部昇一『ものを考える人考えない人』 **正答 4**

テーマ9 与文のある整序問題

お試し問題 ……………………【平成22年度・国家Ⅰ種】

次の□の文の後に，A～Dを並べ替えて続けると意味の通った文章になるが，その並べ方として最も妥当なのはどれか。

> 示唆的なことだが，ベルクソンは長い考察の冒頭をまず彼の第二の源泉の説明から始めている。一言でいえば，人間は生まれつき社会的な存在であり，社会に培われた習慣のなかで生きて，それによっておのずから善と正義に服従するようになるのである。

A. 社会と個人は習慣をなかだちに「閉じられた環」をかたちづくっており，現実に禁止や刑罰がなされないときにも，本来「社会の圧力」であるものが個人の自律であるかのように働くことになる。

B. だからこそ個人はそれらにたいして日常的な帰属感を覚え，ほとんど無意識に家族愛や公徳心や愛国心を感じることができる。いいかえればここでの道徳は不動の圧力であり，宗教はその背後に立つ「防御的な」権威なのである。

C. もちろんこの説明は逆転させることも可能であって，個人は内面の慣習化された秩序に無意識に従って生き，その結果として社会の善と正義が維持されるともいえる。

D. ここで社会と呼ばれているものは，具体的には家族や近隣社会や信仰集団や民族であって，静的な平衡状態を保って，しかも個人の手の届く場所にある存在である。

1 A→B→C→D

2 A→C→B→D

3 B→A→D→C
4 B→D→A→C
5 C→A→D→B

直感ルールはココだ!

次の □ の文の後に，A～Dを並べ替えて続けると意味の通った文章になるが，その並べ方として最も妥当なのはどれか。

> 示唆的なことだが，ベルクソンは長い考察の冒頭をまず彼の第二の源泉の説明から始めている。一言でいえば，人間は生まれつき社会的な存在であり，社会に培われた習慣のなかで生きて，それによっておのずから善と正義に服従するようになるのである。

➡アプローチ1-1 ルール15 与文を検討する

A. 社会と個人は習慣をなかだちに「閉じられた環」をかたちづくっており，現実に禁止や刑罰がなされないときにも，本来「社会の圧力」であるものが個人の自律であるかのように働くことになる。

B. だからこそ個人は**それら**にたいして日常的な帰属感を覚え，ほとんど無意識に家族愛や公徳心や愛国心を感じることができる。いいかえればここでの道徳は不動の圧力であり，宗教はその背後に立つ「防御的な」権威なのである。

C. もちろん**この説明**は逆転させることも可能であって，個人は内面の慣習化された秩序に無意識に従って生き，その結果として社会の善と正義が維持されるともいえる。

D. **ここで**社会と呼ばれているものは，具体的には家族や近隣社会や信仰集団や民族であって，静的な平衡状態を保って，しかも個人の手の届く場所にある存在である。

アプローチ2 ルール17 指示語

1 **A**→B→C→D ⬅Aスタート
2 **A**→C→B→D ⬅Aスタート
3 **B**→A→D→C ⬅Bスタート
4 **B**→D→A→C ⬅Bスタート
5 C→A→D→B ⬅Cスタート

アプローチ1-2 ルール15 選択肢の吟味➡スタートの決定

お試し問題の解説

「文章整序」問題の中には，与文＝「与えられた文」に続くように選択文を並べ替えるものがあります。その与文は，スタートに置かれているものと，ゴールに置かれているものがあります。与文がゴールにある問題であれば，これまでどおりの作業を正確に行えば，自然に与文につながっていきますが，前者の場合は与文を前提とした並べ替えを行わなければなりません。ここではスタートに与文のある問題にアプローチしていきます。

アプローチ1

ルール15 与文がある場合，選択肢を吟味する前に与文に当たります。

・**与文**：「ベルクソンが述べる第二の源泉の説明。それは人間は生まれつき社会的な存在であり，その中で善と正義に服従する」というものです。これがこの問題の出発点であり，選択文はこれに続くように並べ替えます。

・**選択肢**：A，B，Cスタートです。「与文→A」「与文→B」「与文→C」はどれも意味が通るので，ここでは無理に選択肢を絞りません。

ルール16 選択文の中に，「逆接」や「換言」の接続詞は見られません。

アプローチ2

ルール17 Bに「それら」，Cに「この説明」，Dに「ここで」が見えます。Bは複数形で，絞りにくそうなこと，Dでさす「社会」は選択文と与文にいくつも見える単語なので，先にC「この説明」のつながりを考えます。Cの前では当然「説明」があるわけですが，「説明」が明示された選択文はありません。したがって，「この説明」とは，与文内の「第二の源泉の説明」であることがわかり，与文で説明されている内容を「逆転させ」ている説明がCであることもわかります。ここで選択肢は「与文→C」の**5**に絞れます。

また，Bの「それら」とは，個人が帰属感を覚えることができて，「家族愛や公徳心や愛国心を感じることができる」ものなので，Bの前には「家族や社会や国」といったものが来ることがわかり，「D→B」という流れが見え，**5**の条件を満たしていることもわかります。

出典：山崎正和『神話と舞踊──文明史試論』（「アステイオン70」所収）　**正答 5**

check □□□

No.1 【平成27年度・国家一般職】 GⅢ ➡正答と解説はP.134

次の［　　］と［　　］の文の間のA～Fを並べ替えて続けると意味の通った文章になるが，その順序として最も妥当なのはどれか。

> 中生代，巨大ハチュウ類である恐竜が地上をのし歩いていた頃，ホニュウ類はネズミくらいの大きさで，洞穴の中でブルブル震えている哀れな存在にすぎなかった。夜行性なのは，昼間地上に出ると恐竜に食べられてしまうからである。

A．視覚情報はたしかに一つの環境世界イメージを一瞬かたちづくりはするが，それによって引き起こされる行動は情けないほど反射的・刹那的なものである。

B．だが艱難(かんなん)汝を玉にす。このおそろしく長い屈辱的な歳月が，ホニュウ類の体内に〈情動〉をつくりこんだのだ。

C．多くのハチュウ類は視覚にたよっている。注目に値するのは，その視覚情報処理が脳ではなく，おもに網膜の神経回路でなされることだ。

D．一方，夜行性のホニュウ類は視覚にたよるわけにはいかなかった。それで嗅覚と聴覚とを発達させたのである。

E．肝心なのはこれらの情報処理が脳で行われるようになった点なのである。ホニュウ類の鼻や耳はたんなるセンサーで，匂いを嗅ぎ音を聞く中枢は脳なのだ。

F．空腹時に獲物が視野に入れば飛びかかるが，見えなくなれば忘れてしまう。ピーターパンのフック船長はおびえているが，ほんとうは執念深いワニなどは居ないのだ。

> つまりホニュウ類は，匂いや音をもとにして，時空にまたがる複雑な環境世界イメージを形成する能力を身につけ始めたわけである。

1　B→C→A→F→D→E
2　B→F→C→E→A→D
3　C→D→B→F→A→E
4　C→E→B→A→F→D
5　C→F→A→D→B→E

No.2 【平成27年度・地方上級（東京都）】 GⅡ ➡正答と解説はP.135

次の文の後にA～Fの文を並べ替えてつなげ，一つのまとまった文章にする場合，その順序として最も妥当なのはどれか。

人間が社会をつくり，生活を営む社会生活の複雑さについては，いまさら説明するまでもない。

A．広い意味では生活の仕方とも作法とも知恵ともいえる「文化」を，一緒に暮らす仲間や次の時代を生きる子孫に正確に伝え確実に学ばせる。

B．こうしたことが適切に行えるかどうかを左右するのが言葉であり，言葉を巧みに操作してなされるコミュニケーション能力である。

C．他者と対面し言葉を交わし，他者の表情や言い回しから他者の気持ちや意図を読み取り，適切に対応しつつスムーズに意志の疎通をし合う。

D．さらにいえば，そうした能力とは，社会を構成している多くの他者とのいい関係をつくり維持する社会的知性とも言える社会性であり，社会力である。

E．生活を営む社会の規模が大きくなればなるほど，コミュニケーション能力を含めた社会的知性とも言える社会力のレベルが高度になることが求められることになる。

F．さらには，言葉を介して様々な知識を得，抽象的なレベルでの思考力を高め，想像力と創造力を豊かにし，新しい文化や技術をつくり出し，それを後続世代に伝える。

1 B→A→E→D→F→C
2 C→A→F→B→D→E
3 C→E→D→B→A→F
4 D→C→A→B→E→F
5 D→E→F→C→A→B

No.3 【平成19年度・大卒警察官（警視庁）】 GⅡ ➡正答と解説はP.136

「　」で囲った文に続く，A～Gの文を並べかえて，首尾一貫した文章にしたい。最も妥当な順序はどれか。

「科学的な見方の特徴は，ものごとを純粋に客観的にとらえようとするところにある。いいかえれば，科学はだれでもが異論なく一致して認めるような確実な知識を追求する。」

A．したがって，哲学においては，自分自身にかかわる問題として主体的に問うという態度が何よりも大切であって，この態度がなければ，先人の見いだした真理も意義ある言葉として語りかけてくることはないのである。

B．これに対して，哲学は，この人生，この現実が全体として何であり，またいかにあるべきかを問題にする。

C．しかしこのような知識は，現実の全体を考察するのではなく，現実の一側面に限定して考察する場合にだけ可能となる。

D．このようなことがらは，純粋に客観的な知識とはなりえず，各人一人ひとりがみずからの人生を生きつつ，それに向かって問う中で明らかにされていくことである。

E．ところで，科学的な知識がだれでもが一致しうる確実な知識であるということは，科学に進歩が可能な理由でもある。

F．科学が常に，物理学，生物学，心理学などのように特定の事象についての科学であるのはそのためである。

G．なぜなら，科学的知識はその獲得にどれほどの時間と労力がついやされようと，一度発見されてしまえば，それはそのまま万人のものとなり，後世の人はそれを前提として先へすすむことができるからである。

1　B→E→F→G→C→D→A
2　C→D→E→B→F→A→G
3　C→F→E→G→B→D→A
4　D→C→E→B→F→A→G
5　D→E→C→F→B→A→G

check □□□

No.4 【平成27年度・国家専門職】 GⅡ

➡正答と解説はP.136

次の ＿＿＿ の文の後に，A～Eを並べ替えて続けると意味の通った文章になるが，その順序として最も妥当なのはどれか。

> 私たちは，「わかりあう文化」「察しあう文化」の中から，様々な素晴らしい芸術文化を生み出してきた。たとえば，「柿くへば　鐘が鳴るなり　法隆寺」という句を聞いただけで，多くの人びとが夕暮れの斑鳩の里の風景を思い浮かべることができる。これは大変な能力だ。
>
> この均質性，社会言語学などでいうところのハイコンテクストな（相手が何が言いたいのかを察しやすい）社会が，日本をアジアの中でいち早く近代国家へと導いたことは間違いないだろう。

A．そして，否が応でも国際社会を生きていかなければならない日本の子どもたち，若者たちには，察しあう・わかりあう日本文化に対する誇りを失わせないままで，少しずつでも，他者に対して言葉で説明する能力を身につけさせてあげたいと思う。

B．だが一方で，こういった「察しあう」「口には出さない」というコミュニケーションは，世界においては少数派だ。少数派だからダメだと言っているわけではない。少数派の強みもある。たとえば私が暮らす芸術の世界などは，少数派の利点も随分とある。

C．だが，そうは言っても，やはり文化的に少数派であるという認識は，どうしても必要だ。そうでないと，ビジネスや日常生活の場面では，日本人は，いつまで経っても理解不能な変わり者扱いになってしまう。

D．だがしかし，「説明する」ということは虚しいことでもある。「柿くへば　鐘が鳴るなり　法隆寺」を説明しなければならないのだ。柿を食べていたら偶然鐘が鳴ったのか。鐘が鳴ったから，柿を食いたくなったのか。こんな身も蓋もない説明を他者に向かって繰り返していかなければならない。

E．あるいは，現代社会のように宗教同士が正面からぶつかりあっている世界の現状を見ると，「そこはお互い察しあってさ」というような曖昧で慈愛に満ちたコミュニケーションの形が，なんとなく世界平和に貢献できる部分もあるのではないかと感じることも多い。

1　B→A→D→C→E
2　B→D→A→E→C
3　B→E→C→A→D
4　D→A→C→B→E
5　D→E→B→A→C

check □□□ **No.5** 【平成14年度・国家Ⅱ種】 GⅡ ➡正答と解説はP.137

次の［　　　］の文の後にA～Gを並べ替えて続けると意味の通った文章になるが，その順序として最も妥当なのはどれか。

> 建築とは何かという問いは，困難な問いである。ドラッグと電子テクノロジーの出現によって，「すべてが建築」である状況が出現して以来，この問いは以前にも増して，一層困難なものとなった。

A．物質の特権性は失われたのである。

B．物質が特権性を失った時に建築に何が残されているだろうか。

C．「物質的な構築である」という定義から物質が取り除かれた結果，構築だけが残った。

D．しかし「すべてが建築」であるという状況が出現し，物質的なものと非物質的なものが等価であるという状態が出現することによって，物質は建築にとってもはや決定的な要件ではありえなくなった。

E．それゆえに人々の関心は構築自体へと向かい，構築そのものの是非が，そして功罪が問われはじめたと考えてもいい。

F．物質化されていること，すなわちフィジカルであるということを，建築にとってほとんど決定的な要件とみなすことが可能であった。

G．「すべてが建築」となってしまう以前には，「建築とは物質的な構築である」という定義が可能であった。

1　D→C→G→F→B→E→A

2　D→E→C→A→B→G→F

3　F→D→C→A→B→G→E

4　G→E→C→B→A→D→F

5　G→F→D→A→B→C→E

check □□□

No.6 【平成30年度・国家総合職】GⅡ ➡正答と解説はP.138

次の [　　] の文の後に，A～Eを並べ替えて続けると意味の通った文章になるが，その順序として最も妥当なのはどれか。

> 主体を喪失することによって初めて，この世界への通行書を手にする人々は，このヴァーチャルな世界で失われた自己を取り戻すための手段を得，努力を開始する。

A．それゆえ，主体は，欲望の直接的な充足をそのつど禁止し，それを先送りにする。この禁止と先送りのメカニズムを成立させるものこそが貨幣であり，資本主義の根本の機制なのである。

B．この手続きとは，失われた自己の場所を埋めるために，次々と「他者の欲望」にしたがって自己の欲望を転移させ，また開拓し続けることであった。

C．それは，経済学者が述べるように，絶えず景気変動や失業という問題を抱えているというだけではなく，資本主義を可能としている「精神」が本質的にきわめて不安定だということである。

D．資本主義の無限の拡張を精神の深層で支えているものは，この主体の自己喪失の不安と言ってよい。人は不安に衝き動かされ，ぽっかりと穴のあいた自己の場所を補填する何かを無限運動として求め続ける。それは決して手に入るものではない。

E．言い換えれば，資本主義の「精神」とは，自己を喪失した人間が，その不安から逃れるためにひたすら前のめりになりながら，何かを求めて走り続けているようなものだと言えよう。だから，資本主義は本質的に「不安定」なのである。

1　B→D→A→E→C
2　B→E→D→C→A
3　D→A→B→C→E
4　D→A→C→B→E
5　D→E→A→C→B

正答と解説

No.1の正答と解説 【平成27年度・国家一般職】

➡問題文はP.128

・**与文**：中生代には，ホニュウ類は巨大ハチュウ類を警戒し，夜行性であった，というのが大意です。

ルール15 選択肢はBまたはCのスタートです。「与文→B」は，中生代にハチュウ類を怖がっていたホニュウ類が，その間に情動を作りこんだと，自然な流れです。「与文→C」は，与文では視点がホニュウ類にあるのに対し，Cではハチュウ類の，特に視覚にポイントが置かれているので，流れとしてはやや不自然です。

ルール16 上で見たBに「だが」があり，さらに「このおそろしく長い屈辱的な歳月」と続くことから，前には「長い歳月」，しかもホニュウ類にとっては屈辱的な「長い歳月」が来ることがわかります。その話をしているのは与文だけなので，ここで「与文→B」を決定し，選択肢を**1**と**2**に絞ります。さらにDに「一方」という言葉が見えます。Dでは「ホニュウ類は視覚にたよるわけにはいかなかった」とあるので，その前には「視覚にたよっていた別の存在があった」ことがわかります。**1**は「F→D」，**2**は「A→D」であり，A，Fともに視覚の話をしていることがわかるので，この段階では絞れません。

ルール17 Eに「これらの情報処理が」とあり，その前にはホニュウ類による複数（＝これら）の情報処理の話がされている文が来ることがわかります。選択肢から「D→E」または「C→E」であることがわかりますが，「C→E」であると，Cではハチュウ類が脳でなくて視覚に頼っていることを話しており，流れが不自然です。「D→E」であれば，ホニュウ類が嗅覚と聴覚という複数から情報を得て，それを脳で処理するという，複数による情報処理の様子がわかります。

ルール18 したがって，正答は**1**です。

別解 ※ルール15までは上記とアプローチが同じです。

ルール16 Dの「一方」を見ていきます。ホニュウ類は視覚に頼らず，嗅覚と聴覚を発達させたとあります。すでにCでもう一方のハチュウ類が視覚に頼っていることがわかっているので，他の選択文が視覚に頼らないホニュウ類に属するのか，視覚に頼るハチュウ類に属するのか，どちらであるのかを見ていきます。A＝視覚，B＝ホニュウ類，C＝ハチュウ類・視覚，E＝ホニュウ類，F＝視覚です。「与文→B」は決定しているので，他の選択肢をまとめ直して見ると，

A・C・F＝視覚，ハチュウ類

(B)・D・E＝ホニュウ類

であることがわかります。つまり選択文Dをきっかけにして，話がもう一度，ホニ

ュウ類に移ることから，A・C・F→D→Eという流れであることが見えてきます。

ルール18 したがって，正答は**1**です。

出典：西垣通『マルチメディア』

正答 1

No.2の正答と解説 【平成27年度・地方上級（東京都）】

➡ 問題文はP.129

・**与文**：人間が生活を営む社会生活は複雑である，というのが大意です。

ルール15 選択肢はB，C，Dのスタートです。「与文→B」とすると，Bの「こうしたことが適切に行える」が与文のどこをさすのかが不明であり，「与文→D」もDの「そうした能力」が与文に出てこないので，意味の通らない文章となります。ここでは与文で述べられる「社会生活の複雑さ」の一つを具体的に表わしたCを置き，選択肢を**2**と**3**に絞ります。

ルール16 接続詞（逆接・換言）は見つかりませんが，Dの「さらにいえば」とFの「さらには」が，前文を受けて，説明を付け加える文章であるので，これを見ていきます。ルール17 とも関連してきますが，Dは「さらにいえば，そうした能力とは」とあり，その前には「能力」を示した文が置かれることは上記でもわかっています。選択肢**2**と**3**を見比べると，**2**は「B→D」，**3**は「E→D」です。「B→D」であれば，Bのコミュニケーション能力を受けた「そうした能力」となります。「E→D」のEにも「コミュニケーション能力」がありますが，これは「コミュニケーション能力を含めた社会的知性とも言える社会力」とあることで，「社会性」に主眼が置かれてしまっており，「B→D」の流れのほうが自然です。なお，もう一方のヒントであるF「さらには」は，**2**も**3**も「A→F」という流れなので決め手に欠けます。

ルール17 Bに「こうしたことが適切に行えるかどうか」があります。**2**は「F→B」，**3**は「D→B」。Dの話題は社会性や社会力であり，それを「適切に行える」という言葉で受けるのは無理があります。Fでは「言葉を介して様々な知識を得」，「思考力を高め，想像力と創造力を豊かにし，新しい文化や技術をつくり出し，それを後続世代に伝える」という行動が適切に行えるかどうかが文化であるとつながっていくことがわかります。

ルール18 したがって，正答を**2**で確定します。

出典：門脇厚司『社会力を育てる』

正答 2

No.3の正答と解説 【平成19年度・大卒警察官（警視庁）】 ➡問題文はP.130

・**与文**：科学的な見方の特徴はものごとを客観的にとらえて，確実な知識を追求すること，というのが大意です。

ルール15 選択肢はB，C，Dからのスタートです。「与文→B」とした場合は「科学」vs「哲学」を示すことができ，「与文→C」であると，「このような知識」が与文の「確実な知識」を受け，「確実な知識」であるが，それが「限定」された「知識」であるという流れが決まります。「与文→D」だけは，与文で「客観的」としているのに，「客観的な知識とはなりえず」と否定してしまっており，さらに「このようなことがら」が何をさしているのか不明なので，選択肢はこの時点で**1**，**2**，**3**に絞れます。

ルール16 Aに「したがって」が見えます。「哲学」の話をまとめている選択文なので，前には「哲学」を含む文章が来ます。はっきりと「哲学」の話をしているのはBだけなので「B→A」を決めます。併せてBには「これに対して」という言葉があるので，それ以前では「哲学」以外の話，つまり「科学」について説明されていることがわかります。ここで選択文を「哲学」と「科学」の2つに分けると，

・**哲学**＝A，B，D
・**科学**＝C，E，F，G

となります。Dを「哲学」に入れたのは，「科学」は客観的であるのに対して，「哲学」はAからも「主観的」であることがわかるからです。そして，Cを「科学」に入れるのは，「このような知識」の「知識」といった言葉が「哲学」には見えず，与文や「科学」にしか「知識」という単語が出てこないからです。また，絞り込んだ選択肢から「G→C」「与文→C」の流れであり，Gも与文もともに「科学」の話をしていることがわかります。つまり，Bの「これに対して」を挟んで，「科学」と「哲学」に分かれることがわかりますので，「C，E，F，G」ブロックと「B→A，D」の組合せが考えられる選択肢が正答となります。

ルール17 したがって，正答を**3**で確定します。

出典：「哲学的な見方と科学的な見方」（東京書籍「倫理」平成15年発行）

正答 3

No.4の正答と解説 【平成27年度・国家専門職】 ➡問題文はP.131

・**与文**：私たち日本人が「わかりあう文化」「察し合う文化」から素晴らしい芸術文化を生み出し，そうしたハイコンテクストな社会が日本を近代国家へ導いた，というのが大意です。

ルール15 選択肢はB，Dのスタートです。「与文→B」の流れは，与文で一旦出した意見に異論を唱えつつ，さらに与文で述べたことを膨らましているので◎。

「与文→D」は，Bと同じ「だが」で始まりますが，与文ではDの最初に見られる「説明する」といったことが述べられていないので，「与文→B」としている選択肢**1**，**2**，**3**に絞ります。

ルール16 上で見たDでは，その前に「説明する」ということが述べられているのがわかるので，与文および選択文B以外を見ていくと，Aに「他者に対して言葉で説明する能力を身につけさせてあげたい」とあるので，「A→D」の流れを決定し，選択肢は**1**または**3**とします。

次に選択文Cの「だが」を見ていくと，ルール17 とも関連しますが，「だが，そうは言っても，やはり文化的に少数派であるという認識は，どうしても必要だ」とあり，その前には「文化的に少数派である」ことをプラスでとらえている文が来ることがわかります。選択肢**1**は「D→C」，**3**は「E→C」です。Dでは「説明する」ことの虚しさを述べており，これは「察しあう／わかりあう」（＝少数派）ことができないから「説明する」（＝多数派）ことを示しているので，不自然な流れです。一方でEは「お互い察しあって」ということが「世界平和に貢献できる部分もある」とプラスでとらえられており，選択肢**3**の「B→E→C」どおりに並べると，少数派の利点や貢献度を受ける自然な流れが生まれます。

ルール17 したがって，正答は**3**で確定します。

出典：平田オリザ『わかりあえないことから』

正答 3

No.5の正答と解説 【平成14年度・国家Ⅱ種】

➡問題文はP.132

・**与文**：建築とは何かというのは困難な問いである，というのが大意です。

ルール15 選択肢はD，F，Gからのスタートです。「与文→D」とした場合，D内では「物質と建築の要因」の話をしているのに，与文ではその話をしていないのでつながりません。また「与文→F」も，与文では「困難な問い」としているので，「物質化することが建築にとって要件であったとみなすことが可能」という主張がかみ合いません。この段階で「与文→G」だけが，「今は困難であるけれども，以前には定義を下すことが可能だった」と成り立つことがわかります。選択肢はこの時点で**4**，**5**のどちらかに絞れます。

ルール16 前出のDでは「『すべてが建築』であるという状況が出現し」たことから，「物質は建築にとって決定的な要件でなくなった」とあるので，それ以前には「物質は建築にとって決定的な要件であった」ことがわかります。そこから「F／G→D」がわかり，**5**が正答であることがわかります。

正答 5

No.6の正答と解説 【平成30年度・国家総合職】 ➡問題文はP.133

・**与文**：主体を喪失することで，私たちは自己を取り戻すための手段を得て，努力を始める，といったことが大意です。

ルール15 選択肢はB，Dのスタートです。Bの冒頭に「この手続き」とあるので，与文で示される主体を喪失したことで通行書を手にして，自己を取り戻す段取りに入るという「手続き」を意味することがわかります。また，Dには「この主体の自己喪失」とあり，さらに「自己の場所を補塡する何かを無限運動として求め続ける」とあることから，与文を補足する文として成り立つので，この段階では選択肢を絞ることはできません。

ルール16 逆接の接続詞はありませんが，Eに「言い換えれば」があることから，その前には「資本主義の『精神』が何かを求めて走っている」と似た文が来ることがわかります。ハッキリとそれがわかるのは選択文のDで，「資本主義の精神の深層には不安があり，そのために自己の場所を補塡するための運動をしている」といった辺りに，運動する様が見えてくるので，ここで「D→E」という流れを決め，この段階で選択肢の**2**を落とします。

ルール17 Aに「それゆえ」があり，Aの前では「主体が欲望の充足を禁止する」といった問題点が提示されていることがわかります。選択文の中で「欲望の充足（の禁止）」といった話をしているのは，「『他者の欲望』にしたがって自己の欲望を転移させ，また開拓し続ける」としているBなので，「B→A」を決めます。この段階で選択肢は**1**で決定しますが，Cの「それは」も見ていくと，経済学者の引用を用いて，「それは景気変動や失業といった問題とともに，資本主義の『精神』が不安定だということ」，つまり「それは不安定だということだ」という流れであることから，直前にも「資本主義の不安定さ」を記していることが見えてくるので，選択文のEが来ることがわかります。

ルール18 上記からさらに，「B→A」「E→C」の流れがわかり，正答を**1**で確定します。

出典：佐伯啓思『貨幣と欲望——資本主義の精神解剖学』

正答 1

現代文【空欄補充】

攻略法　空欄補充の問題でも意識しておきたいのは，筆者の主張を見つけることです。筆者は自分の意見を述べるときに，一度述べたことを否定して，新しいことを示し出すという方法をとることがあります。そしてそこに意見の対比が表れ，空欄補充の問題ではその対比のどちらかに空欄があることが多く見られます。さらに空欄に入る言葉は，空欄のある文の中で大切な語（単語・熟語・短文）が入るわけですから，空欄のある前後の文章ともつながりは強いものです。

したがって，空欄補充の問題では，文のつながりを示す「接続語」や「指示語」をうまく利用して，空欄の前後にあるはずの対比を見つけ出しながら，どんな言葉が入るのが適切なのかを考えていかなければなりません。

テーマ10

複数の空欄

お試し問題

【平成11年度・地方上級(東京都)】

次の文中の空欄A～Cに当てはまる語句の組合せとして，妥当なものはどれか。

知性とは，何が自分に可能なのかを具体的に想像する者が，その実現に向けて演じてみせる身振りのうちに露呈される力にほかなりません。それは，蓄積されることのない力であり，有効に機能する瞬間にのみ威力を発揮するものなのです。その点で，知性は，蓄積され，構造化されうる知識や情報とは大きく異なります。構造的に蓄積された知識はともすれば変化を恐れますが，知性は，（　A　）に萌芽としてあるものを（　B　）せしめるものだという意味で，本質的に変化を誘発する運動なのです。そして，知性は，いまが変化に対して大胆であることを各自に要請している時代であることを察知しているはずなのです。もちろん，変化とは，すべてをご破算にして初めからやりなおすことを意味してはおりません。だいいち，そんなことは抽象的な発想にすぎず，いささかも（　C　）ではありません。知性は，ある対象を構成する要素のうちで何が可変的であり，何が不変的であるかを識別し，変化にふさわしい組み合わせを予測する力なのです。

	A	B	C
1	潜在的	顕在化	現実的
2	部分的	沈静化	本質的
3	部分的	全体化	観念的
4	内在的	沈静化	現実的
5	内在的	顕在化	観念的

直感ルールはココだ！

次の文中の空欄A ～ Cに当てはまる語句の組合せとして，妥当なものはどれか。 → ルール 2 1段落構成

❶知性とは，何が自分に可能なのかを具体的に想像する者が，その実現に向けて演じてみせる身振りのうちに露呈される力にほかなりません。それは，蓄積されることのない力であり，有効に機能する瞬間にのみ威力を発揮するものなのです。その点で，知性は，蓄積され，構造化されうる知識や情報とは大きく異なります。**構造的に蓄積された知識はともすれば変化を恐れます**が，**知性は，（ A ）に萌芽としてあるものを（ B ）せしめるものだという意味**で，**本質的に変化を誘発する運動**なのです。そして，知性は，いまが変化に対して大胆であることを各自に要請している時代であることを察知しているはずなのです。もちろん，変化とは，すべてをご破算にして初めからやりなおすことを意味してはおりません。だいいち，そんなことは**抽象的な発想**にすぎず，いささかも**（ C ）ではありません**。知性は，ある対象を構成する要素のうちで何が可変的であり，何が不変的であるかを識別し，変化にふさわしい組み合わせを予測する力なのです。

→ ルール20 対比を見つける

→ ルール19 空欄の前後に注意

→ ルール20 対比を見つける

抽象的

お試し問題の解説

正答を導くためのルールは巻頭の「空欄補充の直感ルール」に示したとおりですが，「複数の空欄」の場合は，全部の空欄にすんなりと言葉が埋められるものばかりではありません。ルール20の対比とルール19にある空欄の前後に根拠を求めながら，まずは素直に入れられる空欄に候補の言葉を入れ，選択肢をヒントにしながら空欄を満たしていくというアプローチがオススメです。

ルール 2 1段落構成であることがわかります。全体像を見渡してみると，「知性とは」どういうものかという話をしています。

ルール20 全体像から，「知性と呼べるもの」と「知性と呼べないもの」の違いが対比になっていることがわかります。それに基づいてAとBを見ると，「知性は，（　A　）に萌芽としてあるものを（　B　）せしめるもの」で，「本質的に変化を誘発する運動」とあることから，簡潔に記せば「Aが変化するとBになる」と読め，AとBが異なり，対比の対称関係にあることがわかります。したがって，**2**，**4**が正答の候補から消えます。

また，Aの直前に「が」があることから，その前の文とAの文は対比関係にあることがわかります。つまり，「蓄積された知識は変化を恐れる」が，「知性は変化を誘発する」のですから，「知識」と「知性」が異なるものであることが見えてきます。そして，「知識」は「蓄積される」ものですが，「知性」は「蓄積されない」ものであり，かつ「萌芽としてある」，つまり「元々ある」ものであることがわかります。したがって，ここで「ある」の意味を含まない**3**も候補から消えます。

ルール19 次にCを見ると，「そんなことは抽象的な発想にすぎず，いささかも（　C　）ではありません。」とあり，「抽象的」＝「Cでない」という構図から，Cにはそれを打ち消すことで「抽象的」の意味になる語，「現実的」が入ります。このことから正答は**1**であることがわかりますが，AとBを確定する意味で，「知性」について説明しているAとBの前にある文章を見てみると，1行目に「知性とは，～具体的に想像する者が，～露呈させる力にほかなりません」とあるので，Bは「露呈」に近い言葉である「顕在」という言葉が入ります。Aに入るのは「潜在的」か「内在的」のどちらかで，意味は大体同じですが，「露呈」＝「隠れていた事柄が表面に現れ出ること」とセットにするのにふさわしいのは，「潜在的」であることがわかります。

正答 1

実戦問題

check □□□

No.1 【平成22年度・国家Ⅱ種】 GⅢ

➡正答と解説はP.148

次の文のA～Kには，「固有」又は「普通」のいずれかの語が入るが，A，G，Jに該当する語の組合せとして最も妥当なのはどれか。

❶家の中だけで育てられているこどもは，見るモノの数にも限りがあるから，たくさんの名をおぼえる機会に恵まれていない。かれらが通常与えられる名は［ A ］名詞であって，［ B ］名詞ではない――とこう書いていて少し不安になってきた。この問題ではいろいろと議論がたたかわされてきたからである。もしかしてこどもは，まず一つ一つのモノの名を，それだけがもっている［ C ］名詞としておぼえ，次いで，似たようなワンワンをいくつも見ることによって，一つの類の名であるという認識に到達するというふうに考えれば，最初のワンワンは［ D ］名詞，次いで多くのワンワンと接し，すべてのワンワンがワンワンであると知れば，はじめのワンワンは［ E ］名詞へと発展するのである。

❷このようなこどもの例を，人類全般におしひろげて，すべての［ F ］名詞の起源は［ G ］名詞であったという議論を展開したのはアダム・スミスであった。かれが1762年に発表した，「諸言語の起源についての論文」では，川というものをテムズでしか知らない「無知な」人間にとっては，別の川を見たときもテムズと言うはずだから，すべての名詞の起源は［ H ］名詞だったと主張している。

❸スミスのこの論文のおもしろさを再発見して，その最初のテキストを複写して世に送ったのはE・コセリウだが，かれはこの冊子に，同時に，スミスに反対したイタリア人ロズミーニの反論をも収録している。ロズミーニはスミスとは逆に，［ I ］名詞は［ J ］名詞よりもずっとあとになって生れる，なぜなら「数多くの洞穴，泉，樹木を見たのちに，その中から特定の個を区別する必要が生じた」ときにその区別のために［ K ］名詞が生れたのだ，とした。

	A	G	J
1	普通	普通	固有
2	普通	固有	普通
3	普通	固有	固有
4	固有	普通	固有
5	固有	普通	普通

check □□□

No.2 【平成28年度・国家専門職】 GⅡ

➡正答と解説はP.149

次の文のA，Bに当てはまるものの組合せとして最も妥当なのはどれか。

❶ひとはいつ，待つことをはじめるのだろうか。ひとが何ごとかを期待することをついに放棄して，ひたすら待つという態勢，つまりは「待機」という状態に入るの

は，いったいどういうときなのだろう。

❷ひとが待つことをはじめるのは，じぶん独りでは事態をどうにも打開することができないと悟ったすえに，最後はもうひたすら相手の変化を希（ねが）うしかなくなるからだ。相手が変わるのを待つことでいまの事態が変わる，つまりは相手との関係そのものが変わるのを希って。そのとき，待つことが「待機」という姿をとるのは，待つ側にいわば［ A ］をともなうある確信があるからだ。［ A ］をともなうとわざわざ言ったのは，その確信が相手の変化への確信ではないからだ。このままではあのひとは変わらない，そう観念したがゆえに，ひとは待つことを選んだからだ。ではその確信とは何か。

❸それは，じぶんのほうが変わらねば，関係もまた変わらないだろうという確信である。たとえ関係の変化が，「よりを戻したい」，つまりは以前のような関係に戻りたいということであったにしても，あの関係がそのまま戻ってくるとは，待つ側も思うだにしないだろう。何かが確実に終わったことを思い知ったからこそ，待つことを選んだのだから。

❹待つことの選択，それが意味するのは，なによりも，関係を思いどおりにしたいというみずからの［ B ］である。ありふれた言い方にしかならないが，そう，期待を押し込めて，期待を放棄して，待つということ。ありふれていると言ってもこれは，「期待しないで待ってるわ」と，相手に強がりからあえて軽く言うこと，それさえも押し込めさせるような，そんな，もはやそのときのための準備という余裕すらない「待機」である。

	A	B
1	未練	欲望の開放
2	未練	願望の遮断
3	未練	本能への抵抗
4	諦め	欲望の開放
5	諦め	願望の遮断

check □□□ **No.3** 【平成30年度・地方上級（東京都）】 GⅡ ➡正答と解説はP.150

次の文章の空欄に当てはまる語句の組合せとして，最も妥当なのはどれか。

❶近頃，人工知能が仕事を奪うという問題が盛んに取りざたされています。実際，セルフドライビングカーや人工知能を搭載したドローン（無人航空機）による配送の普及によってタクシー運転手やトラック運転手，配達員が失業する恐れがあります。

❷しかし，人間は，機械に仕事を奪われても，機械に対し［ A ］のある別の仕事に転職することができます。その点，セルフドライビングカーでも自動改札機でも変わりありません。ただし，今後続々と特化型人工知能が生み出されるのであれば，

[B] にはこれまでの技術を上回るような社会的影響が及ぼされるでしょう。③ところが，人間と同じような知的振る舞いをする汎用人工知能が実現し普及したならば，既存の技術とは [C] にも異なる変化がもたらされると考えられます。というのも，あらゆる人間の労働が汎用人工知能とそれを搭載したロボットなどの機械に [D] され，経済構造が劇的に転換するからです。

	A	B	C	D
1	競合性	公的	私的	補完
2	競合性	量的	質的	代替
3	競合性	量的	質的	補完
4	優位性	公的	私的	補完
5	優位性	量的	質的	代替

check □□□

No.4 【平成25年度・地方上級（東京都）】 GⅡ

➡正答と解説はP.150

次の文章の空欄Ａ～Ｅに当てはまる語句の組合せとして，最も妥当なのはどれか。

①不用意に翻訳文化などというと，そこに軽蔑の意味がこもっているとうけとられるかもしれない。ほかならぬ翻訳の手続きを通して西欧文化をうけいれ，それでなんとか日本の近代的自立をすすめえたという，[A] 文化のなりたちが，えてして劣等感をも誘発することになるからである。しかしそのことは承知の上で，科学・技術は翻訳文化として日本に成立したのだという点を，はっきり指摘しておくことがぜひ必要であろう。もっというなら，科学・技術はつねに，種々の文化圏の間の [B] ，つまり翻訳の手順を通してこそ，飛躍的な発展を重ねてきたのである。

②その点，日本の科学の [C] が，杉田玄白らの『解体新書』翻訳完結からはじまると，象徴的によく語られるのも，けっして理由のないことではない。しかし，科学・技術を翻訳文化といった場合，杉田玄白の例はあまり適切とは思えない。当人の回顧談でも，後からこの業績にふれる人たちの話しぶりでも，言葉のおきかえ――単純にいえばオランダ語と日本語との１－１対応――を完成させる苦労がより強調されている。ここでは，翻訳とは要するに言葉の翻訳なのだという見解が優先しやすい。むろん言葉の正確なおきかえこそが，翻訳の出発点となるにはちがいない。しかし翻訳の核心をなす部分，したがってその作業の真の困難さとなるものは，実はその先にまっている。言葉の背後にある意味，つまり [D] の翻訳がそれである。

③ここにいう [D] とはしかし，一つ一つの単語をさすだけでなく，それらをささえている理論の枠組みまでを含めて考えねばならない。[D] の翻訳とは，日本語だけをつかって体系的な理論の説明までできるようにすることである。

これはたんなる言葉の翻訳よりも，はるかに手数のかかる知的作業になるであろう。こうした意味を含めて科学理論の翻訳が問題になりはじめるのは，杉田玄白よりなお後のことである。

❹科学・技術が翻訳文化として成立しうるまでには，この［ D ］の翻訳に努力をかたむける期間が，日本の場合にも相当ながくつづいたことは，とくに注意をひくことである。まず十九世紀のほぼ百年間は，そのために費やされたとみても，大きな見損じにはなるまい。このながい［ E ］を経た後で，日本にはようやく科学や技術という言葉も定着するのである。

	A	B	C	D	E
1	交易国	合従連衡	変動	概念	彷徨
2	後進国	相互交流	胎動	概念	模索
3	後進国	相互交流	変動	観念	模索
4	周辺国	合従連衡	胎動	観念	模索
5	周辺国	相互交流	変動	概念	彷徨

check □□□

No.5 【平成16年度・国家Ⅰ種】GⅡ ➡正答と解説はP.152

次の文のA～Jにはある二つの語句のうちのいずれかが入るが，同一の語句が入るもののみを挙げたものとして最も妥当なのはどれか。

❶情報とは石鹸の泡のようなものだと，あるひとが言った。泡のように消えていくという。情報は，ものによっては，寿命がはなはだ短い。三日前の新聞は古新聞でしかない。寿命が短いからこそ，膨大な数の情報を受けても耐えられるということができる。しかし，知識が泡のようでは困る。知識に基づいて考え行動しているわれわれにとって，その知識が短命では，拠り所に不安を覚えないわけにはいかない。情報はこの点で，つまり，短時間で消失していく性質で，知識とは大きな区別がある。

❷情報は，また，信頼できるかできないかで，知識とは決定的な違いがある。クラウゼウィッツは『戦争論』で，情報は虚偽なものが過半で，みだりに信じてはいけないといっている。速さを尊ぶ情報は，えてして裏付けを欠くことが多い。いくら正確でも遅いのは情報とはいわないという人がいる。わたしが原子炉の運転に従事していたころ，トラブルが起きて原因を調べていたら，事故を隠したと新聞に書き立てられた。研究者としては不正確なことを口にはできない。しかし，新聞記者の方は明日の正確さより今日のニュースが欲しい。価値観の衝突である。隠したと心にもないことをいわれたと憤激したら，新聞はウソでも早い方がいいんだよと，ある人にたしなめられた。しかし，ウソをいうわけにはいかない。

❸天気予報は（　A　）であるが，平均気温は（　B　）である。天気予報で気象

台を信じてはならない。信じられて損害賠償を請求されては，気象台も成り立たない。判断の参考にしてもらえれば，それでよいのである。それが（　C　）というものだ。しかし，過去何年間の平均気温表は，一年ごとに改訂されるものの，確定した（　D　）である。

④要するに，（　E　）は流れて流通を形成し，断片的で，寿命は短く，信用できない内容を含んでいる。このまったく反対が（　F　）といってよいだろう。そのなかで，解析と実証が加えられることによって（　G　）は（　H　）になりうるし，流通への条件が整えられることによって（　I　）は（　J　）となる。

1　A，C，E，J
2　A，C，E，G，J
3　A，C，F，H，I
4　B，D，E，G
5　B，D，F，H，J

No.6 【平成21年度・地方上級（特別区）】GⅠ ➡正答と解説はP.153

次の文の空所A，Bに該当する語の組合せとして，最も妥当なのはどれか。

①わが国の都市景観は，まず第一に直線を嫌い，また，その直線と直交する建物の左右対称性と正面性を嫌うがごとく存在しているように思われる。その上，敷地の形状が必ずしも正方形や矩形（くけい）ではなく，その形が不整形である。とくに，在来の敷地割りのところに新しく計画道路ができた地域では，道路と敷地境界線の交差角が必ずしも直角とならないから，建物の正面が計画道路に対してどれも斜めになる。それは，当然，計画道路ができたとき，敷地境界線も道路に直角に正すべきなのである。

②また，どのような形にでも敷地を分割することができるから，乱杙歯（らんぐいば）のように，あっちを向いたり，こっちを向いたりするわが国独特の街並みができる。敷地の分割が土地所有者の自由にまかされていればこのようなことは当然の結果であり，相続の時などには必然的に分割されるおそれがある。これは都市全体の計画がなく，土地所有者の部分部分の発想によって生じる都市形態であり，これこそが一見［　A　］な東京の［　B　］を生みだした原因であるといえよう。

	A	B
1	無計画	建物
2	無計画	街並み
3	無秩序	敷地
4	無秩序	街並み
5	不整形	建物

実戦問題 正答と解説

No.1の正答と解説 【平成22年度・国家Ⅱ種】 ➡問題文はP.143

ルール2 より，全部で３段落構成で，全段落に満遍なく空欄があります。

ルール20 問題文の最初と選択肢から，「固有」と「普通」という２つの明確な対比が見えます。この２語と関係の深そうな言葉が出てきた場合，それが正答の根拠になるので，チェックを忘れないでください。

まず，空欄ＡとＢは「Ａであって，Ｂでない」とあることから異なる言葉が入ることがわかります。次にＣ以降に移りますが，筆者は３行目で自分の意見に不安を覚えているので，ここで一旦，Ｃ以降を切り離して見ていくことにします。

ルール19 空欄Ｃは直前に「まず一つ一つのモノの名を，それだけがもっている」とあるので，「固有」が入ることがわかります。Ｄは「最初のワンワン」なのでＣと同じ「固有」，それが「［Ｅ］名詞へと発展する」ので，Ｅは対比関係にある「普通」。次の段落は第一段落を受けた文ですから，「すべての［Ｆ］名詞の起源は［Ｇ］」は「普通名詞の起源が固有名詞」であり，併せて「起源は［Ｈ］名詞」にも「固有」が入ることがわかります。

ところが次の段落になると，第三段落３行目に見えるように「逆に」なりますから，これまでとは対比が逆。「固有→普通」ではなく，「普通→固有」となるので，Ｉが固有でＪが普通。Ｋは「数多くの洞穴，泉，樹木を見たのちに，その中から特定の個を区別する必要が生じ」て生まれたものですから，「数多く→個」で「固有」が入ることがわかります。

ここでいったん展開をまとめると，

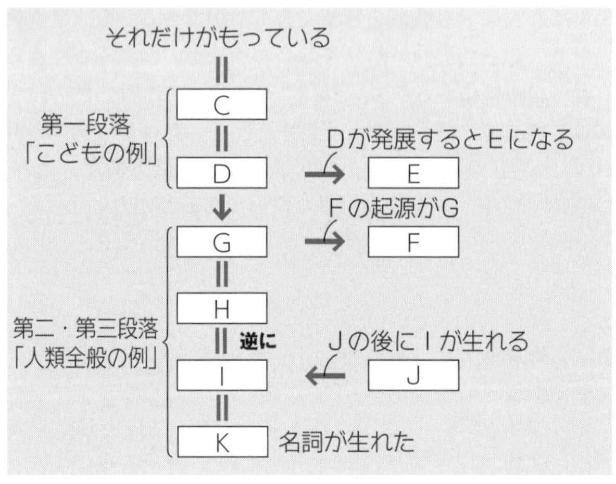

という図式になることから，ＧとＪには異なる言葉が入ることがわかり，選択肢**3**，**5**が消えます。さらに，Ｇには「固有」が入ることがわかっているので，正答は**2**に確定します。Ａには「普通」，Ｂには「固有」が入ることもここからわかります。

出典：田中克彦『名前と人間』

正答 2

No.2の正答と解説 【平成28年度・国家専門職】 ➡問題文はP.143

ルール２ より，全部で４段落構成で，第二段落と第四段落にそれぞれ空欄がある，ひとが「待つ」「待機」することについて述べた文章です。

ルール19 空欄Ａの前に，「相手との関係そのものが変わるのを希ったとき，待つことが『待機』となる」とあり，２つ目の空欄Ａの直後では「その確信が相手の変化への確信ではない」とあります。さらにその「相手の変化への確信」が「このままではあのひとは変わらない，そう観念したがゆえに，ひとは待つことを選」ぶとあることで，「相手が変わるのを待つ」→「相手の変化に確信はない」→「相手は変わらないと観念して待つ」という流れが見えてくることから，「諦め」が入ることがわかります。

ルール20 空欄Ｂの直前で「関係を思いどおりにしたい」ということが記されていますが，空欄Ｂの直後では「ありふれた言い方にしかならないが」と断っておいて，そこで「期待を押し込めて，期待を放棄して，待つということ」とあることから，「関係を思いどおりにしたいという期待はあるが，その思いを押しとどめ，その期待を捨てる」と読むことができます。そこで「望みを捨てる」という言葉に近い，「願望の遮断」を選び，正答を**5**に確定します。

出典：鷲田清一『「待つ」ということ』

正答 5

No.3の正答と解説 【平成30年度・地方上級（東京都）】 ➡問題文はP.144

ルール2 より，全部で3段落構成で，第二段落と第三段落に2か所ずつ空欄がある，仕事を巡る人と人工知能の問題についてがテーマの文章です。

ルール20 空欄Aは「人間」の視点で，「機械に仕事を奪われても，別の仕事に転職することができる」とあります。これは裏を返して言えば，「機械は仕事を奪われても，別の仕事に転職できない」とも考えられます。また，空欄Aを含む文章の直後では「ただし」という条件が出され，「特化型人工知能が生み出されれば，これまでの技術を上回る」とあるので，現段階では上回っていないことがわかり，「優位性」が空欄Aに入ります。

空欄Bは直後で「社会的影響が及ぶ」とあります。つまり，この文章のテーマである，人工知能が人間の仕事を奪うという点で，現段階では人間に優位性があり，人間には転職の選択肢があるが，人工知能が生み出されていくことで出る社会的影響を考えた時，転職した人間の仕事まで奪ってしまうことが考えられるので，選択肢**4**，**5**のうち「量的」を候補にします。

空欄Cは「人間と同じような知的振る舞いをする汎用人工知能が実現し普及したならば，既存の技術とは［C］にも異なる」とあるので，ここでは「これまでの技術では生み出せなかった人間に似た知能の登場」について述べており，技術の革新のすごさの意味を含める「質的」を候補にします。

空欄Dは「人間の労働が～機械に［D］され，経済構造が劇的に転換する」とあることから，人間の労働のあり方とともに経済構造も変化するという流れから，変化という意味を含める「代替」を入れ，正答を**5**に確定します。

出典：井上智洋『人工知能と経済の未来　2030年雇用大崩壊』

正答 5

No.4の正答と解説 【平成25年度・地方上級（東京都）】 ➡問題文はP.145

ルール2 より，全部で4段落構成で，翻訳文化の話をしており，全段落に満遍なく空欄があることがわかります。そこで対比や前後に注意して，確実に入れられるものを優先しながら読み進めていくことにします。

ルール20 空欄Aは，直前の文に「翻訳の手続きを通して西欧文化をうけいれ，それでなんとか日本の近代的自立をすすめえた」とあり，直後では「劣等感をも誘発する」としています。つまり，西欧文化のおかげで近代的自立ができた文化の成立に劣等感を感じることがあるというのですから，ここでは日本は西欧に遅れをとっていたということがわかり，選択肢**2**，**3**の「後進国」を候補にします。

空欄Bはその直前までの文の流れに注意します。空欄Aの直後に，ルール3「しかし」があるので，新たな論理展開が始まっていることがわかります。しかも

そこには ルール7 「need to」もあるので，筆者の主張部分であることがわかります。「科学も技術も翻訳文化であることを指摘しておきたい」というのが筆者の意見であり，それを「もっというなら」ということで強めたのが，空欄Bのある文です。空欄Bの直後の「つまり」で，「翻訳の手順を通して発展を重ねてきた」とあることから，Bには科学や技術が「翻訳文化」であり，「翻訳の手順」を踏んできたという言葉が入りますが，ここでは文の流れから，“その時の利害に従って，結びついたり離れたりすること”を意味する「合従連衡」よりも，「相互交流」がふさわしいことがわかります。

空欄Cは「日本の科学の［ C ］」が「杉田玄白らの『解体新書』翻訳完結からはじまる」とあり，次の行では，その例が「あまり適切と思えない」としながら，「言葉の正確なおきかえこそが，翻訳の出発点となるにはちがいない」としていることから，「はじまり」や「出発点」を含む「胎動」を選びます。

空欄Dも空欄Cの流れから読み進めます。C以降では「言葉のおきかえは翻訳の出発点となるにちがいない」としつつ，それを「しかし」でひっくり返し，「翻訳の核心をなす部分の作業の困難さ」が問われています。それを受けた空欄Dは，「翻訳の核心をなす部分」であり，「言葉の背後にある意味」＝（つまり）＝「［ D ］の翻訳」でもあり，つまり「核心にある意味」です。さらに空欄Dが2か所ある第三段落でも「一つ一つの単語をさすだけでなく，それらをささえている理論の枠組みまでを含めて考えねばならない」としていることから，言葉の形成をなす「概念」を入れます。

最後の空欄Eですが，「このながい［ E ］を経た後で，日本にはようやく科学や技術という言葉も定着」したとあり，第一～第三段落で筆者が述べてきた展開を受けることと，第四段落の冒頭で「この［ D ］の翻訳に努力をかたむける期間が，～相当ながくつづいた」とあるので，翻訳に関する作業と努力を意味する「模索」を入れて，正答を**2**に確定します。

出典：辻哲夫『日本の科学思想』

正答 2

No.5の正答と解説 【平成16年度・国家Ⅰ種】

➡問題文はP.146

ルール２ より，全部で４段落構成で，第一・第二段落では「情報」と「知識」の違いの話を，第三・第四段落ではその例を示していることがわかります。

ルール20 第一段落４行目に「しかし」があり，「情報」と「知識」の対比が見えます。空欄は10個あるので，同じものはつなげ，違うものは分けてつなぐ（対比関係を見つける）という作業を行っていきます。ただし，空欄の中に入る言葉は ルール19 から空欄の直前直後をチェックしていきます。

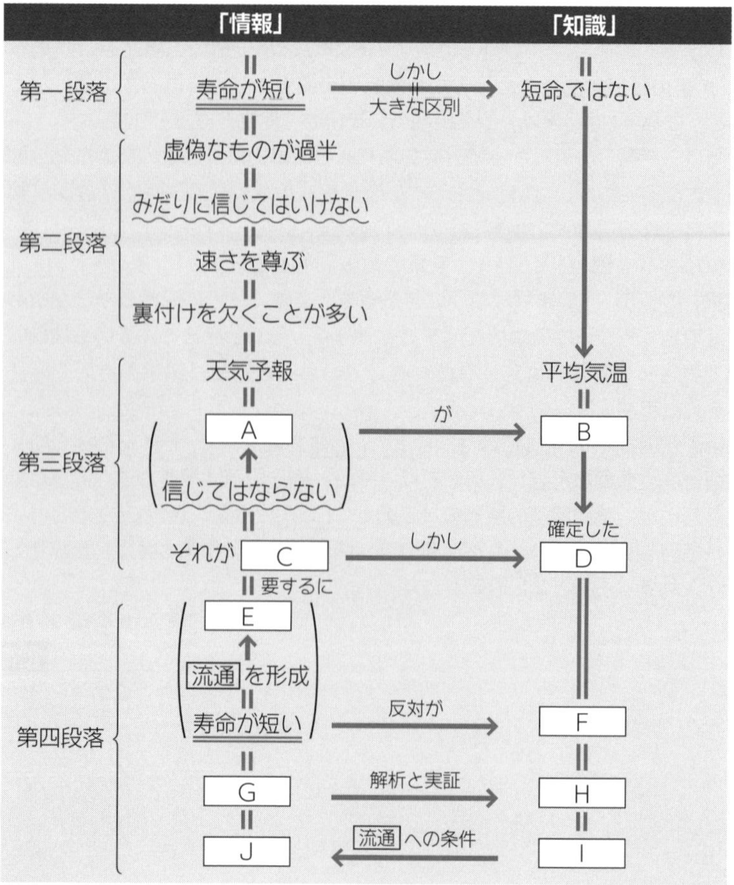

「情報」　「知識」

第一段落
寿命が短い　→（しかし ＝ 大きな区別）→　短命ではない
‖
第二段落
虚偽なものが過半
‖
みだりに信じてはいけない
‖
速さを尊ぶ
‖
裏付けを欠くことが多い
‖
第三段落
天気予報　　　平均気温
‖　　　　　　　‖
A　→（が）→　B
↑　　　　　　　↓
信じてはならない　　確定した
‖
それが C　→（しかし）→　D
‖ 要するに　　　　　　‖
第四段落
E
↑
流通 を形成
‖
寿命が短い　→（反対が）→　F
‖　　　　　　　‖
G　→（解析と実証）→　H
‖　　　　　　　‖
J　←（流通 への条件）←　I

ルール19 最後のＩとＪがわかりにくいかもしれません。Ｉの直前に「流通への条件が整えられる」ということは，Ｅの直後に見える「流通を形成し，〜寿命は短」いとある箇所を受けており，「流通を形成」＝「流通への条件が整う」ということがわかり，ＩがＪ（＝Ｅ）に変わるという読みができます。そこで正答を**2**に確定します。

出典：仲本秀四郎「情報を考える」（『情報社会』所収）

正答 2

No.6の正答と解説 【平成21年度・地方上級（特別区）】 ➡問題文はP.147

ルール2 より，全部で2段落構成です。空欄がある第二段落は「また」で始まっており，第一段落と密接なつながりがあることがわかるので，第一段落から読み進めていきます。

ルール20 この問題では空欄に入る語は対比関係ではないので，本文の流れから，空欄に入るべき単語を追いかけていくことにします。

ルール19 第一段落から全体の主語は「わが国の都市景観」，第二段落では「わが国独特の街並み」の話をしていることがわかります。

・第一段落：都市景観→×直線＝×左右対称性と正面性＝不整形
・第二段落：街並み＝あっちを向いたり，こっちを向いたり→これは都市全体の計画がないから生じた＝これこそが［ A ］な東京の［ B ］を生み出した原因。

ここに「生じた」と「生み出した」という表現に密接なつながりが見えます。つまり，「都市全体の計画のなさ」が「あっちを向いたり，こっちを向いたりするわが国独特の街並み」を生んだわけです。ただし，注意しなければならないのは，都市「全体」の計画がないだけで，「計画道路」が作られるように，都市の「部分部分」では計画は行われているということです。計画はあるのですが，「土地所有者の自由にまかされてい」たりするので「不整形」なのです。そこで正答を**4**に確定します。

出典：芦原義信『東京の美学』

正答 4

テーマ11

1つの空欄

お試し問題 ……………………【平成29年度・国家一般職】

次の文の[空欄]に当てはまるものとして最も妥当なのはどれか。

「世間」と社会の違いは,「世間」が日本人にとっては変えられないものとされ,所与とされている点である。社会は改革が可能であり,変革しうるものとされているが,「世間」を変えるという発想はない。近代的システムのもとでは社会改革の思想が語られるが,他方で「なにも変わりはしない」という諦念が人々を支配しているのは,歴史的・伝統的システムのもとで変えられないものとしての「世間」が支配しているためである。

「世間」が日本人にとってもっている意味は以上で尽きるわけではない。「世間」は日本人にとってある意味で所与と考えられていたから,「世間」を変えるという発想は全く見られなかった。明治以降わが国に導入された社会という概念においては,西欧ですでに個人との関係が確立されていたから,個人の意志が結集されれば社会を変えることができるという道筋は示されていた。しかし「世間」については,そのような道筋は全く示されたことがなく,[空欄]と受けとめられていた。

したがって「世間」を変えるという発想は生まれず,改革や革命という発想も生まれえなかった。日本人が社会科学的思考を長い間もてなかった背景にはこのような「世間」意識が働いていたからなのであり,わが国の社会科学の歴史を描くにはこの「世間」意識の影響を無視してはならない。日本の歴史の中で,大化の改新と明治維新,そして第二次世界大戦の敗北とその後の改革は,すべて外圧から始まった改革であり,自ら社会改革の理想に燃えた努力の結果ではなかった。わが国の社会科学が自らの明治以降の展開を十分に描くことができなかったのは,まさに歴史的・伝統的なシステムを無視して近代史を描こうとしたところから生じている。

1 社会という概念もないため，個人の意志を結集することはできないもの
2 西欧からの外圧をもってしても日本人の中では「なにも変わりはしない」
3 独自に社会を変えることで「世間」を変えることもできるのではないか
4 「近代的システム」と同様に人工的に構築され，社会とともに変革されるべきもの
5 「世間」は天から与えられたもののごとく個人の意志ではどうにもならないもの

直感ルールはココだ！

次の文の [ ] に当てはまるものとして最も妥当なのはどれか。 → ルール2 3段落構成

❶「世間」と社会の違いは，「世間」が日本人にとっては変えられないものとされ，所与とされている点である。社会は改革が可能であり，変革しうるものとされているが，「世間」を変えるという発想はない。近代的システムのもとでは社会改革の思想が語られるが，他方で「なにも変わりはしない」という諦念が人々を支配しているのは，歴史的・伝統的システムのもとで変えられないものとしての「世間」が支配しているためである。

❷「世間」が日本人にとってもっている意味は以上で尽きるわけではない。「世間」は日本人にとってある意味で所与と考えられていたから，「世間」を変えるという発想は全く見られなかった。明治以降わが国に導入された社会という概念においては，西欧ですでに個人との関係が確立されていたから，個人の意志が結集されれば社会を変えることができるという道筋は示されていた。**しかし**「世間」については，そのような道筋は全く示されたことがなく，[ ] と受けとめられていた。 → ルール20 対比

❸**したがって**「世間」を変えるという発想は生まれず，改革や革命という発想も生まれえなかった。日本人が社会科学的思考を長い間もてなかった背景にはこのような「世間」意識が働いていたからなのであり，わが国の社会科学の歴史を描 → ルール19 空欄の前後

くにはこの「世間」意識の影響を無視してはならない。日本の歴史の中で，大化の改新と明治維新，そして第二次世界大戦の敗北とその後の改革は，すべて外圧から始まった改革であり，自ら社会改革の理想に燃えた努力の結果ではなかった。わが国の社会科学が自らの明治以降の展開を十分に描くことができなかったのは，まさに歴史的・伝統的なシステムを無視して近代史を描こうとしたところから生じている。

お試し問題の解説

「1つの空欄」問題は，短文を入れるものと，単語を入れるものと2種類あります。どちらも「複数の空欄」同様に，ルールを守って，正答へアプローチしてください。

ルールに従ってアプローチを試みます。

ルール 2 全部で3段落構成であることがわかります。空欄は第二段落のラストに見えますが，それに続く第三段落が「したがって」で始まっているので，第三段落に目を通すことも忘れないでください。また第一段落の冒頭から，「世間」と社会の違いについて論じられていることがわかるので，両者の対比も見逃さないでください。

ルール20 & ルール19 図式化して読み進めて行くと，

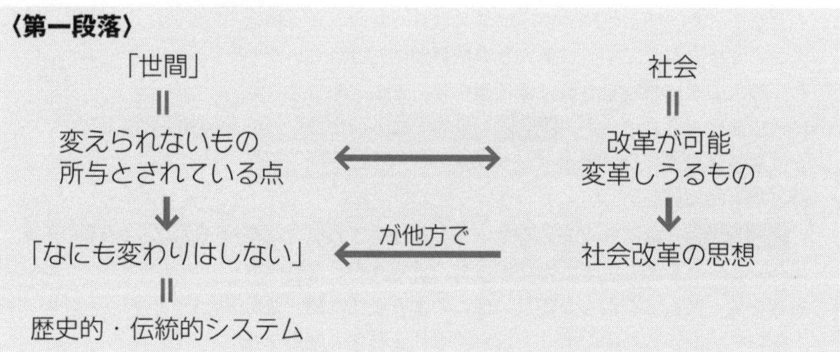

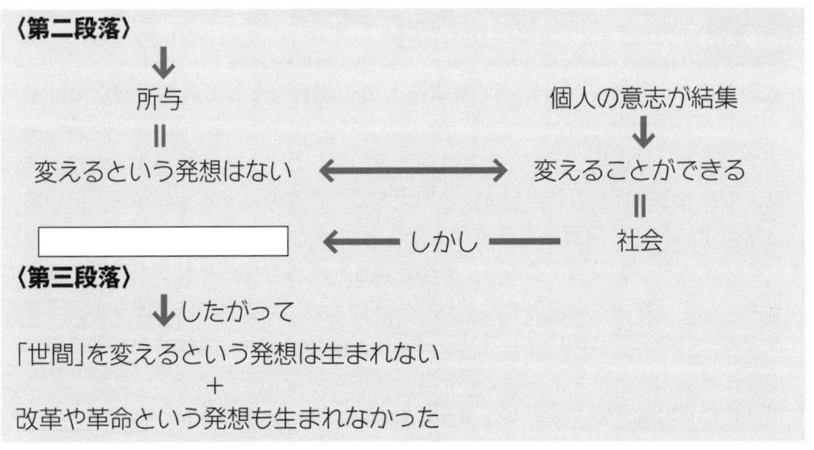

という対比が見えてきます。この文章で筆者は，「世間」と社会の違いを示しており，空欄は「世間」のほうにあります。筆者は「世間」の特徴について，日本人の歴史的な思考と，社会にはあっても「世間」には見られないものの両方の視点から迫っています。それをまとめると，「世間」とは「変えられないものであり，変えるという発想さえ持たず，所与されているもの」であり，「個人の意志が結集しても変えることができないもの」です。それに近い選択肢**5**が正答です。

出典：阿部謹也『学問と「世間」』

正答 5

実戦問題

check □□□

No.1 【平成25年度・国家一般職】GⅢ

➡正答と解説はP.166

次の文の ＿＿＿＿ に当てはまるものの組合せとして最も妥当なのはどれか。

❶イデオロギーは虚偽ですが，真実であると信じられている虚偽です。ただ，それが真実であると受け取られてしまう原因がある。つまり，イデオロギーの担い手の社会構造上の位置，階級的な位置に限定されて，それが真実に見えてしまうのです。イデオロギーを批判するには，その虚偽性を暴露して，それが当事者には真実に見えてしまう社会的な原因まで示してやればよい。つまり，古典的なイデオロギーまでの三つの虚偽意識に対しては，啓蒙の戦略にのっとった批判が有効です。

❷それに対して，シニシズムは，いわば一段前に進んだイデオロギーです。メタ的な視点にたったイデオロギーだと言ってもよい。シニシズムというのは，＿＿＿＿虚偽意識なんです。啓蒙された虚偽意識だと言ってもよい。それは，「そんなことは嘘だとわかっているけれども，わざとそうしているんだよ」という態度をとるのです。こういう態度には，啓蒙の戦略にのっとった批判は効かない。啓蒙してやっても，はじめから，虚偽だとわかっているので意味がないのです。別に真実だと思って信じているわけではない。嘘だとわかっているけれども，そうしているのです。これがスローターダイクがいうところのシニシズムです。

❸こういうのは一体どういうことかというと，何かちょっと変だなと思ったりするかもしれないけれども，考えてみれば，僕らの世界の中にこのシニシズムというのは蔓延しています。典型的には，たとえば，広告，特に商品の広告がそうですね。商品の広告，ヒットする広告は，大抵ふざけているんです。つまり，「こんなの嘘だ」と書いてあるわけです。しかし，広告は一定の効果を上げるわけです。つまり，嘘であると送り手はもとより受け手側だってわかっているのに，それがまるで真であったかのような行動が喚起されるんです。

1　自己自身の虚偽性を自覚した
2　自己の虚偽性を隠した
3　自己の虚偽性を誇張した
4　イデオロギーを批判した
5　イデオロギーを排他的に認識した

check □□□

No.2 【平成14年度・国家Ⅱ種】GⅢ

➡正答と解説はP.166

次の文章中の ＿＿＿＿ に入る文として最も妥当なのはどれか。

❶かつては欧米の裕福な人々の愛用品だった高級ブランド品を揃えられたことは，ある程度，日本人に豊かさを実感させるのに役立ったであろう。だが，十分な満足

を与えたわけではない。規格大量生産の現場で働くのに適した勤労者として，忍耐と協調性と共通の知識技能を習得する教育を受けた戦後生まれの日本人は，個性的な商品の選択や創造的な組み合わせを考えることが不得手でもあり，負担でもある。消費の多様化が進みブランド品が流行すると，たいていの人々——とくに若者たち——は，何が話題性のある商品か，どれが自慢できるブランドかを誰かに教えてもらいたいと考えた。そしてその需要に合わせて有名ブランドや流行商品を紹介する書籍，雑誌の類が巷にあふれ出した。

❷一九八〇年代末には，この種の「流行情報誌」は男性用女性用合わせて百種類にも達する。それだけの頁を埋めるために，対象は拡がり記事は詳細になり，遂には「最適デート・コース」から，グルメ料理店の感じよい椅子の位置までが書かれるようになり，それをその通りに実行する若者たちの大群が発生している。

❸「変わったもの」「自慢できるもの」を持ちたいという欲求と，それを雑誌で教えて欲しいという希望とは，完全に矛盾している。雑誌が書けばその商品は普及し，「変わったもの」でも「自慢できるもの」でもなくなってしまうからだ。このため日本人の多くは，より早くより多く最新の有名ブランドを揃えるために，ますます「流行情報誌」に頼ることになる。つまり，限りなく費用をかけても心を満たすことができないあわただしさのなかに，さまよわざるを得ないのである。

❹要するに，自らを個性的に表現しようとして買い揃えた有名ブランドも，［　　　　　　］。

1　ブランド品としての価値を活かせなければ何の意味もない
2　みんなが同じことをしたため，「共通の個性」をつくり出したに過ぎない
3　個性的な商品の選択や創造的な組み合わせができていなければ流行とはなり得ない
4　「流行情報誌」にあおられた一過性の現象の空虚な結果であることが明らかになった
5　豊かさを実感させるほどには役立たなかったのではないか

No.3　【平成20年度・地方上級（特別区）】 GⅢ　➡正答と解説はP.167

次の文の空所Aに該当する語として，最も妥当なのはどれか。

❶さて私たちは，日ごろから数多くの経験をつみ重ね，これらの経験についてたえずよく考えることによって，ものごとに関する認識をしだいに発展させている。いいかえれば，私たちの頭脳のなかに存在する真理はしだいに増大していく。このように真理はたえず変化している。一方，真理がたえず変化しているとすれば，そのときどきの真理と思われているものもほんとうは正しくない点をふくんでいるものであって，この意味では結局，いつになっても私たちは事物に関する正しい認識に

到達することができないようにみえる。真理に関するこのような疑問に答えるには，真理そのものについていっそう詳細な研究をおこなう必要がある。
❷いうまでもないが，私たちは，どのような場合でも，対象を完全に認識しつくすことはできない。外界を認識するための実践の範囲は，おのずから限界があり，また，技術的手段の発達はいつの時代でも限度がある。自分のおかれている社会的立場によって，社会にたいする理解に制約が生じてくることも多い。さらに客観的実在自身もまた変化発展しているのが普通である。このような場合，事物のすべての発展をあらかじめ認識しつくすことなどありえない。
❸あれやこれやで，私たちの得る真理が，完全で永続的で，不変であり，これ以上研究することを要しない，そのような完全な真理であることなどありえない。私たちの獲得する真理は，つねに部分的な限界のある真理である。このことを真理の相対性，またこのときの真理を相対的真理という。
❹ここでひと言注意しておかなければならないことがある。それは真理がつねに相対的であるからといって，その内容がけっしていい加減のものではないということである。私たちが得るものは部分的な真理であって，この意味で相対的ではあるが，その部分に関しては客観的で正しい真理である。このことを真理の［　A　］という。真理は部分的という意味では相対的で，その部分に関する限り客観的で正しいという意味で絶対的である。

1　変化
2　限界
3　絶対性
4　永続性
5　相対性

check □□□ **No.4**　【平成25年度・国家総合職】 GⅡ　➡正答と解説はP.168

次の文の［　　　］に当てはまるものとして最も妥当なのはどれか。

❶ある日，わたしはニューヨークの出版業者，J.W.グリーンバーグ主催のパーティの席上で，ある有名な植物学者に会った。わたしは，それまで，植物学者とは一度も話をしたことがなかった。ところが，わたしは彼の話にはすっかり魅せられてしまった。
❷めずらしい植物の話，植物の新種をつくり出すいろいろな実験，そのほか，屋内庭園やありふれたじゃがいもに関するおどろくべき事実など，聞いているうちに，わたしは文字どおりひざをのり出していた。わたしの家には小さな屋内庭園があり，屋内庭園に関する疑問を二，三持っていたのだが，彼の話を聞いて，その疑問がすっかり解けた。

③わたしたちはパーティに出席しており，客はほかにも十二，三人あった。だがわたしは，非礼をもかえりみず，ほかの客たちを無視して，何時間もその植物学者と話したのである。夜もふけてきたので，わたしはみんなに別れを告げた。そのとき，植物学者はその家の主人に向かって，わたしのことをさんざんほめちぎり，しまいには，わたしは“世にもめずらしい話し上手”だということになってしまった。
④話し上手とは，おどろいた。あのとき，わたしは，ほとんど何もしゃべらなかったのである。しゃべろうにも，植物学に関してはまったくの無知で，話題を変えでもしないかぎり，わたしには話す材料がなかったのだ。＿＿＿＿＿＿。それが，相手にわかったのだ。したがって，相手はうれしくなったのである。こういう聞き方は，わたしたちがだれにでも与えることのできる最高の賛辞なのである。

1　ただし，相手の話の途中で，「なるほど」とか「それはすばらしい」などと，熱心なあいづちを入れながら聞いていた
2　もっとも，しゃべるかわりに，聞くことだけは，たしかに一心になって聞いた。心からおもしろいと思って聞いていた
3　しかし，植物に関する話はよくわからないものの，相手を心から尊敬し，親しみを十分感じているという雰囲気を全身にただよわせて聞いていた
4　だが，今現在は，植物学者の言うことを理解するのはとうてい無理でも，今後は，一生懸命勉強して，人並み以上に植物学に関する知識をもとうと考えた
5　そういう事情はあるものの，熱心に話している植物学者の目をまっすぐに見つめ，植物学に対して，興味があることを相手に悟らせることには気をつかった

check □□□

No.5 【平成29年度・国家総合職】GⅡ

➜正答と解説はP.169

次の文の＿＿＿＿＿＿に当てはまるものとして最も妥当なのはどれか。

①いくら自然の深奥の世界が深いと言っても，人間は自然そのものから音楽を聴き取るのではない。どんなに風景が美しいと言っても，人間は風景そのものの中に絵画を観るのではない。そこには必ず人間の思いが反映され，人間らしい活動の手が入る。そしてそこに人間の手が加わるからこそ，芸術の世界は豊穣であると思うのである。
②自然科学も同様である。自然の深奥に隠された基本法則や仕組みを解明せんというこの学問においても，その深奥の調和を写生して切り取ってくることが目的なのではない。それどころか，そんなことは多くの場合不可能である。だからそこには人間の判断や仮説，もしくはモデルの提唱といった，人間が作り人間が意味付けをする作業が必ず入る。自然は美しい。そこには人間を超えた神的とも言える調和がある。しかしその調和を説明するのは人間である。ゲーテはこれに対して「生き生きと生成するものをそのままの姿で認識」する科学のあり方を模索していた。この

ことが今述べたことに対する真っ向からのアンチテーゼというわけではないにしても，しかしこのような自然科学に対する別の見方があること自体，自然科学が［　　　　　　　　　　］の証左であろう。

❸そして数学もそうである。――

❹「数学」というと何やらわけのわからない念仏のようなことをブツブツ言った挙げ句に，この世の真理や法則なるものを数式で表すものだという印象を持っている読者も多いだろう。また他の人々には，それは何やらわけのわからない記号を禁欲的にいじり倒すような，無味乾燥な殺伐とした世界だという印象しかないかもしれない。しかし数学を作り上げるのも人間である。確かに数学は美しい。それは数学に携わる人々をして「木の中に宿る」ような実在を感じせしめるほどの神的な整合性に満ちあふれている。しかし，いかに美しい音楽にも作曲者がいるように，数学もそれを創ったのは人間であるということ自体は疑いようのない事実である。そしてまさにこの「人間が創る」ということによって，芸術と同様に数学の世界も豊穣なものになっているのだと思う。

1　「生き生きと生成するものをそのままの姿で認識」する科学のあり方を模索させるものであること
2　人類の知的活動における「思考」の究極的限界を示す非常に良い尺度を提供するものであること
3　全く「神業」としか思えない均整のとれた美しさを内に秘めていること
4　自然そのものとはいったん距離をおいて人間の目で観察し説明する活動であること
5　人間を超えた崇高さを持ち，畏れ多い形式美すら感じさせること

check □□□ **No.6**　【平成16年度・国税専門官】 GⅠ　➔正答と解説はP.170

次の文の［　　　　　］に入るものとして最も妥当なのはどれか。

❶つまり何かの理由で試合に勝ちつづけたり，株価が急に上がったり，あるいはガルーダがひたすら遅れつづけるといった事態の到来です。こうした事態に晒されると，その疑似因果連関への確信は，それこそ自己強化的に強まる可能性が出てきます。そんな状態が続くと，その疑似因果性はますます実態的な効力を感じられるようになり，その連関は多くの場合，力とか霊とか効能という形で具体的に表象されるようになる訳です。こうした過程において，最初は偶発的に成立した疑似因果連関が，一種の定着化の過程を経るようになるわけです。この定着化の過程の中で，閉鎖的なサイクルが動き始めるようになります。つまり，ある不確実性に対して，一定の様式で対応するというパターンが，歴史的に形成されるようになるのです。そして人類学者が長いこと調査してきた，いわゆる伝統社会における呪術とか儀礼

と呼ばれる凝った形式の行為体系は，こうした歴史的な淘汰の結果成立したものであると考えてみることができるのです。

②さきほど示したように，圧倒的な不確実性をまえにしては，結局どんな事でも，もしそれと関係あると主観的に定義されれば，なんでも援用されうる，というのがここでの出発点であります。そこに呪術的な思考の発生のルーツがあります。ここで，こうした呪術的な思考が大量に生産されたと仮定してみましょう。これらの様々な疑似因果連関の中で，何が淘汰されていくかというのを考えてみると，多分人は分かりやすい，理解しやすい連関に引かれていくと仮定することができます。この意味で言えば，多分私の母の猫歌非難*1も，ディーラーの帰りみち選び*2も，個人的な呪術的行為の域をでない可能性は非常に高いと思われます。なぜなら，これらは当事者以外には，その連関がリアルに感じられにくいものだからです。しかし泥まみれのユニフォームは，高校野球ではたまに聞くジンクスの一つです。それは同じような経験の連鎖が，他の高校球児にもおこる可能性が高いからであると思われます。

③こうやってみると，以上の３つのケースでは泥と野球の勝利がもっとも社会的に一般化しやすい傾向をもつというふうにみることができます。そしてここで指摘したいのは，呪術が歴史的に定式化される為には，こうした一種の適者生存のような淘汰の過程が起こってきたという点なのです。つまり原理的には，ありとあらゆるものの偶発的な出会いの間に，疑似因果連関が確立されうるとしても，それが社会的に一般化する為には，その事象が［　　　　　］場合のほうが，その歴史的な淘汰を生き延びやすいという点なのです。

＊1　筆者が家族旅行の途中，ガルーダ航空機の遅れに遭遇した際，猫の鳴き声を真似てハミングしていたところ，筆者の母から非難されたことを指す。

＊2　ある証券ディーラーが株価の予測で行き詰まっていたとき，自分の帰り道を変えてみようと考えたことを指す。

1　人びとにとってより了解しやすい形で経験される

2　抽象性を完全に捨て去り個別具体性を獲得する

3　不確実な要素が排除され信頼にたるものに純化される

4　本来の意味を失い後の世代には理解しがたいものになる

5　不安感を払拭するにたる宗教性や呪術性を有している

check □□□

No.7 【平成30年度・国家総合職】GⅠ ➡正答と解説はP.170

次の文の ＿＿＿＿ に当てはまるものとして最も妥当なのはどれか。

❶我々は，ある対象に対する価値判断において，他の人と意見が食い違ったときには，しばしば相手を説得して自分の意見に同意させようとする。そのときにどのようなことが行われるであろうか。我々は，そのような場合には，通常その対象に関する事実を指摘することによって，相手を説得しようとするであろう。すなわち，その対象に対する「認識意味」を確認し合うものと考えられる。我々がある対象についての価値判断における意見の不一致の際に主になすことは，その対象の認識意味体系の確定に関する検討である。

❷ある対象についての価値判断は，その対象に対する意味づけの仕方によって変わってくることが多い。「善い」か否かの価値判断自体は，その対象に対するある新たな意味づけによって変化しない場合でも，その対象に対する情緒意味の方は，その意味づけによって微妙に変化してくるのが通例である。ある対象が「善い」か否かの価値判断において意見を異にする二人の人が議論するのは，主に，＿＿＿＿ことにある。そして，両者がその対象に対してもつ認識意味の基本的近似によって，両者がその対象に対してもつ情緒意味を基本的に等質化させようとするのである。両者がその対象に対してもつ情緒意味が，「善い」という観点から，基本的に等質化されるならば，ある対象が「善い」か否かについての両者の価値判断は一致するであろう。もし両者がその対象に対してもつ情緒意味が，ともに（心理的意味における）「善い」という語が表わす「情緒意味の集合」に含まれるならば，両者はともにその対象に対して「善い」という価値判断を与えたことになる。

1　両者が価値判断の問題点を一つ一つ取り上げ，互いに説得し合うことで，相手に対する感情を等質化する

2　心理的意味における「善い」という語がその対象に与える影響を極小化して，情緒意味の微妙な変化を起こさないようにする

3　その対象について両者の与える認識意味体系を吟味・検討し，それらを両者の納得の上に基本的に近似させようとする

4　両者がもつ価値判断が「善い」か否かを検討し，「善い」価値判断を与える対象についての理解を深める

5　ある新たな意味づけが両者の価値判断が異なる原因であることを明らかにする

check □□□ **No.8** 【平成18年度・地方上級（特別区）】 GⅠ ➡正答と解説はP.172

次の文の空所Aに該当する語として，最も妥当なのはどれか。

❶日本人はヨーロッパ人のように自然と対決するのではなく，自然に親しみ，自然に同化することによって安らぎを得てきた。それと同じことが社会についてもいえる。日本人は欧米人のように個人を社会に対置することなく，世間と自分とをひとしなみに表象してきたのだ。「渡る世間に鬼はない」という諺（ことわざ）がその一端を語っている。日本の自然が優しい山河であるように，日本の世間も――他民族の社会とくらべれば――結構，心安い社会だったからであろう。

❷むろん，日本には地震をはじめとして自然の災害も少なくない。同様に，日本の社会も甘えていればそれですむというほど寛容なものだったとも思えない。世間の目は往々にして冷たいのである。しかし，多くの異民族が同居しているのが常態であるような他の国々とちがって，日本はきわめて同質的な社会であり，自然のきびしさも，社会のきびしさも，ほかとくらべればずっと気楽なものといえる。そして，日本人の人間観や「［ A ］」意識は，このような風土の産物といってよい。こうした社会では，人びとは自分を主張し，世間と対決して生きるよりも，自分を顧み，世間という人間関係のなかでの自分の立場をつねに意識して，社会に協調して生きようとするのである。

1 対決
2 寛容
3 世間
4 自分
5 自然

正答と解説

No.1の正答と解説 【平成25年度・国家一般職】

➡問題文はP.158

ルール2 より，全部で３段落構成であることがわかります。空欄は第二段落の前半にあり，第一段落を受けて，「それに対して」と対比の言葉で始まっているので，第一段落とともに精読します。

ルール20 第一段落では「イデオロギー（の虚偽）」について述べ，「それに対して」という対比の言葉で始まる第二段落は「シニシズム」について述べています。第二段落の最初で「シニシズムは一段前に進んだイデオロギー」とし，イデオロギーとしての性格を含むも，それを進めたものであることがわかり，そこに両者の差異があることが見えてきます。

ルール19 空欄の直後で「シニシズム」も「虚偽意識」であることがわかります。ただし，上記したように，それは「イデオロギーから一段前に進んだ」ものであり，空欄の直後でも「啓蒙された虚偽意識」と示しています。さらに「それは」で受け，「シニシズム」の内容を述べていることがわかり，その特徴は「そんなことは嘘だとわかっているけれども，わざとそうしているんだよ」という態度としています。そして同じ段落の後半でも，「嘘だとわかっているけれども，そうしている」とあることから，「自分自身でも自覚していながらつく嘘」に近い選択肢**1**を選びます。

出典：大澤真幸『戦後の思想空間』

正答 1

No.2の正答と解説 【平成14年度・国家Ⅱ種】

➡問題文はP.158

ルール2 より，全部で４段落構成であることがわかります。空欄は最終段落にありますが，第四段落が「要するに」（換言）で始まっているので，第三段落にも正答の根拠があることがわかります。

ルール20 第三段落を精読すると，「欲求」と「希望」が「完全に矛盾している」という対比があることがわかります。

次ページの図式から，自らの欲求を雑誌で教えてほしいと希望することで，結局は「変わったもの」でも「自慢できるもの」でもなくなり，心を満たすことができなくなるということが見えてきます。それは雑誌を買い求めた人の間で「普及する」からです。つまり，普及することで，「日本人の多く」（第三段落４行目）が持つことになり，自分（だけ）の個性でなくなってしまうというわけです。

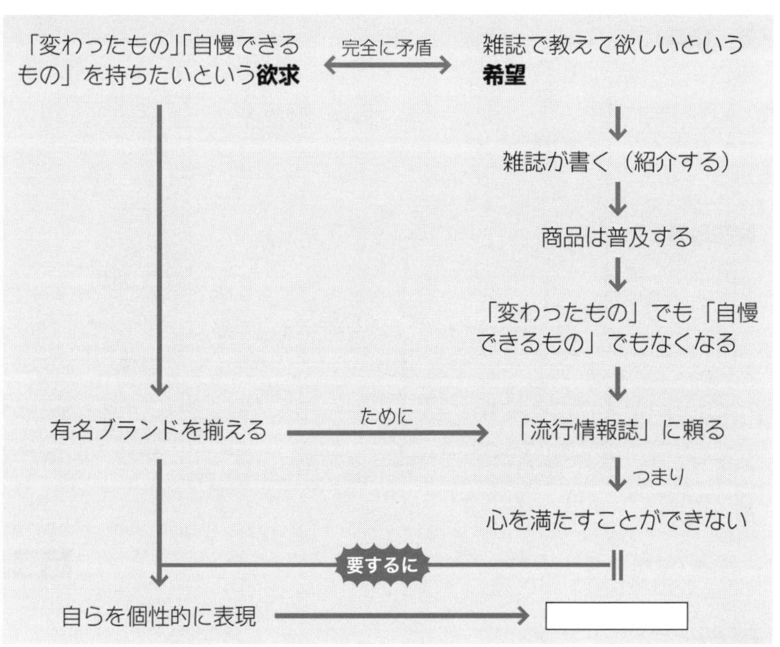

以上により，選択肢**2**が正答です。

正答 2

No.3の正答と解説

【平成20年度・地方上級（特別区）】 ➡問題文はP.159

ルール 2 より，全部で４段落構成であることがわかります。空欄は最終段落にあり，「ここでひと言注意しておかなければならないことがある」という前の段落の補足的説明の箇所なので，第三段落にも正答を導くためのカギがあるものとして読み進めます。

ルール20 ここでは対比というより，「真理」についての限定的な記述がなされています。

ルール19 空欄の前後を次ページで図式化すると，繰り返し同じことを記していることがわかります。つまり，「相対的」であることは「客観的で正し」く，それは「絶対的」なことなのです。以上のことから，選択肢**3**が正答です。

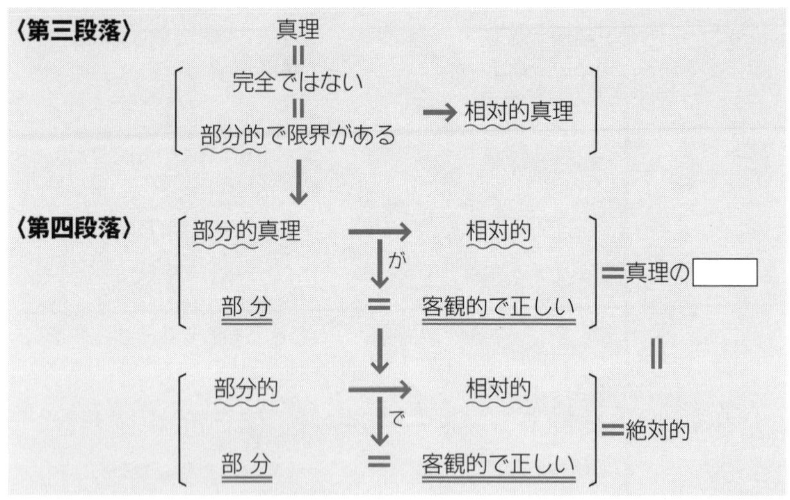

出典：田中一『自然の哲学』

正答 3

No.4の正答と解説

【平成25年度・国家総合職】 ➡問題文はP.160

ルール 2 より，全部で４段落構成であることがわかります。空欄は第四段落にあり，第一～第三段落では筆者がパーティで体験したことが示され，それを受けた結論が第四段落で述べられています。

ルール19 第四段落の冒頭で，「話し上手とは，おどろいた。あのとき，わたしは，ほとんど何もしゃべらなかったのである」とあり，しゃべっていないのに話し上手とされたという対比が見て取れます。これに加えて，空欄の前後に注意しながら読み進めていくと，次の図式のように，

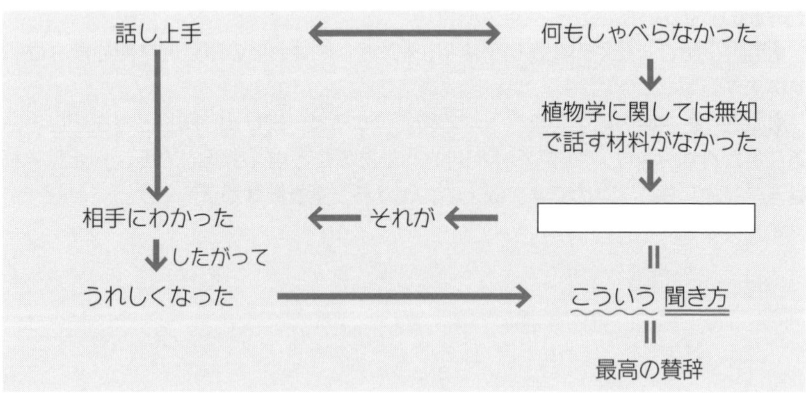

ということがわかり，空欄はまず「聞き方」であることが見えてきます。その「聞き方」は，「無知だから何もしゃべらなかった」が，第二段落では「わたしは文字どおりひざをのり出していた」ことから興味を持っていたことがわかり，さらに第三段落でも示されるように「ほかの客たちを無視して，何時間も話した」とことで，植物学者は筆者が無知であることはわかってはいたが，何時間も興味を持って聞いてくれたことに喜びを感じたわけです。

選択肢の**4**，**5**は「聞き方」ではないので×。**1**は「なるほど」とか「それはすばらしい」というあいづちを入れていたことが本文にないので×。**3**は「相手を心から尊敬し，親しみを十分感じているという雰囲気を」の部分が本文からはうかがえないので×。しゃべらないが，ひざをのり出すほどの興味を持って，何時間も聞いていたという内容に近い**2**が正答です。

出典：D.カーネギー著，山口博訳『人を動かす』

正答 2

No.5の正答と解説 【平成29年度・国家総合職】

➡問題文はP.161

ルール 2 より，全部で4段落構成であることがわかります。空欄は第二段落の後半にありますが，その段階の冒頭では「自然科学も同様」と示され，さらに第三段落では「そして数学もそうである」とし，その具体性が各段落で述べられているので，本文全体を押さえながら自然科学の特徴を見つけ出していきます。

ルール20 第一段落で，実際の自然と人間が感じ取る自然の違いについて述べていることを押さえながら，第二段落の展開を見ていきます。1行目に ルール 8 「Aではない。Bである」が見え，自然科学の特徴は「人間の判断や仮説，もしくはモデルの提唱といった，人間が作り人間が意味付けをする作業が必ず入る」とし，自然は美しく人間を超えた神的な調和があるが（＝しかし），「調和を説明するのは人間である」としています。そしてゲーテによる例を出していますが，これは ルール14 から筆者の意見ではないことがわかり，実際にそれを9行目の「しかし」で否定しつつ，第二段落で筆者が主張したかったことが「自然科学が［　　　］の証左」だとしています。さらに第三段落では「数学もそう」だと前置きをして，第四段落の5行目では，一般論を「しかし」で否定して，「数学を作り上げるのも人間」としています。以降の展開は自然科学と同じで，数学は美しく神的な整合性があるが（＝しかし），「創ったのは人間である」としています。

したがって，このことから「自然や神的な調和を持つもの」とは異なり，「人間の思いが反映され，人間の手が加わり，作り上げていくもの」が「自然科学」であることがわかり，それに近い選択肢**4**が正答です。

出典：加藤文元『数学する精神』

正答 4

No.6の正答と解説 【平成16年度・国税専門官】 ➡問題文はP.162

ルール2 より，全部で3段落構成であることがわかります。空欄は最終段落のラストにあり，その第三段落は「こうやってみると」という言葉で始まるので，第二段落との関連性が深いことがわかります。

ルール20 第二段落では第一段落で挙げられた3つの例（試合に勝ち続ける，株価が急に上がる，ガルーダ〈航空会社〉が遅れ続ける）の中から，第二段落10行目の「しかし」で野球の例が一番当てはまりやすいことを述べ，さらに第三段落で「泥と野球の勝利がもっとも社会的に一般化しやすい傾向性をもつ」と示しています。

ルール19 空欄は同じ行にある「つまり」でまとめられているので，第二段落10行目の「しかし」以降をまとめてみます。

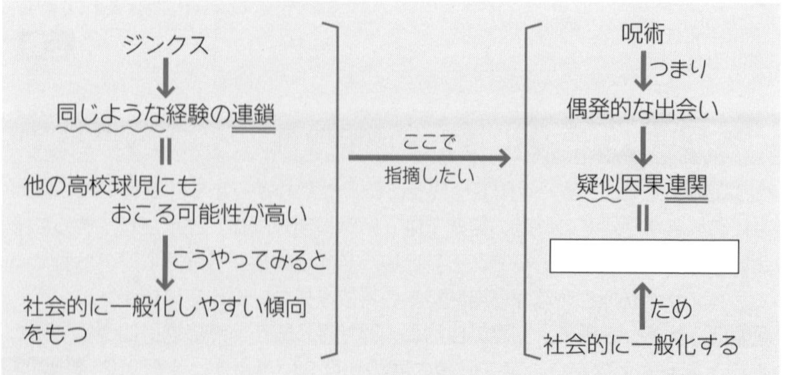

ということから，呪術が「社会的に一般化する」には，「ジンクス」でいえば「他の高校球児にもおこるような経験」が必要であることがわかります。もちろん「高校球児」は一つの例ですから，「すべての人におこるような経験」ということで，それに近い選択肢**1**が正答となります。

正答 1

No.7の正答と解説 【平成30年度・国家総合職】 ➡問題文はP.164

ルール2 より，全部で2段落構成であることがわかります。空欄は第二段落にあり，その前段に当たる第一段落では，他人と価値判断が異なった時にどうするかが述べられ，ルール4 から4行目の「すなわち」で「その対象に対する『認識意味』を確認し合うものと考えられる」としています。それを受けての第二段落であることを押さえます。

ルール19 第二段落では価値判断自体の変化に関する対比が見られます。そこで図式化すると，

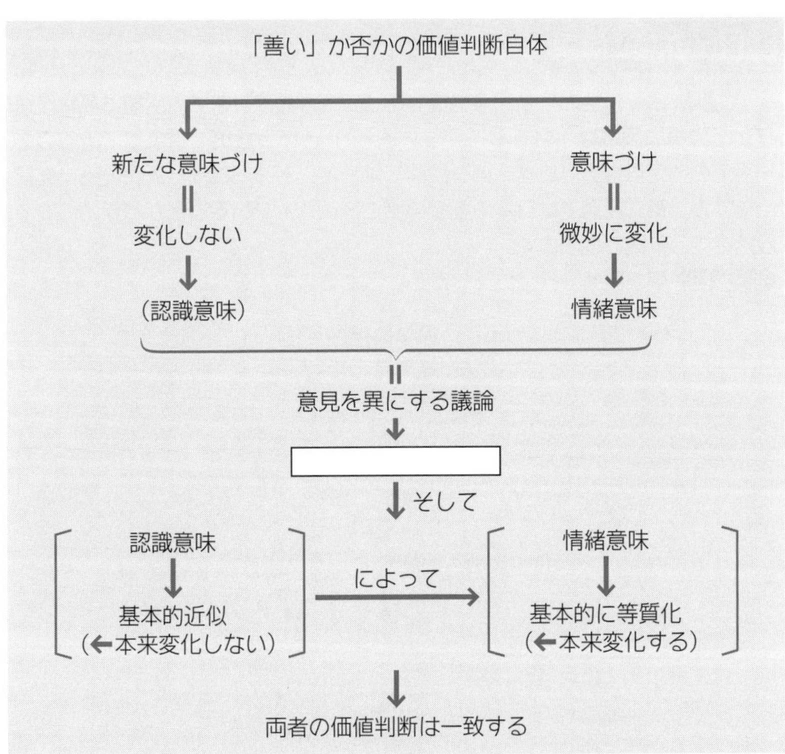

となります。価値判断において，「認識意味」は変化することがなく，「情緒意味」は変化を持つものです。しかし，意見を異にする両者の価値判断の食い違いを防ごうとするために，新たな意味づけを行っても変化のない「認識意味の基本的近似」を行うことで，「情緒意味を等質化する」。そのことで価値判断が一致するということを述べています。それに近い選択肢**3**が正答です。

出典：小林誠『価値判断の構造――《価値言明の真理性の追究》のための基礎理論』

正答 3

No.8の正答と解説 【平成18年度・地方上級（特別区）】 ➡問題文はP.165

ルール2 より，全部で2段落構成であることがわかります。空欄は最終段落にあり，その第二段落は「むろん（＝もちろん）」という言葉で始まっているので，第一段落の補足に当たります。第一段落では日本人とヨーロッパ人との違いを述べていますが，第二段落では日本の社会の話に踏み込んでいることがわかるので，第二段落を中心に読み進めます。

ルール19 第二段落3行目に「しかし」があるので，それ以降に注目します。

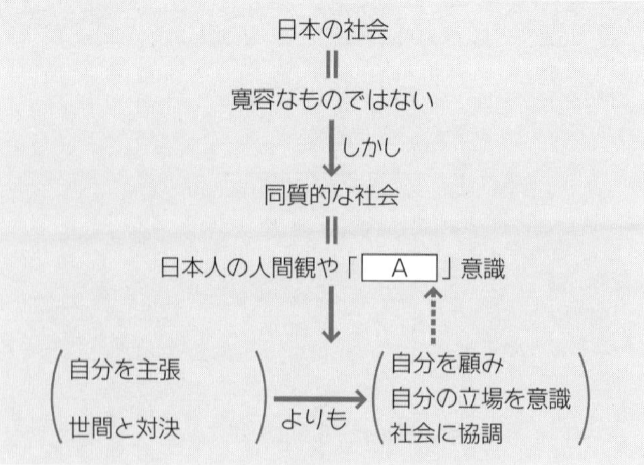

と記されることからも，日本人には「社会」の中でどうあるべきかという人間観を持つことから，空欄には**4**の「自分」という言葉が入ることがわかります。

出典：森本哲郎『日本語　表と裏』

正答 4

PART 5 英文

攻略法　英文の問題はPART１～４で取り上げた現代文と同じアプローチを試みることが第一で，基本的には英文を読むときのルールも一緒です。もちろん英文独自のルールも登場しますが，これまでに学んだルールに準じた問題文へのアプローチを試みることは忘れないでください。

ただし，長文の「内容把握」の問題だけはPART６に挙げる古文の問題と同じで，問題文全体の要旨把握を求められるものではなく，本文のある一文を正しく訳した選択肢を選ぶというものです。当然のことながら，訳を求められる部分は，その問題文の中で重要な箇所です。したがって，英文のルールをうまく活用しながら，「筆者の意見部分＝重要部分」を見つけ，どの選択肢が正しく訳しているのかを検証していかなければなりません。

文章整序と空欄補充の問題は，原則として現代文とルールや解法は同じです。

テーマ12

内容把握【接続語】

【平成21年度・国家Ⅱ種】

次の文の内容と合致するものとして最も妥当なのはどれか。

In the AP-Ipsos poll of 1,000 adults taken June 23-27, four in 10 people said it was OK sometimes to exaggerate a story to make it more interesting, and about a third said it was OK to lie about your age. 《中略》

A third also said it was OK to sometimes lie about being sick to take a day off work. Very few would admit to thinking it was OK to lie on a resume, cheat on taxes or lie to a spouse about an extramarital affair.

Among the groups more likely to say lying was sometimes OK : people aged 18-29, college graduates and those with higher household incomes. "People have this idea that lying is bad," says Bella DePaulo, a visiting professor at UC Santa Barbara who's studied the phenomenon of lying. "But when you really start going through it, it's not that simple."

In a study in the late '90s, DePaulo asked 77 college students and later, 70 people in the Charlottesville, Virginia, community to track every lie, however small, in a journal for a week. Of the 77 students, only one reported having told no lie. Of the 70 other people, six made that claim.

"People who say lying is wrong are often thinking in the abstract," DePaulo says. "In our real lives, we can't always pick honesty without compromising some other value that might be as important"—like maintaining a happy relationship. If you're at a party and your partner is saying something you disagree with, for example, you might stay quiet, in the name of marital harmony.

Of course, there are inherent problems with any study that asks people to be honest about, well, being dishonest.

In the AP-Ipsos poll, for example, four in 10 people answered that they'd never had to lie or cheat. But one in 10 of those people said in the very next answer that yes, they might have told a lie in the past week.

Which means they might have misunderstood the question — or, ahem, they may have lied.

1 年齢については嘘をついてもよいと考えている人の約３分の１は，たまに病気と偽って会社を休むことがあってもよいと考えている。

2 嘘はよくないと回答した人でも，その約３分の１は，納税関係においては必ずしも正直である必要はないと考えている。

3 ほとんどの人は，実際の生活においては結局のところ正直な方が，人々に信頼されることが多いと考えている。

4 人は，面と向かって嘘をついた経験があるかと問われれば「ない」と答えるが，匿名で調査すると「ある」と答えるものである。

5 良好な人間関係を維持したいと思えば，人は必ずしもいつも正直でいられるとは限らないものである。

次の文の内容と合致するものとして最も妥当なのはどれか。 → ルール２ ８段落構成

❶In the AP-Ipsos poll of 1,000 adults taken June 23-27, four in 10 people said it was OK sometimes to exaggerate a story to make it more interesting, and about a third said it was OK to lie about your age. 《中略》 → ルール３ a third

❷A third also said it was OK to sometimes lie about being sick to take a day off work. Very few would admit to thinking it was OK to lie on a resume, cheat on taxes or lie to a spouse about an extramarital affair. → ルール３ A third → ルール14 Very few

❸Among the groups more likely to say lying was sometimes OK : people aged 18-29, college graduates and those with higher household incomes. "People have this idea that lying is bad," says Bella DePaulo, a visiting professor at UC Santa

Barbara who's studied the phenomenon of lying. "But when you really start going through it, it's not that simple." → ルール 5 But & ルール14 not

④In a study in the late '90s, DePaulo asked 77 college students and later, 70 people in the Charlottesville, Virginia, community to track every lie, however small, in a journal for a week. Of the 77 students, only one reported having told no lie. Of the 70 other people, six made that claim. → ルール11 only & ルール14 no

⑤ "People who say lying is wrong are often thinking in the abstract," DePaulo says. "In our real lives, we can't always pick honesty without compromising some other value that might be as important" — like maintaining a happy relationship. If you're at a party and your partner is saying something you disagree with, for example, you might stay quiet, in the name of marital harmony. → ルール12 二重否定

⑥Of course, there are inherent problems with any study that asks people to be honest about, well, being dishonest. } ルール 特になし

⑦In the AP-Ipsos poll, for example, four in 10 people answered that they'd never had to lie or cheat. But one in 10 of those people said in the very next answer that yes, they might have told a lie in the past week. → ルール15 for example〈例示〉

⑧Which means they might have misunderstood the question — or, ahem, they may have lied. } ルール 特になし

1 年齢については嘘をついてもよいと考えている人の約3分の1は，たまに病気と偽って会社を休むことがあってもよいと考えている。

2 嘘はよくないと回答した人でも，その約3分の1は，納税関係においては必ずしも正直である必要はないと考えている。

3 ほとんどの人は，実際の生活においては結局のところ正直な方が，人々に信頼されることが多いと考えている。

4 人は，面と向かって嘘をついた経験があるかと問われれば「ない」と答えるが，匿名で調査すると「ある」と答えるものである。

5 良好な人間関係を維持したいと思えば，人は必ずしもいつも正直でいられるとは限らないものである。

} ルール 1 設問に当たる

【全訳】

①６月23日から27日にかけて行われた，成人1,000人を対象とした通信と世論調査会社AP-Ipsosの意識調査によると，話をおもしろくするために誇張して話すことがあってもかまわないと答えたのは10人中４人で，自分の年齢をごまかすのはかまわないと答えたのはおよそ３分の１だった。《中略》

②また，仕事を休むために仮病を使うことがあってもかまわないと答えたのも３分の１だった。履歴書に嘘を書いたり，納税の際に不正を働いたり，配偶者を偽って不倫関係を持ってもかまわないと思っていることまでも認めた人は少数にすぎなかった。

③18歳から29歳までの層，および大学卒や家計収入の高い層においては，嘘をつくことがあってもかまわないと答える傾向がより高かった。「嘘をつくのは悪いことだとは皆わかっていても，実際にそれを貫き通そうとすると，事はそう単純ではないのです」と，虚言という現象についての研究を続けているUCサンタ・バーバラ校の客員教授ベラ・デパウロは語る。

④90年代後半の研究で，デパウロは77人の大学生と，後にバージニア州シャーロッツビルの住民70人に対し，１週間にわたって自分がついたどんな小さな嘘でも日記に記録するよう求めた。77人の学生のうち，まったく嘘をつかなかったと報告したのはわずか１人だった。他方の70人の中で同様に答えたのは６人だった。

⑤「嘘をつくのは間違っていると言う人は，建て前で考えることが多いのです」とデパウロは語る。「実生活においては，同じように大事ともいえるほかの価値，たとえば良好な関係を保つといったことを犠牲にして正直を通せるとは限りません。たとえばパーティーの場で，あなたとは考えの違うことをあなたの配偶者が言ったとしても，夫婦の和を保つという理由であなたは黙っていることもあるでしょう」。

⑥当然のことだが，いわば不正直であることを正直に答えるよう求める研究は，なんであれそれ自体問題がある。

⑦たとえば今回のAP-Ipsosによる調査では，これまでに嘘をついたり不正をしなければならなかったことはなかったと10人中４人が答えている。しかし，そのように答えた人の10人に１人が，すぐ次の，この１週間でイエスと答えている。

⑧このことは，彼らが質問を誤解しているか，取りも直さず，嘘をついているかのどちらかである。

出典："You look great!", *CNN.com*

お試し問題の解説

ルール どおりに読み進めていきます。英語に自信がないという人は，正答へ効率よくアプローチできる ルール を身につけることが，正答への近道になります。

ルール 1 まず，選択肢の吟味を行います。細かい分析を行うのではなく，大ざっぱな読みから本文の全体像をつかんでいきます。

1.「嘘をついてもよい」，**2**.「嘘はよくない」，**3**.「正直な方が，人々に信頼されることが多い」，**4**.「嘘をついた経験があるか」，**5**.「いつも正直でいられるとは限らない」

筆者は「嘘」と「正直」のどちらをよしとしているかの判定を，本文の中からしていく必要性があります。

人物については，**1**.「嘘をついてもよいと考えている人の約３分の１は」，**2**.「嘘はよくないと回答した人でも，その約３分の１は」，**3**.「ほとんどの人は」，**4**.「人は」，**5**.「人は」とあります。

**1**と**2**はある条件の下でその人を限定し，**3**は大多数の人（そうでない人もごく一部いる）を，**4**と**5**は一般論を示していることがわかります。

↓

ルール 3 多くの問題の場合，数字が含まれている選択肢は本文と事実関係が異なっているものです。上のルールから数字で気になるのは，**1**.「嘘をついてもよいと考えている人の約３分の１」と**2**.「嘘はよくないと回答した人でも，その約３分の１」。したがって，本文の中で「３分の１」や「30%」といった言葉が出てきたらチェックしていきます。

↓

ルール 4 否定表現もまた選択肢の正答としてねらわれやすいので要注意です。**2**の「嘘はよくないと回答した人でも，～必ずしも正直である必要はない」と，**5**の「人間関係を維持したいと思えば，人は必ずしもいつも正直でいられるとは限らない」と，条件つきで否定がされているので，本文中の否定文には注意してください。

細かく見てきましたが，次に本文の読みをルールに基づいて進めます。

《直感ルールによる文章構造》

ルール 2 より，全部で８段落構成であることがわかります。

第一段落（❶）

３行目：ルール 3「a third」

「～ and about a third said it was OK to lie about your age.」

第二段落（❷）

１行目：ルール 3「A third」

「A third also said it was OK to sometimes lie about being sick to take a day off work.」

２行目：ルール14「Very few」

「Very few would admit to thinking it was OK to lie ～」

第三段落（❸）

５行目：ルール 5「But」& ルール14「not」

「"But when you really start going through it, it's not that simple."」

研究発表の結果について記されている部分なので，「引用」であっても重要視します。

第四段落（❹）

４行目：ルール11「only」& ルール14「no」

「Of the 77 students, only one reported having told no lie.」

第五段落（❺）

２行目：ルール12「二重否定」

「"In our real lives, we can't always pick honesty without compromising ～」

研究発表の結果について記されている部分なので，「引用」であっても重要視します。

第六段落（❻）：チェックする箇所は特になし。

第七段落（❼）

２行目に「never」と「But」が見えますが，ここは「for example」というイディオムが見えることから「例示（具体例）」であることがわかります。

第八段落（❽）：チェックする箇所は特になし。

本文の重要な箇所＝筆者の主張部分を押さえると，おおかたの意見としては，年齢をごまかすことや仮病を使うなど，「嘘をつくことはしかたがない」

ということが見えてきます。第三段落５行目でも「それ（嘘が悪いことであるという認識）を貫き通そうとすると，単純にはいかない」としています。また，第五段落４行目にも夫婦生活の例を用いて「実生活の中では，良好な関係を保つ」ために正直を通すことはできないとしてあります。この辺りの筆者の主張部分を押さえることで，正答が導き出されます。

選択肢の検討

1．第一・第二段落でチェックした部分です。年齢をごまかしてもかまわないと答えた人が全体の３分の１で，仕事を休むために仮病を使うことがあってもかまわないと答えた人が全体の３分の１と，それぞれ3分の１ずつなので誤りです。

2．第二段落にある内容でチェックした部分です。履歴書の嘘や納税の不正，不倫をしてもかまわないという人は「Very few（＝ほとんどいない）」なので誤りです。

3．チェックした第五段落に「実生活」の面でのことは記されていますが，そこでは良好な関係を維持するためには，正直を通せるとは限らないと記しています。

4．対面調査と匿名調査との比較については本文では触れられていません。

5．正しい。

正答 5

check □□□ **No.1** 【平成25年度・国家専門職】 GⅢ ➡正答と解説はP.189

次の文の内容と合致するものとして最も妥当なのはどれか。

① Depending on your view of the world, the name Jacob either makes you think of the third patriarch*1 of the Hebrew people, ancestor of the tribes of Israel, or it makes you think of a certain sexy werewolf.

② But one thing is clear: the name Jacob is on a lot of minds. It is, in fact, the most popular name for boys in the US — and has been for 13 years running, so says the Social Security Administration.

③ Sophia is now the top name for baby girls, according to the annual list of popular baby names released by the administration. Isabella had topped the girls' list for two years before being bumped.

④ So it might be time to move on from Jacob as well. Fortunately, there is a young upstart on the list: Mason surged in the baby name polls to the second most popular spot.

⑤ Mason is a solid name: it evokes strength, sturdiness, a quiet fortitude*2.

⑥ My own daughters' names are Freya, a more popular name across the pond than in the US, and Calla, which last trended as a baby name in 1880. Although the week Freya was born we learned of two other baby Freyas in our Brooklyn neighborhood. And a former colleague also had a little girl named Calla. So these things are in the ether somehow.

⑦ "The names we choose for our babies are very revealings," Wattenburg told me, "a very honest indicator of parents hopes and dreams and obsessions".

*1 patriarch：族長　*2 fortitude：不屈の精神

1 世界観にもよるが，人はJacobという名前を聞くと，古代部族の末裔のことを思い浮かべることがある。

2 現在最も人気のある赤ちゃんの名前は，男の子の場合はJacobで，女の子の場合はIsabellaである。

3 男の子の一番人気の名前がJacobから他へ移る時期かもしれないが，二番人気には順位が急上昇したMasonが控えている。

4 FreyaとCallaは，1880年から現在まで人気のある赤ちゃんの名前であり，今の同僚の中にもこれらの名前の赤ちゃんがいる者がいる。

5 両親が自分の希望や夢を赤ちゃんに託して名前を選ぶと，子どもが名前の由来にとらわれることになりかねない。

No.2 【平成17年度・国税専門官】 GⅢ ➡正答と解説はP.191

次の文の内容と合致するものとして最も妥当なのはどれか。

❶ The appearance of Velotaxis* coincides in Japan with the reappearance of another environment-friendly mode of transport: *jin-rikisha*, or human-powered rickshas.

❷ Rickshas were invented in Japan in 1870, based on the model of the horsedrawn carriages of Europe. In just 25 years, their numbers ballooned to over 210,000 throughout Japan, or one for every 200 people.

❸ "Until then, it was unthinkable for a commoner to ride high up and look down on others," says Fujiwara Hidenori, owner of Jidaiya, a company that offers ricksha rides to tourists in the Asakusa district of Tokyo. "Only nobles and warriors were allowed to ride horses or wheeled vehicles. The ricksha was really a symbol of Japan's commitment to cultural reform during the Meiji period (1868–1912)."

❹ In the 1900s, however, Japan began exporting rickshas to other Asian countries, and their use in Japan declined in inverse proportion to the rise in overseas use. Bicycles, buses and subways became the preferred means of urban travel. After World War II and the postwar period of rapid economic growth, the ricksha disappeared entirely from Japanese society.

❺ However, the ricksha is making a comeback today. According to Fujiwara, more than 25 local governments now operate rickshas for tourist use, and Fujiwara's own company is receiving more and more inquiries from young people who want to become *syafu*, or ricksha drivers.

❻ "The ricksha is a symbol of the good old days in Japan," Fujiwara comments. "We've become prosperous in a material sense, but the connections between people have weakened, and no one seems to have any time to enjoy the scenery around them anymore. The ricksha helps us to remember something that we've lost."

❼ These modes of transportation seem to speak to people dealing with the pressures of modern life by asking: "Why don't you slow down a bit and find something important that you've been missing?"

＊Velotaxis：自転車タクシー

1 人力車は今でもアジアなどの国々では人々の日常の交通手段として活躍している。

2 人力車は，私たちが失ってしまったものを思い出させるきっかけを提供している。

3 人力車を見直す動きがあるが，車などの現代の交通手段との共存が難しい。

4 人力車の車夫になりたいという問い合わせが相次いでいるのは，就職難が原因である。

5 都市に住む人たちの間で，観光地などで人力車に乗ることが流行している。

check □□□

No.3 【平成27年度・国家総合職】GⅡ

➜正答と解説はP.193

次の文の内容と合致するものとして最も妥当なのはどれか。

① Since the 1970s, archaeologists have known that aerial images of thermal infra-red*1 wavelengths of light could be a powerful tool for spotting cultural remains on the ground. But few have had access to million-dollar satellites, and helicopters and planes have their limits.

② Now, technology is catching up with demand.

③ Archaeologists can get quality images from very specific altitudes and angles at any time of day and in a range of weather using inexpensive drones*2 and commercially available cameras that have as much as five times the resolution of those available just a few years ago. A basic eight-rotor drone starts at about $US 3,700.

④ Jesse Casana, an archaeologist at the University of Arkansas, teamed up with University of North Florida professor John Kantner last summer to test the drones in a remote area of northwestern New Mexico, south of Chaco Canyon — once the cultural and religious centre of ancient Puebloan society.

⑤ Kantner has been studying a village in the area known as Blue J. He found two households at the village's edge through test digs, but much of Blue J's secrets remain buried under eroded sandstone and windblown silt.

⑥ Blue J was most active close to 1,000 years ago, around the same time as Chaco. So finding structures such as kivas and great houses at the site would help solidify the theory that Chaco's influence spread far and wide. Kivas are circular, subterranean meeting places associated with ceremonial activities. Great houses were massive multistory stone buildings, some of which were oriented to solar and lunar directions and offered lines of sight between buildings to allow for communication.

⑦ Aside from dozens of anthills, the drone picked up on much larger, unnatural circular shapes that are thought to be kivas. From the surface, these structures are invisible, Kantner said. He said crews can use the drone information to plan a dig at the location to search for the archaeological remnants.

＊1 infra-red：赤外の　＊2 drone：無人機

1 1970年代には，赤外線による探索が文化的な遺跡の発見の目的に非常に有効であることを知っている考古学者はいなかった。

2 数年前と比べて５倍の解像度を持つ最新の機器は，遺跡の鮮明な画像を得ることができるが，100万ドルの費用がかかるため一般の考古学者たちには手が届かない。

3 無人機による撮影は，人工衛星やヘリコプターによる撮影に比べてコストはかからないが，地形や気象条件によっては撮影が困難になるという欠点がある。

4 ブルー・ジェイでのキバやグレートハウスのような構造物の発見は，チャコ文化の影響が広範囲に及んでいたという仮説の裏付けに役立つだろう。

5 グレートハウスは，古代プエブロの人々の信仰の対象であった太陽と月に祈りをささげる儀式を行う場所として建造されたことが明らかになっている。

No.4 【平成27年度・国家専門職】GⅡ

➡正答と解説はP.196

次の文の内容と合致するものとして最も妥当なのはどれか。

❶ Researchers are expecting a surge in the number of students educated at home by their parents over the next ten years as more families spurn public schools.

❷ As the dissatisfaction among parents with the U.S. education system grows, so too does the number of homeschoolers in America. Since 1999, the number of children who are being homeschooled has increased by 75%. Although currently the percentage of homeschooled children is only 4% of all school children nationwide, the number of primary school kids whose parents choose to forgo traditional education is growing seven times faster than the number of kids enrolling in K-12* every year.

❸ Despite the growth of homeschooling of late, concerns about the quality of education offered to the kids by their parents persist. But the consistently high placement of homeschooled kids on standardized assessment exams, one of the most celebrated benefits of homeschooling, should be able to put those fears to rest. Homeschooling statistics show that those who are independently educated typically score between the 65th and 89th percentile on such exams, while those attending traditional schools average on the 50th percentile. Furthermore, the achievement gaps, long plaguing school systems around the country, aren't present in the homeschooling environment. There's no difference in achievement between sexes, income levels, or race/ethnicity.

《中　略》

❹ Nor do homeschoolers miss out on the so-called socialization opportunities, something considered a vital part of a traditional school environment and lacking in those who don't attend regular schools. But it's one of the surprising advantages of homeschooling that homeschooled kids tend to be more socially engaged than their peers, and according to the National Home Education Research Institute survey, demonstrate "healthy social, psychological, and emotional development, and success into adulthood."

＊K-12：幼稚園から高等学校卒業までの教育期間

1 米国の教育システムに対する親の不満が高まるにつれ，ホームスクールを受けている子どもの数も増え，1999年からの10年間に全米で4％増加した。

2 現在は米国でホームスクールを受けている生徒の数は比較的少数にとどまっているが，学校を中途退学する子どもの増加に伴い近い将来には現在の7倍に増加するという予測もある。

3 ホームスクールにおける教育の質に関する懸念は存在するが，ホームスクールを受けている子どもの標準テストの成績を見ればその懸念も払拭されるはずである。

4 ホームスクールを受けている子どもと伝統的な学校教育を受けている子どもとの間では，標準テストの成績の差はなく，性別や家庭の所得水準などによる影響も見られない。

5 ホームスクールを受けている子どもが社会的活動に携わる機会が少ないことが，発達のための課題となっていることを示した調査結果がある。

check □□□

No.5 【平成27年度・国家総合職】GⅠ

➡正答と解説はP.199

次の文の内容と合致するものとして最も妥当なのはどれか。

① Every Fourth of July, some Americans sit down to read the Declaration of Independence, reacquainting themselves with the nation's founding charter exactly as it was signed by the Second Continental Congress in 1776.

② Or almost exactly? A scholar is now saying that the official transcript of the document produced by the National Archives and Records Administration contains a significant error —— smack in the middle of the sentence beginning "We hold these truths to be self-evident," no less.

③ The error, according to Danielle Allen, a professor at the Institute for Advanced Study in Princeton, N.J., concerns a period that appears right after the phrase "life, liberty and the pursuit of happiness" in the transcript, but almost certainly not, she maintains, on the badly faded parchment* original.

④ That errant spot of ink, she believes, makes a difference, contributing to what she calls a "routine but serious misunderstanding" of the document.

⑤ The period creates the impression that the list of self-evident truths ends with the right to "life, liberty and the pursuit of happiness," she says. But as intended by Thomas Jefferson, she argues, what comes next is just as important : the essential role of governments — "instituted among men, deriving their just powers from the consent of the governed" — in securing those rights.

⑥ "The logic of the sentence moves from the value of individual rights to the importance of government as a tool for protecting those rights," Ms. Allen said. "You lose that connection when the period gets added."

《中　略》

⑦ Ms. Allen first wondered about the period two years ago, while researching her book. The period does not appear on the other known versions produced with Congressional oversight in 1776, or for that matter in most major 20th-century scholarly books on the document. So what was it doing in the National Archives' transcription?

⑧ Ms. Allen wrote to the archives in 2012 raising the question, and received a response saying its researchers would look into the matter, followed by silence.

⑨ But over the past several months, she has quietly enlisted a number of scholars and manuscript experts in what the historian Joseph J. Ellis, who supports her efforts to open the question, wryly called "the battle of the period."

⑩ And now the archives, after a meeting last month with Ms. Allen, says it is weighing changes to its online presentation of the Declaration of Independence.

⑪ "We want to take advantage of this possible new discovery," William A. Mayer, the archives' executive for research services, said in an email.

⑫ A discussion of ways to safely re-examine the badly deteriorated parchment, he added, is now "a top priority."

* parchment：羊皮紙

1　毎年７月４日には，「独立宣言」を読み返してアメリカ合衆国建設の憲章を再認識することが，国民の一般的な習わしとなっている。

2　Allen教授は，国立公文書記録管理局による「独立宣言」の文書で，「生命，自由及び幸福追求」の後に誤って打たれているピリオドが，よくある，しかし重大な誤解のもとになると考えている。

3　「独立宣言」中に誤って打たれたピリオドは，20世紀の主要学術書の多くにおいても，国立公文書記録管理局による文書と同様に，そのまま引き継がれてきた。

4　Allen教授は，「独立宣言」の疑義をただす手紙を国立公文書記録管理局に送ったが，同局からは何の返事もなかった。

5　国立公文書記録管理局は，「独立宣言」原本を速やかに再鑑定し，その結果に基づいて，オンライン提供している文書の修正の要否を判断する旨発表した。

No.6 【平成18年度・国家Ⅱ種】GⅠ ➡正答と解説はP.202

次の文の内容と合致するものとして最も妥当なのはどれか。

❶ When people of different points of view get together, they question each other's way of doing things and habits of thought. From this collision of different ways of looking at the world come new ideas — creativity. But what kind of diversity is most important for ensuring creativity? Researchers at Northwestern University set out to answer that question.（中略）

❷ The scientists sought to compare successful teams with less successful ones, and figure out exactly how they differed in composition. They focused on a few academic fields, defining successful teams as those whose papers were most frequently cited. They also looked at the annals*1 of Broadway musicals over the past century and studied how the mix of composers, lyricists*2, directors and so forth correlated with the success of the production, measured in terms of the number of weeks a production ran before closing.

❸ What they found was that the most successful teams did two things right. First, they attracted a mixture of experienced people and those who were newcomers to whichever field they were in. That's not surprising — the need for fresh blood has long been recognized as an important ingredient in success. The second criterion, though, was far less obvious. What successful teams had in common was at least a few experienced members who had never collaborated with each other. "People have a tendency to want to work with their friends — people they've worked with before," says Luis Amaral, a physicist at Northwestern and a coauthor. "That's exactly the wrong thing to do."（中略）

❹ One of the interesting things about this study is that it helps makes sense of the macro notion that relationships among innovators in an industry are an important ingredient in success. Studies have shown that part of reason Silicon Valley is so good at spawning new companies is that there's such an extended network of people who worked together earlier in their careers. In Boston's Route 128 beltway, by contrast, networks are more "clumpy" — people tend to work with the same people, who in turn tend to be isolated from their counterparts at other companies.

＊1　annals：年代記，年史，記録

＊2　lyricist：叙情詩人，作詞家

1　創造的な仕事をした組織では，少なくとも何人かの，それまでの共同して仕事をしたことがない経験豊富なメンバーがいた。

2　成功している企業では，創造性が重視され，職員から提案された新しいアイデアが積極的に業務に生かされている。

3　ブロードウェイで成功したミュージカルでは，作曲家，作詞家，監督にいずれも経験豊富な者を採用していた。

4　シリコンバレーでもボストンの128号線沿いでも，同業種の企業間で人材の交流が盛んに行われている。

5　学術分野では著名な学会誌にその論文が引用されたこと，文芸分野ではブロードウェイで公演されたことが，成功したチームの基準として設定された。

実戦問題 正答と解説

No.1の正答と解説 【平成25年度・国家専門職】 ➡問題文はP.181

【全訳】

❶それぞれの世界観によるが，Jacobという名前は，イスラエルの部族の祖先，ヘブライ族の3代目の族長を思い出させ，セクシーな狼男を連想させるものである。

❷しかし，1つだけはっきりしている。Jacobという名前は人気がある。事実，アメリカでは男の子の名前として13年間最も人気があると社会保障局が発表している。

❸同局発表の赤ちゃんの名前年間ランキングによると，Sophiaが今や女の子の赤ちゃんの名前としてトップになっている。Isabellaは追い越される前の2年間は女の子のランキングトップだった。

❹だから，Jacobも1位の座を明け渡す時が来るかもしれない。幸運にもリストに急上昇したMasonは赤ちゃんの名前で人気第2位の票を獲得している。

❺Masonはがっしりした名前で，力やたくましさ，静かな不屈の精神を連想させるものである。

❻私の娘たちの名前は，FreyaとCallaで，Freyaはアメリカより大西洋の向こうで人気のある名前であり，Callaは赤ちゃんの名前として，1880年代に人気があった。しかし，Freyaが生まれた週にブルックリン近辺でほかに2人の赤ちゃんFreyaを発見した。そして，前の同僚の小さな女の子もCallaという名前だった。これらのことはまったく偶然のことである。

❼Wattenburgは言った。「子どものために選ぶ名前は，親たちの希望や夢，そして，執念を明らかにするとても正直な指標である。

出典：Brian Braiker, "Sophia and Jacob top list of most popular baby names in 2011", *US News BLOG*：*May 14, 2012*

《直感ルールによる文章構造》

ルール1 & ルール3 **1**, **2**, **3**から，男の子の名前で「一番人気」という「Jacob」と，女の子の「Isabella」に関する情報を本文から読み解くこと。さらに**4**に「1880年から現在まで人気」とあることから，本文で述べられる期間についてチェックしていきます。

ルール2 より，全部で7段落構成であることがわかります。第二段落

の冒頭に「But」があることで，第一段落を踏まえた新しい展開があること。第四段落に「So」が見えることから，前段落までが一旦まとめられていることがわかるので，第二・第四段落に特に注意して読み進めます。

第一段落（❶）：チェックする箇所は特になし。

第二段落（❷）

1行目：ルール5「But」

「But one thing is clear: the name Jacob is on a lot of minds.」

1行目：ルール12「in fact」& ルール11「最上級表現」

「It is, in fact, the most popular name for boys in the US ～」

第三段落（❸）

1行目：ルール12「now」& ルール11「最上級表現」

「Sophia is now the top name for baby girls, ～」

第四段落（❹）

1行目：ルール6「So」

「So it might be time to move on from Jacob as well.」

第五段落（❺）：チェックする箇所は特になし。

第六段落（❻）

1行目：ルール11「比較級」

「My own daughters' names are Freya, a more popular name across the pond than in the US, ～」

2行目：ルール5「Although」

「Although the week Freya was born ～」

4行目：ルール6「So」

「So these things are in the either somehow.」

☞「these things」とあることから，直前の2行目「Although」以下をまとめた文章であることに注意してください。

第七段落（❼）：**ルール15「引用」**➡チェックする箇所は特になし。

名前の付け方や時代の中での名前の傾向について述べた文章です。女の子の人気の名前の変遷と，男の子の名前はどうなっていくのか。時系列等を間違えずに読み進めてください。

選択肢の検討

1 × 第一段落に該当します。「Jacob」という名前から連想するのは，「ancestor of the tribes of Israel（イスラエルの部族の祖先）」とあります。単語の意味がわからなくても，それが「the third patriarch（三代目の族長）」をさしていることから，「古代部族の末裔」ではないことがわかります。

2 × 第三段落の主張部分から，「Isabella」ではなく「Sophia」であることがわかります。

3 ◎ 正しい。第四段落の主張部分をまとめた選択肢です。

4 × 第六段落の主張部分から，1880年代に人気のあった名前は「Calla」のみであり，また現在まで人気があるとまでは記されていません。

5 × 両親による子供の名付け方について述べられているのは第七段落です。そこでは「子どものために選ぶ名前は親たちの指標になる」とあり，「名前の由来にとらわれる」という部分が異なっています。

正答 3

No.2の正答と解説 【平成17年度・国税専門官】

➡問題文はP.182

【全訳】

①自転車タクシーの出現は，日本における環境に優しい別の交通手段 —— 人力車という人間による動力付きの力車の再出現と，同時に起こった。

②人力車はヨーロッパの馬車をモデルに，1870年に日本で発明された。たった25年間で，その数は日本中で21万台以上，つまり200人当たり１台に膨れ上がった。

③「それまでは，庶民が他の人を上から見下ろすなどとは，思いもよらなかったのです」と，東京の浅草地区で旅行者に人力車乗車を提供する会社，時代屋のオーナー，フジワラ・ヒデノリ氏は言う。「貴族と武士だけが，馬や車に乗ることができたのです。人力車は，日本の明治時代（1868-1912年）における文化改革の，本当のシンボルでした」。

④だが，1900年代，日本は人力車を他のアジア諸国に輸出し始めた。そして，海外での使用が急増するのに反比例して，日本での使用は衰退した。都市を旅行する際は，自転車やバス，地下鉄が，都合のよい手段となった。第二次世界大戦とその戦後の期間における高度経済成長の後は，人力車は完全に日本社会から消えた。

⑤しかしながら今日，人力車が復活している。フジワラ氏によると，現在，25を超える地方自治体が旅行者向けに人力車を運用しており，フジワラ氏自身の会社が受ける，車夫，つまり人力車の運転手になりたがる若年層からの問合せも，ますます多くなっている。

⑥「人力車は日本の古きよき時代のシンボルなのです」と，フジワラ氏は述べる。「私たちは物質的な意味では繁栄するようになりましたが，人と人とのつながりが薄れ，もはや誰も，周囲の風景を楽しむ時間を持っているよう

には思えません。人力車は，私たちが失った何かを思い出させてくれるのです」。
⑦この交通手段は，現代生活のプレッシャーとつきあう人々に話しかけているように思える――「少し減速して，見失っている重要な何かを探しませんか？」と尋ねることによって。

《直感ルールによる文章構造》

ルール１ すべての選択肢に「人力車」が見えるので，本文の中で人力車の特徴であったり，人々とのかかわり等が述べられていたら，要チェックです。

ルール２ より，全部で７段落構成であることがわかります。また，第四・第五段落の冒頭に「However」が見えるので，筆者が意見の展開を段階的に図っている箇所として，それぞれの段落を注意して読み進めていきます。

第一段落（①）：チェックする箇所は特になし。
第二段落（②）：チェックする箇所は特になし。
第三段落（③）：**ルール15「引用」**➡チェックする箇所は特になし。
第四段落（④）
１行目：ルール５「however」
「In the 1900s, however, Japan began exporting rickshas to ～」
第五段落（⑤）
１行目：ルール５「However」
「However, the ricksha is making a comeback today.」
１行目：ルール15「引用」➡チェックする箇所は特になし。
「According to Fujiwara, more than 25 ～」
第六段落（⑥）：**ルール15「引用」**➡チェックする箇所は特になし。
第七段落（⑦）
２行目：ルール12「疑問形」＆ルール14「否定形」
「"Why don't you slow down a bit～」
☞ここは他の引用部とは異なり，筆者が読み手に投げかける疑問形であることがわかります。

筆者の主張は，２か所ある「However」の後にあるという平易な文章です。「人力車は日本からアジア地域の国々に輸出され，日本では一時期使用が減ったが，ここにきて復活している。それは見失っている何かを探すためでは？」という内容です。ここでは「引用」の取扱い方に注意してください。

選択肢の検討

1 × アジア諸国での人力車については第四段落で記されていますが，そこでは日本から輸出され，使用が急増したとあるだけで，「日常の交通手段として活躍している」とまでは述べられていません。

2 ◎ 正しい。第七段落の主張部分をまとめた選択肢です。

3 × 第五段落で人力車の復活について述べられていますが，車などとの共存についてまでは記されていません。

4 × 第五段落の引用部であり，まず，筆者の主張ではありません。またそこでは人力車の車夫になりたい理由に「就職難」は挙げられていません。

5 × 「都市に住む人たちの間で」の人力車の流行については筆者の主張部分にも本文にも見当たりません。

正答 2

No.3の正答と解説 【平成27年度・国家総合職】

➡問題文はP.183

【全訳】

①考古学者たちは1970年代から，光の周波数の中の赤外線を利用した熱赤外線映像法による空撮画像が，地上に存在する文化的な遺跡を発見するための強力なツールとなる可能性があることを知っていた。だが，100万ドルもする人工衛星を利用できた者はこれまでほとんどおらず，またヘリコプターや航空機の利用にはおのずと限界があった。

②それがここに来て，技術の進歩が需要に追いつきつつある。

③考古学者たちは，細かく特定された高度と角度からの鮮明な画像を，日中いつでも，またどんな天気のときも，安価な無人機（ドローン）と，ほんの数年前に入手可能だったものと比べても５倍もの解像度を持つ市販のカメラを使って得ることができる。初歩的な８ローター（回転翼）の無人機は，１機約3,700ドルからの価格だ。

④アーカンソー大学の考古学者であるジェス・カサナ氏は昨夏，ノースフロリダ大学のジョン・カントナー教授と組んで，ニューメキシコ州北西部にあるチャコ渓谷の南側の僻地へ無人機を試験飛行させた。そこは，古代プエブロ人社会にとって文化および宗教の中心地だった場所だ。

⑤カントナー教授は，ブルー・ジェイという名で知られるこの地域にあったある村落を研究し続けている。彼は試掘調査を通じて村の端に２戸の世帯の痕跡を発見したが，ブルー・ジェイの隠された謎の多くは，侵食された砂岩と風に吹かれて積もった沈泥の下に埋もれたままだ。

⑥ブルー・ジェイの最盛期は1,000年近く前で，チャコ文化とだいたい同時

期である。それゆえ，この地でキバやグレートハウスのような構造物が発見されれば，チャコ文化の影響は遠方まで及んでいたという説を裏づけることにもつながろう。キバとは地中に掘られた円形の集合場所のことで，儀式のような活動が行われたと考えられている。グレートハウスとは大規模な多層階の石造建築物だったもので，そのいくつかは太陽や月の方角を知る役割を持ち，建造物と建造物は相互の交信が可能なように互いを見通せる距離にあった。

❼何十ものアリ塚のほかに，無人機はもっと大きな規模の，キバとおぼしき不自然な円形の形状をとらえた。地表面からではこれらの構造物は見ることができない，とカントナー教授は語った。無人機の情報を利用して，発掘調査団はお目当ての場所での発掘を計画し，考古学上の遺物を探すことができる，と彼は語った。

出典："Drones unearth Chaco culture"，*The Australian*

《直感ルールによる文章構造》

ルール１ & ルール３ **1**では「1970年代には，～考古学者はいなかった」，**2**では「数年前と比べて５倍の解像度」「100万ドルの費用で手が届かない」，**3**では「無人機と人工衛星やヘリコプターでの撮影のコスト費の比較」，**4**と**5**ではグレートハウスの考古学的意義が問われており，本文で数字や比較等が登場した際には確実なチェックが必要です。

ルール２ より，全部で７段落構成であり，第二段落の冒頭に「Now」があることから，これまでと現在との差異や比較が示されていることがわかります。

第一段落（❶）

３行目：ルール５「But」& ルール14「few」

「But few have had access to million-dollar satellites，～」

☞冒頭の1970年代の考古学者の考え方を踏まえた文章なので，１行目とともに見ていく必要があります。

第二段落（❷）

１行目：ルール12「Now」

「Now, technology is catching up with demand.」

☞第一段落では主に1970年代の話がされ，この段落では最近になって変化が見られることが示されているので，その内容を注意して見ていきます。また，次の段落の冒頭が「Archaeologists can get ～」とあり，現在のことが記されていることがわかるので，第二段落の具体例が第三段落で述べられていることもわかります。

第三段落（③）

1行目：ルール11「比較級」& ルール11「just」

「～ cameras that have as much as five times the resolution of those available just a few years ago.」

第四段落（④）：チェックする箇所は特になし。

第五段落（⑤）

1行目：ルール5「but」

「He found ～ but much of Blue J's secrets remain buried ～」

第六段落（⑥）

2行目：ルール6「So」

「So finding structures such as kivas and great houses ～」

第七段落（⑦）：チェックする箇所は特になし。

以前の考古学者の研究方法と近年になっての変化。さらに変化したことで新たに起きた問題や，学問としての新発見について述べられた文章です。現代時制と過去時制の単語の使い方であったり，比較表現について注意しながら読み進めます。

選択肢の検討

1× 第一段落で，赤外線を利用した，地上の文化的遺跡を知るためツールを，「Archaeologists have known」としているので，知っていたことがわかります。

2× 前半の「5倍」に関する記述は第三段落で述べられていますが，「100万ドルの費用がかかる」のは，第一段落にある1970年代に利用できた人工衛星にかかる費用のことであり，現在は無人機（ドローン）であれば，1機当たり3,700ドルの安価であることが第三段落で示されています。

3× 第三段落で，無人機（ドローン）であれば，日中いつでも，またどんな天気の時でも，数年前のものと比べて5倍の解像度を持つカメラで撮影可能としています。また前半でコスト面について記されていますが，第一段落で人工衛星は100万ドルかかったとはあるものの，ヘリコプターや航空機の利用についてのコストについては言及されていないので，正答ともズレます。

4◎ 正しい。第六段落の筆者の主張部分です。

5× グレートハウスについての指摘は第六段落の最後で述べられています。そこでは「太陽と月の方角（を知る）」については記されていますが，「祈りをささげる儀式を行う場所」については示されておらず，それは直前の「Kivas」の役割（ceremonial activities）であることがわかります。また「古代プエブロ人」については第四・第五段落で記されており，その中心地がブルー・ジェイという村落であること。さらに第六段落で，そのブルー・ジェイからキバやグレートハウスで見られたような構造物が発見されれば，という仮定があるので，選択肢のようにグレートハウス＝古代プエブロ人々のものではないこともわかります。

正答 4

No.4の正答と解説 【平成27年度・国家専門職】 ➡問題文はP.184

【全訳】

❶研究者は，より多くの家庭が公教育を拒絶するので，今後10年で親による家庭での教育を受けている子どもの数の増加を予想している。

❷アメリカの教育システムに対する親の不満が高まるにつれ，アメリカにおけるホームスクールを受けている生徒の数も増えている。1999年以来，ホームスクールを受けている子どもの数は75%増加している。現在のところホームスクールを受けている子どもの比率は，全米の就学児の４％にすぎないが，伝統的な教育を受けないことを選択した親を持つ小学生の数は，毎年，K-12（幼稚園から高等学校卒業までの教育期間）に属する子どもの数より７倍速く増えている。

❸最近のホームスクールの増加にもかかわらず，親によって子どもに提供される教育の質に関する懸念は存在する。標準テストにおけるホームスクールを受けている子どもの一貫した好成績が，ホームスクールの最も好ましい成果の一つであり，そのような懸念を払拭させるものである。ホームスクールの統計によると，家庭で独自に教育されている子どもは，そのようなテストのパーセンタイル65から89番目（上位11～35％）に主に位置し，一方で伝統的な学校に行っている子どもは50番目（上位50％）であることを示している。そのうえ，習熟度の差，それは国中で長く教育システムの疫病神であるのだが，ホームスクールの子どもたちには存在しない。性別や家庭の所得水準や人種，民族間における達成度の違いもない。

《中略》

❹いわゆる社会的活動に携わる機会，つまり伝統的な学校環境では不可欠な部分として，学校に定期的に出席しない子どもに欠けていると考えられているようなものをホームスクールの子どもたちは失っていない。しかし，ホームスクールの子どもたちの驚くべき利点の一つなのだが，ホームスクールの子どもたちは同年代の子どもたちより社会的かかわりが高い傾向にある。そして，全国家庭教育研究機関の調査によると「社会性が高く，心理的にも感情的にも発達し，そして成年期において適応的である」ことが示されている。

出典：J.Lawrence, "Number of Homeschoolers Growing Nationwide", *www.educationnews.org*

《直感ルールによる文章構造》

ルール1 & ルール3 **1**に「親の不満が高まるにつれ，ホームスクールを受けている子どもの数」が「10年間で4％増加」とある一方で，**2**では「ホームスクールを受けている生徒の数は比較的少数にとどまっている」と記されています。さらに「学校を中途退学する子どもが増加すると，それも7倍増加する」といった記述が見えることから，学校教育とホームスクールで教育を学ぶ子どもの数の因果関係を押さえていくのとともに，**4**に見えるように，教育の差が成績の差を生むのか。また，**5**に見えるような発達に対して課題があるのか。さらに**3**で記される「懸念」について示されている主張部分をチェックしていきます。

ルール2 より，全部で4段落構成であることがわかります。第四段落の冒頭に「Nor」がありますが，これは中略が入っているものの，第三段落のラスト近くに見える「aren't」や「There's no difference」を受けて，ほかにもまだ否定するものがあること示した筆者の主張部分（ルール14 **「否定形」**）に該当することに注意してください。

第一段落（❶）：チェックする箇所は特になし。

第二段落（❷）

1行目： ルール6 **「so」**

「As the dissatisfaction ～ grows, so too does the number of homeschoolers in America.」

3行目： ルール5 **「Although」** & ルール11 **「only」** & ルール13 **「all」** & ルール11 **「比較級」**

「Although currently the percentage of homeschooled children is only 4％ of all school children nationwide, ～ is growing seven times faster than the number of kids enrolling in K-12 every year.」

第三段落（❸）

2行目： ルール5 **「But」** & ルール11 **「最上級表現」** & ルール8 **「should」**

「But the consistently high placement of homeschooled kids ～ one of the most celebrated benefits of homeschooling, should be able to put those fears to rest.」

7行目： ルール14 **「not」**

「Furthermore, the achievement gaps, ～ aren't present in the homeschooling environment.」

PART 5 英文 テーマ12 内容把握【接続語】

9行目：ルール14「否定形」
「There's no difference in achievement between sexes, income levels, or race/ethnicity.」

第四段落（④）

1行目：ルール14「Nor」& ルール14「not」
「Nor do homeschoolers miss out on the so-called socialization opportunities, ～ who don't attend regular schools.」

3行目：ルール11「not A but B」& ルール10「surprising」& ルール11「比較級」
「But it's one of the surprising advantages of homeschooling ～」

アメリカにおける学校教育と，それに不満を持った親が子どもに受けさせるホームスクールに関する調査について示されています。筆者の主張部分は上記のとおりですが，強調表現を複数用いて意見を述べている第二・第三段落での両者の比較を，さらに具体的な数値を挙げながら行っている箇所を押さえながら，第四段落で述べられているホームスクールを受ける子どもの傾向をチェックしていきます。

選択肢の検討

1 × 第二段落の主張部分です。前半は問題ありませんが，「4%」という数字は「全米の就学児におけるホームスクールを受けている子どもの比率」です。また，「10年間」という数字も，第一段落に見えるように，今後10年間で家庭で教育を受ける子どもが増加するだろうと述べているものです。

2 × 選択肢**1**の検討結果からも，ホームスクールを受ける子どもの数は増加傾向にあります。さらに「7倍に増加する」のは，第二段落の主張部分にあるように，「伝統的な教育を受けないことを選択した親を持つ」子どもの数が「K-12に属する子どもの数より7倍速く増えている」ということから間違いであることがわかります。

3 ◎ 正しい。第三段落の主張部分です。

4 × 第三段落の主張部分以外の箇所で，「パーセンタイル」という聞きなれない統計学の言葉が用いられてはいますが，ホームスクールを受けている子どもが「65～89番目」，伝統的な教育を受けている子どもが「50番目」と差があることがわかります。また，選択肢に見える「性別や家庭の所得水準などによる影響」は，筆者の主張部分を含む第三段落の最後で，それまでの教育システムの中で問題になっていたが，ホームスクールを受けている子どもたちの間には影響が見られないと述べられています。

5 × 第四段落の筆者の主張部分で，ホームスクールを受けている子どもたちが社会的なかかわりの高い傾向にあることが挙げられています。

正答 3

No.5の正答と解説 【平成27年度・国家総合職】

➡問題文はP.185

【全訳】

①毎年7月4日を迎えると，一定数のアメリカ人は腰を据えて独立宣言を読み，1776年の第2次大陸会議で署名されたときのままの形でこの国家創立の憲章を再認識する。

②あるいは，ほぼそのままの形でと言うべきだろうか？　今，1人の学者が，国立公文書記録管理局が発行したこの文書の公式写本には重大な誤りが含まれていると声を上げているのだ。その誤りとは，驚くなかれ，「われわれはこれらの事実を自明のものと信じる」で始まる文中に打たれたマークのことだ。

③ニュージャージー州にあるプリンストン高等研究所のダニエル・アレン教授によると，この誤りは，公式写本中の「生命，自由および幸福追求」という文言の直後に現れるピリオドに関するものだが，彼女の主張では，傷みのひどい羊皮紙の原本上ではそうはなっていないのがほぼ確実だというのだ。

④彼女の確信によれば，原本から逸脱したこの一点のインクによって差違が生じ，この文書についての彼女が言う「型通りではあるが深刻な誤解」につながっているという。

⑤ピリオドがあることで，自明の事実として列挙されているものは「生命，自由および幸福追求」の権利までであるという印象が生み出される，と彼女は語る。だが，彼女の主張では，（起草者の）トマス・ジェファーソンが意図したところによれば，次にくるものもまったく同様に重要なものなのだ。すなわち，それらの権利を保障するに当たって「人々の間に樹立され，統治される者の合意に基づいて正当な権力を得る」政府の欠かせない役割だ。

⑥「この文の論理は，個人の諸権利の価値から，それらの権利を保護するための手段としての政府の重要性へと移っているのです」とアレン教授は語った。「ピリオドが加わると，そのつながりが失われてしまいます」。

《中略》

⑦アレン教授が最初にくだんのピリオドについて疑うようになったのは，2年前に自著に必要なリサーチをしていたときだった。1776年に大陸会議の監督の下で作成された，知られているほかの版においても，さらに言えばこの文書に関するほとんどの主要な20世紀の学術書においても，ピリオドは現れないのだ。ではなぜ国立公文書記録管理局の写本にはあったのだろうか。

⑧アレン教授は2012年にこの疑問を呈した手紙を管理局に送り，担当調査員

が調査を行うとの返答を受け取ったが，その後の返答はなかった。
⑨しかし彼女はこの数か月間，ひそかに多くの学者や写本の専門家に，「ピリオドの戦い」への協力を求めていた。「ピリオドの戦い」とは，この件に疑問を呈した彼女の努力を支持している歴史家のジョセフ・J・エリス氏が皮肉を込めて呼んだ表現だ。
⑩そして現在，アレン教授との先月の面談を経て，管理局はオンラインで提供している独立宣言の修正を検討中であると語っている。
⑪「私たちは，この新発見の可能性を前向きに活用させていただきたいと思います」と，管理局の調査サービス担当役員のウィリアム・A・メイヤー氏はEメールで語った。
⑫ひどく劣化した羊皮紙の再鑑定を安全に行う方法についての議論が目下の「最優先課題」であることを，彼は付け加えた。

出典："A period is questioned in the Declaration of Independence",
International New York Times

《直感ルールによる文章構造》

ルール1 & **ルール3** 選択肢の中で，「独立宣言」のほかに共通する項目は見当たらず，**1**のように「7月4日に読み返す」のか，**2**と**3**に見えるピリオドに関する問題なのか，**4**と**5**による疑義や再鑑定という動きが実際に見られるのかなど，その辺りに注意しながら読み進めていきます。

ルール2 より，全部で12段落構成であり，後半の第九段落に「But」が，さらに第十段落に「And now」と「now」が見られることで，それまでとは異なった考え方が示されていることがわかります。

第一段落（①）

1行目：ルール13「Every」

「Every Fourth of Jury, some Americans sit down to read the Declaration of Independence, ～」

第二段落（②）

1行目：ルール12「疑問形」

「Or almost exactly ?」

1行目：ルール12「now」& ルール12「no less」（強い事実）

「A scholar is now saying that the official transcript ～ no less.」

第三段落（③）

1行目：ルール5「but」& ルール14「not」

「The error, ～ but almost certainly not, she maintains, on the badly faded parchment original.」

第四段落（④）：チェックする箇所は特になし。

第五段落（⑤）

2行目： ルール5「But」& ルール11「just」& ルール9「important」

「But as intended by Thomas Jefferson, she argues, what comes next is just as important ～」

第六段落（⑥）：チェックする箇所は特になし。

第七段落（⑦）

2行目： ルール14「not」

「The period does not appear on the other known versions ～」

4行目： ルール6「So」& ルール12「疑問形」

「So what was it doing in the National Archives' transcription ?」

☞この疑問に対する回答は，次の第八段落にあり，国立公文書記録管理局からは返答がなく，第十段落辺りでは管理局が修正を検討中であるとしています。

第八段落（⑧）：チェックする箇所は特になし。

☞ただし，第七段落で出された疑問の回答の一部が示されていることに注意してください。

第九段落（⑨）

1行目： ルール5「But」

「But over the past several months, she has quietly enlisted a number of scholars ～」

第十段落（⑩）

1行目： ルール12「now」

「And now the archives, ～ says it is weighing changes to its online presentation of the Declaration of Independence.」

第十一段落（⑪）：チェックする箇所は特になし。

第十二段落（⑫）：チェックする箇所は特になし。

段落の多い長い文章であり，専門用語も登場しますが，筆者の主張部分は比較的ハッキリしているので，選択肢と本文を読み比べながらどんな話がされているのかを押さえていきます。また，細かな単語を知らなくても，選択肢からヒントを得つつ，前後の文章から文意をつかむことも大切です。

選択肢の検討

1 × 第一段落で述べられていることですが，ここでは「some Americans sit down to read」とあることから，ある程度の数のアメリカ人が「独立宣言」

を読むとされ，「国民の一般的な習わし」とまではいえません。

2◎ 正しい。第二・第三段落の筆者の主張部分をまとめた選択肢です。

3× 第七段落の主張部分で，20世紀の主要な学術書のほとんどにおいて，ピリオドは現れないとしているので，「そのまま（ピリオドが）引き継がれてきた」という部分が異なります。

4× 第七段落で出された疑問の回答部分に当たる第八段落では，Allen教授が調査員から調査を行うという返事を受け取ったとあるので，「何の返事もなかった」という部分が異なります。

5× 筆者の主張部分ではない第十段落で，「管理局はオンラインで提供をしている独立宣言の修正を検討中である」とし，同様に主張部分ではない第十一段落では「新発見の可能性について前向きに検討する」とあり，「速やかに再鑑定し」「文書の修正の要否を判断する旨発表した」とまではいえません。

正答 2

No.6の正答と解説 【平成18年度・国家Ⅱ種】

➡問題文はP.187

【全訳】

❶視点が異なる人が集まると，互いの行動様式や考え方について疑問を唱えるものだ。このようにさまざまな世界観がぶつかり合うことによって，新しいアイデア，すなわち創造性が生まれる。では，創造性を確保するうえで最も重要な多様性はどのような種類のものだろうか。ノースウェスタン大学の研究者は，この質問に対する答えを見つけようと試みている。（中略）

❷科学者は，成功を収めたチームとそうではないチームを比較し，人員構成の面でどのように異なっているのかを解明しようとした。いくつかの学術分野に焦点を絞り，論文の引用頻度が最も高いチームを「成功を収めたチーム」と定義した。また，ブロードウェイ・ミュージカルの記録も過去１世紀にわたって調査し，作曲家，作詞家，監督などの構成が，公演の成功とどのように関連しているかを，閉演までの上演期間で測定した。

❸その結果，最も成功を収めたチームは，２つのことを的確に行っていた。１つ目は，経験豊富なメンバーと，それまで当該分野に携わったことのないメンバーを混ぜて採用していたことである。成功の重要な要素として新メンバーが必要であることは以前から認識されているから，これは驚くべきことではない。しかし，２つ目の基準はそれほど明らかになっていなかった。成功したチームに共通していたのは，それまで共同で仕事をしたことがない経験豊富なメンバーが，少なくとも数名含まれていたことである。「人はたいてい，友達，すなわち以前に働いたことがある人と協力したがる傾向があります」と，ノースウェスタン大学の自然科学者であり研究の共同実施者のル

イス・アマラル氏は語っている。「これがまさしく間違いなのです」。(中略)
④この研究の興味深い点の一つは，ある業界における革新者間の関係が成功の重要な要素であるという，マクロ的な概念を理解するうえで役立つということである。研究によると，シリコンバレーが新興企業を生み出すことに長けている理由の一つは，職歴の浅いうちに一緒に働いていた人々の幅広いネットワークが存在するという点にあることが明らかになった。これに対し，ボストンの128号線沿いではネットワークはもっと「いびつ」で，人々は同じ相手と働く傾向があり，ひいては他企業における同等の立場の人々から孤立してしまいがちである。

《直感ルールによる文章構造》

ルール1 **1**では「創造的な仕事をした組織」について，**2**は「成功している企業」について，**3**は「ブロードウェイで成功したミュージカル」について，**4**は「同業種の企業間で人材の交流」がどう行われたのかについて，**5**は「成功したチームの基準」がどこにあるかについて述べられています。選択肢には共通点がないので，筆者が強調している部分に注意しながら検討していきます。

ルール2 より，全部で４段落構成であることがわかります。

第一段落（①）

3行目：ルール5「But」& ルール11「最上級表現」& ルール11「疑問形」

「But what kind of diversity is most important for ensuring creativity ?」

第二段落（②）

1行目：ルール14「less」(否定形)

「The scientists sought to compare successful teams with less successful ones, ～」

第三段落（③）

1行目：ルール11「最上級表現」

「What they found was that the most successful teams did two things right.」

☞この「two things」についての説明が，第三段落１行目の「First」，４行目の「The second」にあります。前者に関しては ルール14 適用の「That's not surprising」や ルール9 適用の「an important ingredient in success」。後者に関しては ルール5 適用の「though」や ルール14 適用の「far less obvious」で強調されており，ここが本文の中でも重要な箇所であることがわかります。

5行目：ルール14「never」

「What successful teams had in common ～ who had never collaborated with each other.」

7～9行目：ルール15「引用」

☞この前後に筆者の強調があります。もちろんここでは5行目と，直後の第四段落1行目であることがわかります。

第四段落（④）

1行目：ルール10「interesting」& ルール9「important」

「One of the interesting things about this study is ～ an important ingredient in success.」

第一段落で疑問が投げかけられ，その解答が第三段落にある文章です。また，その解答の直後に引用を用いることで，筆者の主張をさらに強めている展開が見えてきます。

選択肢の検討

1◎ 正しい。第三段落の主張部分をまとめた選択肢です。

2× 成功している企業の話をしているのは第二段落以降ですが，新しいアイデアが業務に活かされたことについては述べられていません。「新しいアイデア」は第一段落に登場し，それは段落内で提示される疑問に対する付加条件です。

3× ブロードウェイで成功したミュージカルは，他の論文とともに，スタッフの構成が公演の成功とどう関連しているのかの例の一つとして用いられています。そしてその結果，第三段落にあるような2つの回答が導き出されたのであって，そこでは経験豊富なメンバーと携わったことのないメンバーが混ざっていたことがわかるので誤りです。

4× シリコンバレーと128号線の話は第四段落に登場しますが，シリコンバレーでは幅広いネットワークが存在するものの，128号線では「tend to be isolated」とあり，孤立してしまいがちであることがわかります。

5× 学術分野とブロードウェイでの「成功を収めたチーム」に関しては第二段落に見えますが，前者に関しては「論文の引用頻度」が定義となり，後者に関しては，選択肢**3**でも見たように，基準を導くための一例であったことがわかります。

正答 1

テーマ13 内容把握【強調表現】

お試し問題 ……………………【平成17年度・国家Ⅱ種】

次の文の内容と合致するものとして最も妥当なのはどれか。

Most children's facilities are built exclusively for children. However, when planning local facilities like children's centers, we should think not only in terms of children's needs, but also give more thought to a place for parents. A mothers' and fathers' room is also needed in kindergartens and nurseries. Parents with young children today are very unsure about how to bring up their offspring and often find themselves isolated. I think children's facilities must provide a space to discuss these problems and a place for mothers and fathers to make friends with other parents.

The Boston Children's Museum has a mothers' corner inside the infants' room, separated by a glass screen. There mothers can enjoy drinking coffee or cooking. They can also discuss their worries about child care. We need to establish various places of this kind where parents can be more openly involved in children's upbringing and education, not only in kindergartens but also in schools. This would enable children, teachers, and parents to cooperate in various activities. In this sense it would be better to have "parent-and-child centers" rather than just "children's centers".

The present generation of mothers and fathers already experienced an impoverished play environment in their own childhood. Therefore many of them are unaware of the importance of play. Now, at the eleventh hour,* mothers and fathers need to learn how to play. I think we need facilities where adults can play with their children, and grow with them.

＊ at the eleventh hour：遅ればせながら

1 児童施設の建設が各地で進んでいるが，まだ必要とされる数を満たしていない。

2 子どもだけでなく親も活動に参加できるような親と子のための施設が求められている。

3 子育てに関するさまざまな悩みを相談する相手がいないと訴える母親が増加している。

4 子どものころ十分に遊ぶ余裕がなかった親は，児童施設の重要さを理解できない。

5 子育てに自信のない孤独な親のために父親・母親教室が開催されている。

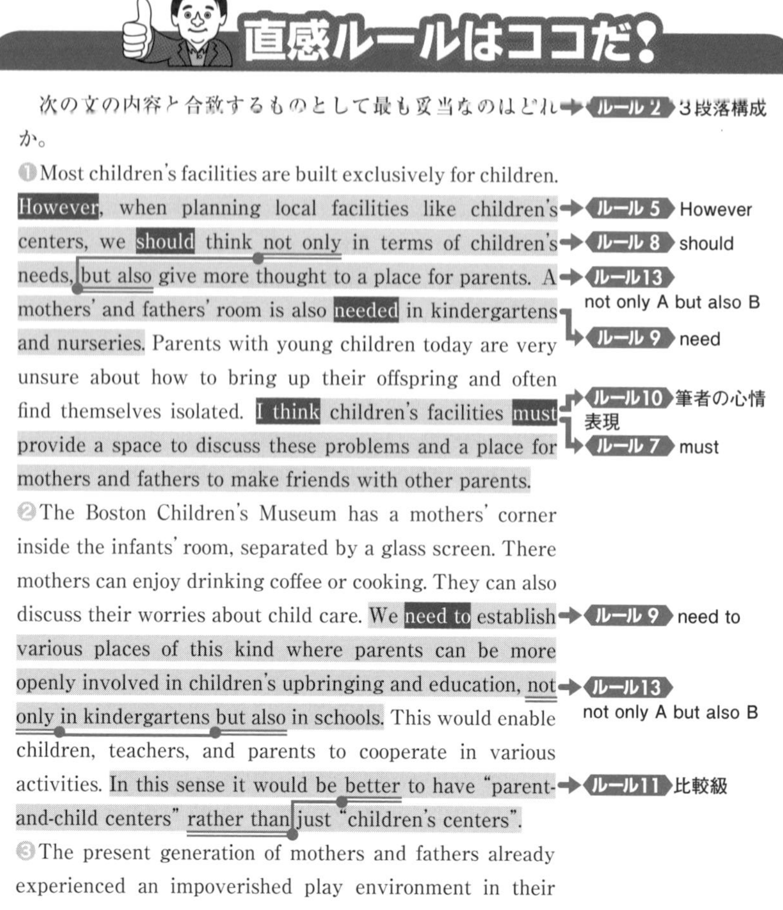

直感ルールはココだ！

次の文の内容と合致するものとして最も妥当なのはどれか。 → ルール2 3段落構成

❶Most children's facilities are built exclusively for children. **However**, when planning local facilities like children's centers, we **should** think not only in terms of children's needs, but also give more thought to a place for parents. A mothers' and fathers' room is also **needed** in kindergartens and nurseries. Parents with young children today are very unsure about how to bring up their offspring and often find themselves isolated. **I think** children's facilities **must** provide a space to discuss these problems and a place for mothers and fathers to make friends with other parents.

→ ルール5 However
→ ルール8 should
→ ルール13 not only A but also B
→ ルール9 need
→ ルール10 筆者の心情表現
→ ルール7 must

❷The Boston Children's Museum has a mothers' corner inside the infants' room, separated by a glass screen. There mothers can enjoy drinking coffee or cooking. They can also discuss their worries about child care. We **need to** establish various places of this kind where parents can be more openly involved in children's upbringing and education, not only in kindergartens but also in schools. This would enable children, teachers, and parents to cooperate in various activities. In this sense it would be better to have "parent-and-child centers" rather than just "children's centers".

→ ルール9 need to
→ ルール13 not only A but also B
→ ルール11 比較級

❸The present generation of mothers and fathers already experienced an impoverished play environment in their own childhood. Therefore many of them are unaware of the importance of play. Now, at the eleven th hour, mothers and fathers need to learn how to play. I think we need facilities where adults can play with their children, and grow with them.

ルール12 Now
ルール9 need to
ルール10 筆者の心情表現
ルール9 need

1 児童施設の建設が各地で進んでいるが，まだ必要とされる数を満たしていない。
2 子どもだけでなく親も活動に参加できるような親と子のための施設が求められている。
3 子育てに関するさまざまな悩みを相談する相手がいないと訴える母親が増加している。
4 子どものころ十分に遊ぶ余裕がなかった親は，児童施設の重要さを理解できない。
5 子育てに自信のない孤独な親のために父親・母親教室が開催されている。

ルール1 設問に当たる

【全訳】

❶児童施設の大半は，もっぱら子どものためにのみ建てられている。しかし，児童センターなどの地域的な施設を計画する際には，子どものニーズという観点だけでなく，親のための場所についてももっとよく考えなければならない。幼稚園や保育園には，母親や父親のための部屋も必要である。現代において幼い子どもを持つ親は，子育ての方法について大きな不安を抱いており，孤立していると感じることも多い。児童施設には，こうした問題について話し合う場所や，親どうしが親しくなるための場所を設けなければならないと思う。

❷ボストン子ども博物館には，幼児用の部屋の中に，ガラススクリーンで仕切られた母親向けの一角がある。ここで母親たちは，コーヒーを飲んだり，料理を楽しんだりすることができる。また，育児についての不安を話し合うこともできる。親がしつけや教育にもっと率直に関与できるよう，幼稚園だけでなく学校の中にも，このような場所を設ける必要がある。これによって，子ども，教師，親が協力してさまざまな活動に携わることができるようになるだろう。こうした点で，単なる「児童センター」よりも，「親子センター」を設けるほうが適切であろう。

❸現在の母親・父親世代の幼年期には，すでに遊ぶ環境が減少していた。それゆえ遊びの大切さに気づいていない親も多い。遅ればせながら，今から母親・父親も遊び方を学ぶ必要がある。大人が子どもとともに遊べて，子どもとともに成長できるような施設が必要であると思う。

お試し問題の解説

筆者は自分の意見を展開していく中で，強調表現を何度も使って，主張したい部分を打ち出していくことがあります。ここでは筆者の主張がどこにあるのか。強調表現に注意して読み進めていきます。

《直感ルールによる文章構造》

ルール１ **1**，**2**，**4**は「施設」，**5**は「父親・母親教室」が主題。**3**と**4**は「親」が主語で，**3**は中でも「母親」にスポットを当てています。

ルール２ より，全部で３段落構成であることがわかります。

第一段落（❶）

１行目：ルール５「However」＆ ルール８「should」＆ ルール13「not only A but also B」

「However, when planning ～ we should think not only ～ children's needs, but also ～ for parents,」

☞強調表現のルールが３つ使われていることから，ここがかなり強い主張であることがわかります。

４行目：ルール９「need」

「A mothers' and fathers' room is also needed ～」

８行目：ルール10「筆者の心情表現」＆ ルール７「must」

「I think children's facilities must provide ～」

☞１行目に続き，ルールが２つ使われている筆者の強い主張が表れている箇所です。

第二段落（❷）

４行目：ルール９「need to」＆ ルール13「not only A but also B」

「We need to establish various places ～ not only in kindergartens but also in schools.」

☞ルールが２つ見られる，筆者の強い主張が表れている箇所です。

９行目：ルール11「比較級」

「In this sense it would be better ～ rather than ～」

第三段落（③）

4行目：ルール12「Now」& ルール9「need to」

「Now, ～ mothers and fathers need to learn how to play.」

5行目：ルール9「筆者の心情表現」& ルール9「need」

「I think we need facilities where ～」

☞4行目，5行目ともにルールが2つ見られる，筆者の強い主張が表れている箇所です。

筆者は繰り返し「強調表現」を使用して自分の主張を強めています。ここでは「児童施設」のあり方について，「need (to)」や「I think」といった表現を用いて，結論を求めていることがわかります。また本文中で ルール が複数用いられている箇所は，特に強調したい主張部分なので，選択肢との見比べを忘れずに行ってください。第一段落1行目，8行目，第二段落4行目，第三段落4行目，5行目がそうです。そこで繰り返されているのは「子どもだけのための施設ではなく，親が子どもとともに，遊びの大切さを学べる施設を設ける必要がある」ということです。

選択肢の検討

1．児童施設の建設については第一段落で記されていますが，「必要とされる数を満たしてい」るかどうかの指摘はされていません。

2．正しい。

3．育児に対する親の不安に関しては，第一・第二段落に記されていますが，そこでは「悩みを相談する相手がいないと訴える母親が増加している」のではなく，子育てにおける不安について話し合う場所を設ける必要性について記されています。また第一段落6行目辺りを読むと，「Parents」とあり，母親だけの問題であるかどうかはわかりません。

4．親が子どもであった頃の話は，第三段落冒頭に出てきます。ここは筆者の主張部分ではなく，さらにそこでは「子どものころ十分に遊ぶ余裕がなかった」のではなく，「遊ぶ環境が減少していた」とあります。

5．「父親・母親教室」の開催についての記述は本文になく，繰り返される強調表現からも，親子センターを設ける必要性が問われています。

正答 2

check □□□

No.1 【平成19年度・国家Ⅱ種】 GⅢ ➡正答と解説はP.218

次の文の内容と合致するものとして最も妥当なのはどれか。

❶ When people talk about the forces that make globalization happen, the first things that come to mind are often information technology, transportation and trade. But there's another important factor that connects all of them: standards.

❷ International standards have become, at the same time, the price of admission to the global economy and the glue holding it together. They cover engineering, manufacturing, management, communications, packaging and just about any economic activity you can name. Adherence to the standards is a condition of entry to the World Trade Organization. And as the global economy grows, so do they.

❸ You don't have to look far to see the usefulness of standards: what would happen if air traffic controllers didn't speak English? And you probably don't even notice the basic ones like time (seconds, minutes, hours, days) and location (latitude and longitude). Yet in industry, making sure that suppliers' products meet customers' expectations requires a much more specific and complex set of standards, a job for groups like the International Organization for Standardization*.

❹ "In 2005, ISO was producing more than 100 standards a month, a 40 percent increase compared with 2002," Alan Bryden, secretary general of the organization, said in an e-mailed response to questions. "Today, ISO's portfolio stands at over 16, 140 standards, and they provide benefits for just about every sector of business and technology."

❺ Bryden said the organization was extending its standards to several emerging fields, with new standards already established for food safety, information security and supply-chain security. The group is moving on to nanotechnology, geosynthetics and biometrics.

❻ Developing those standards requires a long process of drafts and voting, in which standards bodies collect suggestions from businesses and governments around the world.

*International Organization for Standardization (ISO)：国際標準化機構

1 グローバル化の進展には，様々なものをつなぐ国際標準の設定が重要な要素となっている。

2 世界貿易機関は，ISOに国際標準を増やすよう勧告した。

3 2002年から2005年の間に，ISOは1か月当たり100以上の新しい国際標準を設定した。

4 消費者が期待する製品の生産を促進するため，ISOは一連の一般的かつ単純な国際標準を設定した。

5 各国政府がISOに慎重な検討を求めた結果，国際標準の設定手続きが長期化している。

No.2 【平成21年度・国家Ⅱ種】 GⅢ ➡正答と解説はP.220

次の文の内容と合致するものとして最も妥当なのはどれか。

❶ Human growth is a process of experimentation, trial, and error, ultimately leading to wisdom. Each time you choose to trust yourself and take action, you can never quite be certain how the situation will turn out. Sometimes you are victorious, and sometimes you become disillusioned. The failed experiments, however, are no less valuable than the experiments that ultimately prove successful; in fact, you usually learn more from your perceived "failures" than you do from your perceived "successes."

❷ Most people feel great disappointment and anger when their plans in which they've invested a great deal of energy, time, and money fall through. The first reaction for most of us is to feel that we have failed. While it is easy enough to jump to this depressing conclusion, it will impede[*1] your ability to progress with your life lessons.

❸ Rather than viewing your own mistakes as failures and others' mistakes as slights, you can view them as opportunities to learn. As Emerson said, "Every calamity[*2] is a spur and a valuable hint." Every situation in which you do not live up to your own expectations is an opportunity to learn something important about your own thoughts and behaviors. Every situation in which you feel "wronged" by another person is a chance to learn something about your reactions. Whether it is your own wrongdoing or someone else's, a mistake is simply an opportunity to evolve further along your spiritual path.

❹ When you consider the hardships of life — the disappointments, hurts, losses, illnesses, all the tragedies you may suffer — and shift your perception to see them as opportunities for learning and growth, you become empowered. You can take charge of your life and rise to its challenges, instead of feeling defeated, victimized, or cast adrift.[*3]

＊1　impede：妨げる

＊2　calamity：災難

＊3　cast adrift ：（海に）投げ出されて漂流した

1 他人の言動に流されず，自分自身を信じて行動すれば，良い結果を得ることが多くなる。
2 失敗体験からは多くを学ぶものであり，それは成功体験に劣らず価値がある。
3 人間関係がうまくいかないとき，相手を責めるよりも，自分のことを反省した方がよい。
4 数々の経験を重ねていくうちに，徐々に，失敗は少なくなっていく。
5 不幸があれば次には幸せがやってくるものであり，運命に身をゆだねることも必要である。

check

No.3 【平成26年度・国家総合職】GⅡ

➜正答と解説はP.222

次の文の内容と合致するものとして最も妥当なのはどれか。

❶ The stakes for the environmental health of the globe and its citizens have gotten a lot higher in the last 15 years, amid widespread crop failures in the Northern Hemisphere, changing weather patterns, acidifying oceans and a record ice melt in the Arctic Ocean. Right now, a Russian tanker carrying liquefied natural gas is steaming through the Arctic on its way to Japan — the first such vessel ever to take the route, thanks to thinner ice cover.

❷ The last decade has seen nine of the hottest years on record. And in a new report, the World Bank cites the "nearly unanimous" prediction by scientists that the globe will warm by as much as 4 degrees Celsius this century. It expects the consequences to include "the inundation* of coastal cities; increasing risks for food production potentially leading to higher malnutrition rates; many dry regions becoming drier, wet regions wetter."

❸ "Recent extreme heat waves such as in Russia in 2010 are likely to become the new normal. … Tropical South America, central Africa, and all tropical islands in the Pacific are likely to regularly experience heat waves of unprecedented magnitude and duration," according to the World Bank study.

❹ The World Meteorological Organization, a UN agency, reported last week that global carbon dioxide emissions had risen by 50% since 1990. There's fresh evidence that they are still rising, and an overwhelming majority of climate scientists say the warming of the planet is accelerating, with consequences we can't predict. Scientists describe this as the "cascade of uncertainties."

❺ The WMO calculates that the volume of carbon dioxide in the atmosphere has now reached 390.9 parts per million, roughly 40% higher than the level before the Industrial Revolution. 375 billion tons of carbon have been released into the atmosphere since 1750.

⑥ About half has been absorbed by the oceans and the Earth's biosphere ; the rest will remain in the atmosphere for centuries, gradually cooking the planet.
⑦ The latest data from the WMO also shows that emissions of nitrous oxide (N_2O) are 20% higher than in the preindustrial era, and are accelerating. That's a cause for concern because nitrous oxide is much more "toxic" than carbon dioxide; its impact on the climate is about 300 times greater. About 40% of the nitrous oxide emitted is from human activity, according to WMO estimates.

＊ inundation：浸水，洪水

1 地球温暖化を防ぐ対策の一つとして液化天然ガスの使用が進められており，日本では液化天然ガスをロシアから輸入している。
2 世界銀行の報告書では，地球温暖化が今世紀中も続くとすると，北半球では，沿岸地域の洪水などにより食料を生産できる地域が減少してしまうおそれが指摘されている。
3 世界銀行の報告書では，地球温暖化が続くと，乾燥した地域で雨が多くなり，雨の多い地域が乾燥するような異常気象が常態化するおそれが指摘されている。
4 世界気象機関は，全世界で１年間に排出される二酸化炭素の量が産業革命以前よりも約40％多くなり，このままでは今世紀中に気温が約４度上昇すると推測している。
5 一酸化二窒素（N_2O）は，気候に対する影響が二酸化炭素の約300倍も大きいが，世界気象機関は，その排出量の約40％は人間の活動によるものであると推計している。

No.4 【平成17年度・国家Ⅱ種】 GⅡ

➡正答と解説はP.225

次の文の内容と合致するものとして最も妥当なのはどれか。

① Traditionally, global conservation groups have concerned themselves with "saving" the world's rain forests, and as a result, most of us have never even heard of a tropical dry forest, let alone know that they are almost extinct!
② Most tropical ecologists would agree that Latin America's dry forests are more endangered than rain forests. Of what little remains, only 0.08 percent is protected within national parks or reserves. "They're almost too small to be seen on a map, "says Eric Von Horstman, director of the Cerro Blanco protected forest reserve near Guayaquil in Ecuador, "and it's a hard, uphill struggle to protect these tiny fragments." Because dry forests are found mainly in poor countries where population growth is rampant, people are always going to need more land on which to raise their oversized families. Most dry forest reserves are under

constant attack by hunters, loggers and arsonists who burn the trees down.

（中略）

③ Horstman works closely with governments, local communities and private donors to help people understand why it is important — not only to conserve what little is left — but to actually grow some of it back. "Without forests, water tables* drop dramatically, and that can have terrible consequences for the subsistence farmer in a hot, dry climate."

④ Dry forest ecologists agree that currently, the protected areas are not large enough to be self-sustaining into the future. "To truly save this habitat," says Dr. Daniel Janzen, the world's leading expert in dry forest restoration, "we not only need to protect what still remains, but we are going to have to give some land back to it."

⑤ Wherever you find dry forest reserves, you will usually find areas where small trees have been planted, in an effort to help the forests reclaim some of their former range. With hard work and community support, conservation pioneers such as Horstman and Janzen are attempting something never tried before: They are bringing back, not just a single species, but an entire tropical habitat from the very brink of extinction.

＊water table：地下水位

1　乾燥林の減少をこのまま放置すると，数十年後にはたった0.08パーセントしか残らないことが研究者の報告で分かり，その対策が求められている。

2　乾燥林が地図上ではっきりと表示されていないことが人々の乾燥林の危機に対する認識の低さにつながっているとHorstmanは主張した。

3　乾燥林を保護するのが難しいのは，それらが主に人口が増加している貧しい国にあり，そこでは大家族を養うのに人々がもっと土地を必要としているためである。

4　乾燥林が絶滅して生態系が破壊されると，雨期にラテンアメリカ諸国特有の激しい降雨に見舞われるため，地盤がゆるみ土砂災害の発生が多くなるといわれている。

5　乾燥林を救うには現在残っている樹木を保護するよりは，乾燥に強い外来種の樹木を植えて，砂漠や荒れ地を林に変える方が効果的である。

check □□□

No.5 【平成28年度・国家一般職】GⅠ ➡正答と解説はP.227

次の文の内容と合致するものとして最も妥当なのはどれか。

① The culture of "time macho" — a relentless competition to work harder, stay later, pull more all-nighters, travel around the world and bill the extra hours that the international date line affords you — remains astonishingly prevalent among professionals today. Nothing captures the belief that more time equals more value better than the cult of billable hours afflicting *1 large law firms across the country and providing exactly the wrong incentives for employees who hope to integrate work and family. Yet even in industries that don't explicitly reward sheer quantity of hours spent on the job, the pressure to arrive early, stay late, and be available, always, for in-person meetings at 11 a.m. on Saturdays can be intense. Indeed, by some measures, the problem has gotten worse over time: a study by the Center for American Progress reports that nationwide, the share of all professionals — women and men — working more than 50 hours a week has increased since the late 1970s. 《中略》

❷ Long hours are one thing, and realistically, they are often unavoidable. But do they really need to be spent at the office? To be sure, being in the office some of the time is beneficial. In-person meetings can be far more efficient than phone or e-mail tag; trust and collegiality *2 are much more easily built up around the same physical table; and spontaneous conversations often generate good ideas and lasting relationships. Still, armed with e-mail, instant messaging, phones, and videoconferencing technology, we should be able to move to a culture where the office is a base of operations more than the required locus *3 of work.

❸ Being able to work from home — in the evening after children are put to bed, or during their sick days or snow days, and at least some of the time on weekends — can be the key, for mothers, to carrying your full load versus letting a team down at crucial moments. State-of-the-art videoconferencing facilities can dramatically reduce the need for long business trips. These technologies are making inroads, and allowing easier integration of work and family life. Yet our work culture still remains more office-centered than it needs to be, especially in light of technological advances. One way to change that is by changing the "default rules" that govern office work — the baseline expectations about when, where, and how work will be done.

＊1 afflict：～を悩ます　＊2 collegiality：同僚間の協調・協力関係

＊3 locus：場所，位置

1 職場に遅くまで残って長時間働くことを評価する傾向は，最近は大幅に改善されているものの，大企業には依然として見られる。

2 研究によれば，労働時間に見合った報酬が支払われていないという問題は，1970年代後半から深刻化している。

3 対面形式の会議では，雑談して会議が長引いてしまうことがあるが，メールのやりとりは，効率的で，良いアイディアを生むこともある。

4 育児中の者は，重要な仕事で責任を果たせるよう，日頃から仕事の量を調整しておく必要がある。

5 仕事と家庭の両立は，最新のテレビ会議の設備等により行いやすくなっているが，職場にいることがいまだに重視されている。

check □□□

No.6 【平成28年度・国家総合職】GⅠ ➡正答と解説はP.230

次の文の内容と合致するものとして最も妥当なのはどれか。

❶ The world burns enough oil-derived fuels to drain an Olympic-size swimming pool four times every minute. Global consumption has never been higher — and it is rising.

❷ Yet the price of a barrel of oil has fallen by more than half over the past six months because the globe, experts say, is awash in oil.

❸ So, where did all this oil come from? The Earth has been accumulating oil and natural gas for about a billion years. Humans have been drilling and burning crude and gas in significant amounts for only the last 156 years, since the birth of the oil industry in Pennsylvania in 1859.

❹ So even when oil prices spiked earlier this decade amid worries that oil supplies would soon run low, scientists and oil companies knew there was plenty available. It wasn't so much a question of how much oil and gas was left in the Earth's crust, but whether we could figure out how to squeeze it out economically.

❺ "How much oil we have is an economic and technical question, not a geologic one," said Doug Duncan of the U.S. Geologial Survey. "There's far more than we can extract economically using today's technology."

❻ More than enough, for now at least, to sustain record high consumption of 91.4 million barrels per day. There are 42 gallons in a barrel, so that is 3.8 billion gallons per day. Looked at another way, it is as if every human on the planet went through a gallon of oil every two days.

❼ Since 1980, the world has burned nearly 40 trillion gallons. That is a bit more liquid than held by Lake Tahoe, the 11th-deepest lake in the world. It is enough to cover California in oil to a depth of 14 inches.

❽ While that may sound like a lot, remember that Lake Tahoe, on a map of the globe, is a pretty small dot. There is sedimentary rock that holds old organic matter under huge swaths of the Earth's crust. Some of the rock is 20,000 to 30,000 feet thick, says Scott Tinker, a geologist at the University of Texas' Jackson

School of Geosciences. Only a small portion holds oil and gas, but the scale of the possible resource is enormous.

1　専門家によると，採掘可能な石油の量は日ごとに増え続けており，人類が１日当たり9,140万バレルを消費し続けても十分に賄えるため，石油の価格は安定する見通しである。

2　石油は10億年もかけて蓄えられてきており，十分な量が存在しているが，科学者や石油会社は，近い将来，石油の供給量が減少に転じるとの見解を示していた。

3　石油を経済的に採掘する方法が見付かるかどうかがこれまで課題とされてきたが，現在では，採掘技術が格段に進歩し適正な価格で石油を流通させることが可能となっている。

4　1980年以降，世界で消費してきた石油の総量は約40兆ガロンであり，それは世界で11番目に多くの石油が埋蔵されているタホ湖付近の石油埋蔵量をわずかに上回っている。

5　地底には古い有機物を含む岩盤が存在し，その中で石油や天然ガスを含むのはごく一部であるが，それでも石油や天然ガスの潜在的な量は膨大である。

実戦問題 正答と解説

No.1の正答と解説 【平成19年度・国家Ⅱ種】

➡問題文はP.210

【全訳】

❶グローバリゼーションをもたらす力について語るとき，真っ先に頭に浮かぶのは情報技術，輸送手段，貿易であることが多い。しかし，それらすべてをつなぐもう一つの重要な要因がある。それは，標準である。

❷国際標準は国際経済への入場料であると同時に，国際経済をつなぎ合わせる接着剤となってきた。国際標準は工学技術，物の製造，経営，通信，包装など，思いつく限りのほぼどんな経済活動にも及んでいる。標準を厳守することが世界貿易機関（WTO）加盟への条件になっている。そして国際経済が成長するにつれて，国際標準も成長を遂げているのである。

❸標準を設けることの有用性を知るのに遠くまで見渡す必要はない。もし航空管制官が英語を話さなかったとしたらどうだろう？　それに普段はおそらく気に留めもしないだろうが，時間（秒，分，時，日）や位置（緯度と経度）といった基礎的な標準もある。もっとも産業においては，供給側の製品が消費者の期待を満たすためには，より具体的で複雑な一連の標準が必要であり，それを作るのは国際標準化機構（ISO）のような団体の仕事である。

❹「2005年には，ISOは１か月に100を超える標準を作り出していましたが，これは2002年に比べると40％増です」と，機構の事務総長を務めるアラン・ブライデンは，E-メールでの質問に対する回答の中で語った。「今日では，ISO標準の一覧は，16,140を超えるほどになり，ビジネスや科学技術のほとんどあらゆる部門で利益を生み出しています」。

❺ブライデンの語るところによると，機構は現在いくつかの突出した分野にISO標準を広めており，すでに食品の安全，情報の安全保護，サプライチェーン（商品の供給過程）の安全保護の標準が設定されている。それに続いて機構はナノテクノロジー，ジオシンセティックス（地盤補強材），生物測定学の分野にも進出している。

❻それらの標準を作り上げるには草案と投票からなる長いプロセスが必要であり，その中で標準の設定にかかわる団体は世界中の企業や政府から提案を集める。

出典：「データブック国際労働比較2006」

《直感ルールによる文章構造》

ルール１　**1**.「国際標準の設定」，**2**.「世界貿易機関」，**3**，**4**.「ISO」，**5**.「各国政府」と主語が異なっているので，筆者の主張部分でのメインとなる主語のチェックを忘れないでください。

ルール3 **3**に「2002年から2005年の間」「1か月当たり100以上」という数字が見えるので，本文との対照が必要です。第四段落に数字が見えます。

ルール2 より，全部で6段落構成であることがわかります。

第一段落（①）

3行目：ルール5「But」& ルール9「important」& ルール13「all」

「But there's another important factor that connects all of them: standards.」

☞1行目に「the first」という最上級表現が見えますが，「But」があることで，筆者の主張は3行目に当たります。

第二段落（②）：チェックする箇所は特になし。

第三段落（③）

1行目：ルール14「not」& ルール7「have to」& ルール12「疑問形」

「You don't have to look far to see ～ what would happen if air traffic controllers didn't speak English?」

4行目：ルール5「Yet」

「Yet in industry, making sure ～」

第四段落（④）：ルール15 **「引用」**➡チェックする箇所は特になし。

第五段落（⑤）：チェックする箇所は特になし。

第六段落（⑥）：チェックする箇所は特になし。

一見長くて難解な単語が並ぶ文章のようですが，ルール から見えてくる筆者の主張部分はわずか3行であることがわかります。第一段落3行目の「グローバリゼーションをつなぐ重要な要因に『標準』がある」こと。第三段落1行目の「標準を設けることの有用性を知るのに，遠くまで見渡す必要はない」こと。同じく4行目の「より具体的で複雑な標準が必要である」といった3つが筆者の主張です。

選択肢の検討

1 ◎ 正しい。筆者の4つの主張部分をまとめた選択肢です。

2 × 世界貿易機関（WTO）が登場するのは第二段落，ISOの登場は第三段落以降で，両者のやり取りの記述は本文では見られません。

3 × 第四段落に数字が見えますが，ここは引用部分であることと，内容についても「2005年の1か月当たり100以上というのが，2002年と比べて40%増だ」とあり，「2002年から2005年の間に」という箇所が誤りです。

4 × 第三段落の主張部分ですが，そこでは「a much more specific and

PART 5 英文 テーマ13 内容把握【強調表現】

complex（＝具体的で複雑な）」とあるので誤りです。

5 × 第六段落をさす内容ですが，ここは筆者の主張部分ではなく，内容的にも「長いプロセスが必要なので，世界中の企業や政府から提案を集める」とあるので誤りです。

正答 1

No.2の正答と解説 【平成21年度・国家Ⅱ種】

→問題文はP.211

【全訳】

❶人間の成長とは，試行錯誤し，最終的には知恵の獲得に至るという実験作業のプロセスにある。いつも自分を信じて行動することを選択するのだが，どんなときも事態がどう転ぶかは決してわからない。成功して勝ち誇ることもあれば，幻滅に終わることもある。しかしながら，失敗に終わった実験は，成功裏に終わった実験に劣らず価値のあるものである。そればかりか，「成功」と思われたことよりは「失敗」と思われたことから学ぶことのほうが往々にして多いのである。

❷たいていの人は，自分が多くの労力と時間とお金を注いだ計画が失敗に終わると大いに失望し，怒りを感じる。われわれのほとんどにとって，最初にやってくるのは失敗したという感情である。この忌まわしい結論に飛びつくのは簡単だが，そうすると人生の教訓を得て成長する力をそぐことになってしまう。

❸自分の過ちを失敗とみなし，他人の過ちを軽視することをせずに，それを学ぶための機会ととらえるのがよい。エマーソンが語ったように，「すべての災難は激励であり，貴重なヒントを含んでいる」のである。自分自身の期待に応えられないような状況はすべて，自分自身の考えや行動について大事なことを学ぶ機会なのである。誰かに「不当な扱いを受けた」と感じるような状況はすべて，自分の反応について何かを学ぶチャンスなのである。自分自身の過ちであろうと他人の過ちであろうと，過ちは取りも直さず自分の精神的な成長の歩みをさらに進める機会なのである。

❹失望，傷心，喪失，病気など，起こりうるすべての人生の苦難に思いを致し，それらの受け止め方を変えて学びと成長のための機会と考えれば，それを力にできるようになる。そして，敗北感や被害者意識や疎外感を感じることなく，自分の人生を背負って困難に立ち向かうことができるのである。

出典：Cherie Carter Scott，*IF LIFE is a GAME,THESE are the RULES*

《直感ルールによる文章構造》

ルール 1 選択肢に統一性がないので，筆者の主張部分を探しながら読み進めていきます。

ルール2 より，全部で4段落構成であることがわかります。

第一段落（❶）

2行目：ルール14「never」

「Each time you choose to ～ you can never quite be certain how～」

4行目：ルール5「however」& ルール11「比較級」& ルール12「in fact」

「The failed experiments, however, are no less valuable than the experiments ～; in fact, you usually learn more from your perceived "failaves" than you do from your perceived "successes".」

第二段落（❷）

2行目：ルール11「最上級表現」

「The first reaction for most of us is to feel that we have failded.」

第三段落（❸）

1行目：ルール11「比較級」

「Rather than viewing your own mistakes as failures ～」

3行目：ルール13「Every」& ルール14「否定形」

「Every situation in which you do not live up to ～」

☞直前にエマーソンによる発言（＝引用）が見られるので，1行目と3行目は強めの主張であることがわかります。

5行目：ルール13「Every」

「Every situation in which you feel "wronged" ～」

第四段落（❹）：チェックする箇所は特になし。

筆者の主張部分は上記のとおりですが，なかでも第一段落4行目は，ルールが合計4つ用いられた文章です。展開としては，それまでの意見を否定して，比較を用いながらどちらがよりよいのかを掲げ，それが実際にはどういうことなのかを説明するという，かなり強い主張が示されている文章であることがわかります。こうした箇所が正答にねらわれやすい部分です。

選択肢の検討

1 × 第一段落2行目の主張部分ですが，そこでは「自分を信じて行動しても，事態がどう転ぶかわからない」としてあり，また「他人の言動」に対してどうあるべきかは記されていません。

2 ◎ 正しい。第一段落の主張部分をまとめた選択肢です。

3 × 自身の過ちと他人の過ちについては第三段落で述べていますが，そこでは両者を比較しているのではなく，両者を「学ぶための機会ととらえるのがよい」としています。

4 × 失敗は成長のための機会であるといったような内容は繰り返し見られますが，経験を重ねれば失敗は少なくなるという言及は見られません。

5 × 筆者の主張部分で繰り返し示されるように，主体的な態度が必要であり，「運命に身をゆだねる」といった態度は主張にふさわしくありません。

正答 2

No.3の正答と解説 【平成26年度・国家総合職】

➡問題文はP.212

【全訳】

❶広域にわたる北半球での作物の不作や，気候パターンの変化，酸性化する海や北極海での記録的な氷の融解といった諸現象のさなか，地球とその住民を取り巻く環境の健全性のために投資が必要な額は，ここ15年でずっと高くなった。目下のところ，液化天然ガスを輸送するロシアのタンカーが1台，日本へ向けて北極を横断中である。そのような艦船がこの航路をとることはこれまでなかったのだが，海を覆っていた氷が薄くなっているおかげで初めて可能になったのだ。

❷記録に残る最も暑かった年の上位の9つまでもが，過去10年の間に起こっている。さらに世界銀行の新しい報告書の中には，地球は今世紀中に摂氏4度分も温暖化するだろうという，科学者たちによる「ほぼ満場一致の」予測が引用されている。報告書では，予測される結果として「沿岸都市の浸水，栄養失調率の上昇につながる可能性があるほどの食糧生産のリスクの高まり，多くの乾燥地域がより乾燥し，降水が多い地域がより降水が多くなること」などが挙げられている。

❸「2010年のロシアにおけるような近年の極端な熱波が，新たな標準になりそうである。…南米の熱帯地成，アフリカ中央部，そして太平洋のすべての熱帯の島々は，過去に前例のないほどの規模と期間に及ぶ熱波を定期的に経験する可能性が高い」というのが，世界銀行が紹介した研究報告である。

❹国連の機関である世界気象機関（WMO）は先週，世界の二酸化炭素排出量は1990年から50％増えているとの報告を出した。排出量は今も増えていることを示す最新の証拠もあり，気候科学者の圧倒的多数は，地球の温暖化は加速しており，われわれが予測できない結果を伴うと語っている。科学者たちはこれを「あふれるほどの不確実性」と表現している。

❺WMOの計算では，大気中に含まれる二酸化炭素の体積濃度は，現在では390.9ppmに達しており，これは産業革命以前のレベルより約10％高い。1750年以来，3,750億トンの炭素が大気中に放出されたことになる。

❻そのおよそ半分は海洋や地球の生物圏によって吸収され，残りは大気中に

何世紀にもわたってとどまりながら，徐々に地球を加熱している。
❼WMOの最新のデータは，一酸化二窒素（N_2O）の排出量も産業革命前の時代より20％増えており，その排出が加速していることを示している。これが懸念材料であるのは，一酸化二窒素は二酸化炭素よりもはるかに「有毒」だからだ。それが気候に与える影響はおよそ300倍も大きい。WMOの推計では，排出される一酸化二窒素の約40％は人間の活動によるものであるとしている。

出典：Tim Lister, "Trying to agree a Kyoto 2.0, as the planet simmers", *CNN*

《直感ルールによる文章構造》

ルール1 & ルール3 **1**, **2**, **3**では，地球温暖化と温暖化がもたらす影響について，**4**では二酸化炭素の量の時代的な比較，**5**では一酸化二窒素の排出量について述べられているので，温暖化における変化や数値の増減について記されている部分を押さえます。また，**2**や**3**では「世界銀行の報告書」，**4**では「世界気象機関」の推測が挙がっているので，本文の引用の扱い方には注意してください。

ルール2 より，全部で7段落構成であることがわかります。

第一段落（❶）

4行目：ルール12「now」& ルール11「最上級表現」

「Right now, a Russian tanker carrying liquefied natural gas is steaming through the Arctic on its way to Japan — the first such vessel ever to take the route, thanks to thinner ice cover.」

第二段落（❷）

1行目：ルール11「最上級表現」

「The last decade has seen nine of the hottest years on record. And in a new report, ～」

☞「And」があることで，強調したいことが続いていくのがわかるので，次の行も併せてチェックします。

第三段落（❸）

2行目：ルール13「all」

「～ and all tropical islands in the Pacific are likely to regularly experience heat waves ～」

第四段落（❹）

2行目：ルール14「否定形」

「There's fresh evidence that they are still rising, ～ with

consequences we can't predict.」

第五段落（⑤）

1行目：ルール12「now」& ルール11「比較級」

「The WMO calculates ～ has now reached 390.9 parts per million, roughly 40% higher than the level before the Industrial Revolution.」

第六段落（⑥）：チェックする箇所は特になし。

第七段落（⑦）

1行目：ルール11「最上級表現」& ルール11「比較級」

「The latest data from the WMO also shows that emissions of nitrous oxide（N_2O）are 20％ higher than in the preindustrial era, and are accelerating.」

2行目：ルール11「比較級」

「That's a cause for concern because nitrous oxide is much more "toxic" than carbon dioxide; ～」

選択肢を先に読み，本文に当たっていけば，見慣れない専門用語等が想像できる文章です。数字に関する文が複数箇所で登場するので，そこで述べられている主語と目的語の関係などに注意しながら読み進めます。

選択肢の検討

1 × 第一段落をまとめた選択肢ですが，「地球温暖化を防ぐ対策の一つとして液化天然ガスの使用が進められて」いるという記述はなく，海を覆っていた氷が薄くなり（地球温暖化が原因か？），これまで通ることのできなかった北極航路が使えるようになったとあること。さらに液化天然ガスをロシアのタンカーが輸送していると記しているだけで，日本がロシアから輸入しているとまでは，本文から読み取ることはできません。

2 × 世界銀行の報告書については，第二・第三段落で述べられていますが，そこでは沿岸都市の浸水や栄養失調率の上昇につながる食糧生産のリスクについては指摘されているものの，「北半球では」と限定をしていません。

3 × 選択肢**2**と同じ世界銀行の報告書についてであり，第二段落の最後では，多くの乾燥地域がさらに乾燥し，雨の多い地域はさらに雨が多くなるとしており，選択肢とは反対の指摘がされていることがわかります。

4 × 第五段落の主張部分前後で述べられていますが，そこでは大気中に含まれる二酸化炭素の濃度が産業革命以前よりも10%高くなったのであって，排出された量ではありません。また，今世紀中に気温が4度上昇するという指摘をしているのは，WMO（世界気象機関）ではなく，第二段落に見えるように世界銀行であることがわかります。

5 ◎ 正しい。第七段落の主張部分と，それに続くデータをまとめたものです。

正答 5

No.4の正答と解説 【平成17年度・国家Ⅱ種】

➡問題文はP.213

【全訳】

❶従来，世界的な環境保護団体は，世界の熱帯雨林の「保護」に携わってきた。その結果として私たちのほとんどは，熱帯の乾燥林のことなど聞いたこともなく，ましてそれが消滅しかけているということなど知るよしもない。

❷熱帯生態学者の大半は，ラテンアメリカの乾燥林が熱帯雨林よりも大きな危機にさらされていることを認めるだろう。乾燥林はすでにほとんど残っていないうえに，国立公園や指定地として保護されているのはそのうちのわずか0.08％である。「あまりに狭いため，地図上で確認することができないほどです」と，エクアドルのグアヤキル付近にあるセロ・ブランコ森林保護区域責任者のエリック・フォン・ホルツマン氏は語っている。「それに，こうしたわずかな地域を保護していくことは非常に困難です」。乾燥林は主に，人口が急増している貧しい国々にあり，そこでは大家族を養うために人々が，より多くの土地を必要としている。乾燥林の保護区域の大半は常に，狩猟者や伐採者，そして木々を焼き尽くすために火を放つ人々からの攻撃にさらされている。（中略）

❸ホルツマン氏は政府や地域社会，個人寄贈者などと緊密に協力して，残されたわずかな乾燥林を保護するのみならず，乾燥林の一部を再生させることの重要性を，人々が理解できるよう支援している。「森林がなければ，地下水位は大幅に下がります。これは，暑くて乾燥した風土において自耕自給で暮らす農家にとって，恐ろしい結果を招きかねません」。

❹現時点での保護区域では，今後単独で存続していくうえで広さが不十分であるという点で，乾燥林の生態学者たちの意見は一致している。乾燥林の保護における第一人者であるダニエル・ジャンゼン博士は，次のように語っている。「この自生地をきちんと保護するためには，残された部分を保護するのはもちろんのこと，そこに再び土地を戻していく必要があります」。

❺乾燥林保護区域ならどこでも，以前乾燥林のあった範囲の一部を再生させようと，小さな木々が植えられてきた部分があるのに気がつくだろう。熱心な作業と地域の支援により，ホルツマン氏やジャンゼン博士など保護活動の第一人者たちは，これまで一度も行ったことのないことを試みている。つまり，単一の種のみならず，熱帯林の自生地全体を絶滅の危機から救おうというのである。

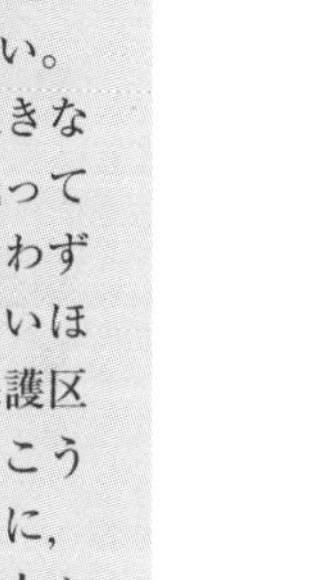

《直感ルールによる文章構造》

ルール1 主語にはすべて「乾燥林」が入っており，**1**はその「減少」，**2**は「地図上に表示されていないこと」，**3**は「保護の難しさ」，**4**は「絶滅するとどうなるか」，**5**は「救うために効果的な方法」に視点が置かれているので，筆者の主張部分との対照が必要です。

ルール3 **1**に「乾燥林が数十年後には0.08パーセントしか残らない」という記述があり，第二段落にその数字が見えるので読み込みが必要です。

ルール2 より，全部で5段落構成であることがわかります。

第一段落（❶）

1行目：ルール14「never」

「Traditionally, ～ most of us have never even heard of ～」

第二段落（❷）

1行目：ルール11「比較級」

「Most tropical ecologists would agree ～ dry forests are more endangered than rain forests.」

2行目：ルール14「little」

「Of what little remains, only 0.08 percent is protected ～」

6行目：ルール9「need」

「Because dry forests are found ～ people are always going to need more land on which to raise their oversized families.」

第三段落（❸）

1行目：ルール9「important」& ルール13「not only A but also B」

「Horstman works ～ why it is important — not only to conserve what little is left — but to actually grow some of it back.」

第四段落（❹）

1行目：ルール14「not」

「Dry forests ecologists agree ～ the protected areas are not large enough to be self-sustaining into the future.」

☞なお，3行目にルール13「not only A but also B」とルール9「need」を含む文が見られますが，ここはジャンゼン博士のセリフであり，「引用」（≠筆者の主張）であることがわかります。

第五段落（❺）

3行目：ルール14「never」

「With hard work and community support, conservation pioneers such as Horstman and Janzen are attempting something never tried before:」

4行目：ルール13「not only A but also B」

「They are bringing back, not just a single species, but an entire tropical habitat ～」

筆者の主張はすべての段落に見られますが，乾燥林の減少の問題が注目される中，その原因はどこにあるのか。そして，その対策としてどんなことが考えられるのか。その辺りが強調表現とともに説明されているので，確実にチェックを行っていきます。

選択肢の検討

1 × 第二段落２行目に見られますが，そこでは「国立公園や指定地として保護されている乾燥林の割合が0.08パーセント」としています。

2 × 第二段落３行目に見られますが，そこでは「あまりに狭いため，地図上で確認できない」とあるだけで，それが乾燥林の危機に対する認識の低さにつながっているとまでは記されていません。

3 ◎ 正しい。第二段落の主張部分をまとめた選択肢です。

4 × 乾燥林の絶滅後についての記述は本文になく，第三段落辺りではホルツマン氏の言葉を引いて，「森林がなくなると，恐ろしい結果を招く」とあるぐらいで，はっきりと降雨や土砂災害が起こるとまでは述べていません。

5 × 第四段落３行目のジャンゼン博士の言葉の中に，その一部が見えますが，そこでは「残された部分を保護し，そのうえで乾燥林を戻していく」としてあるので，外来種の木を植えたり，林に変えるといった部分が本文とズレています。

正答 3

No.5の正答と解説 【平成28年度・国家一般職】

➡問題文はP.214

【全訳】

❶「時間のマッチョ」，つまり，より懸命に働き，遅くまで居残り，何日も徹夜をし，世界中を飛び回り，日付変更線がもたらしてくれる追加の時間をも支払い請求に乗せるといったことをどこまでも競うような文化は，今もなお知的職業に従事する人の間で驚くほど広範囲に見受けられる。かける時間が多いほど生み出す価値は増大するという信念が最も如実に表れているのが，この時間を支払い請求可能なものとして崇（あが）める文化であり，全国の大手法律事務所を悩ませ，仕事と家庭を両立させようと望む被雇用者たちに完全に間違った発奮材料を与えているものだ。だが，純粋に仕事に費やした時間の長さに応じて報酬が支払われることが明確でないような業界においてすら，早く出社し，遅くまで居残り，毎週土曜の午前11時に行われる対面形式の会議

に常に備えるよう迫られる重圧は並大抵ではない。それどころか，見方によってはこの問題は時代を経て悪化しているともいえる。というのは，アメリカ進歩センター（訳注：米国民主党系のシンクタンク）の調査研究によると，全国で男女を問わず，週に50時間を超えて働くあらゆる知的職業従事者の割合は，1970年代後半以降増加しているのだ。《中略》

❷労働時間の長さは，それ自体一つの問題であり，現実的にはなかなか避けられないものだ。だが，本当にそれだけの時間をオフィスで費やす必要があるのだろうか。確かに，「ある程度」の時間をオフィスで過ごすことは有益である。対面形式の会議は電話やメールのやり取りよりもずっと効率的であり，物理的に同じテーブルを囲んだほうが同僚間の信頼や協力関係もはるかに容易に築かれる。また，自然発生的な会話からはしばしば名案や長続きする関係が生まれるものだ。それでもなお，eメールやインスタントメッセージ，電話，テレビ会議の技術などを駆使して，私たちはオフィスが必須の仕事場所ではなく業務の拠点であるような文化への移行を可能にすべきなのだ。

❸家庭からの勤務，たとえば子どもを寝かしつけた後の夜間や病気の日や雪の日，あるいは週末の一部の時間だけでも家での仕事が可能になることが，働く母親にとっては，大事なときに周囲に迷惑をかけずに自分の仕事をすべてこなせる鍵となるだろう。最新のテレビ会議の設備は，出張で遠出する必要性を劇的に減少させるだろう。こうした技術は浸透しつつあり，仕事と家庭の両立が楽になることを可能にしている。とはいえ，技術の進歩を考慮してもなお，私たちの仕事文化は必要以上にオフィスが中心になったままである。これを変える一つの方法は，オフィスの仕事をつかさどる「デフォルトルール」，すなわちいつ，どこで，どのように仕事がなされるのかについて，求められる最低水準を変更することから始めることだ。

出典："Why Women Still Can't Have It All", *THE ATLANTIC*

《直感ルールによる文章構造》

ルール1 & **ルール3** 選択肢では職場での働き方や労働時間と賃金の問題，また，家庭や育児とのバランスについて記されていますが，特に共通するワードは見られません。その中で，**1**では「大幅に改善されている」，**2**では「1970年代後半から深刻化している」，**5**では「仕事と家庭の両立が行いやすくなっている」といった，数の増減や因果関係が見られるので，本文での該当部分を注意して読み進めます。

ルール2 より，全部で３段落構成であることがわかります。

第一段落（❶）

4行目：ルール14「Nothing」& ルール11「比較級」

「Nothing captures the belief that more time equals more value better than the cult of billable ～」

7行目：ルール5「Yet」& ルール14「否定形」

「Yet even in industries that don't explicitly reward ～」

10行目：ルール12「Indeed」

「Indeed, by some measures, the problem has gotten worse over time: ～」

第二段落（❷）

1行目：ルール5「But」& ルール9「need to」& ルール12「疑問形」

「But do they really need to be spent at the office?」

☞直訳すると「だが，本当にオフィスでそれだけの時間を過ごす必要があるのか？」ですが，ここでは「必要はないだろう」という反語の意味を持つのか，「必要がない」というのであれば，その理由が述べられる箇所があるはずなので，その後の読みに注意してください。

3行目：ルール11「比較級」

「In-person meeting can be far more efficient than phone or e-mail tag; trust and collegiality are much more easily built up ～」

☞1行目の疑問に対する回答に当たる具体的な説明部分です。

7行目：ルール8「should」

「～ we should be able to move to a culture where the office is a base of operations more than the required locus of work.」

☞ここもまた，1行目の疑問に対する回答に当たる具体的な説明部分です。

第三段落（❸）

6行目：ルール5「Yet」& ルール11「比較級」& ルール9「need to」

「Yet our work culture still remains more office-centerd than it needs to be, ～」

ルールが複数用いられている箇所が，筆者の主張部分となり，そこが選択肢としてねらわれやすいことは繰り返し記してきました。ここではさらに，第二段落に見える疑問に対する回答部分でも強調表現が使われていることから，第二段落全体の読みをしっかりと行っていきます。

選択肢の検討

1 × 第一段落の主張部分を中心にした選択肢ですが，そこでは長時間働くことを評価する傾向が大幅に改善したという記述は見られません。「労働時間の長さに応じて報酬が支払われることがハッキリしていない」と示され，また「時代を経て悪化している」と述べ，さらにそういう会社が大企業であるという限定した記述も見られません。

2 × 選択肢にある1970年代後半以降に増加している問題は，週に50時間以上働く，あらゆる知的職業従事者の割合であることが，第一段落の最後に見られます。

3 × 第二段落の主張部分ですが，そこでは対面式の会議のほうが電話やメールでのやり取りよりも効率的であり，名案が出るとしています。

4 × 第三段落に，働く母親や育児と仕事の関係について記されていますが，育児中の者に限定した記述や，日頃から仕事の量を調整しておく必要性については述べられておらず，一部の時間だけでも在宅での仕事が可能になることが鍵であるとしています。

5 ◎ 正しい。第三段落の主張部分をまとめた選択肢です。

正答 5

No.6の正答と解説 【平成28年度・国家総合職】

➡問題文はP.216

【全訳】

❶世界中で燃やされる石油系燃料の量は，オリンピック競技用プールが１分で４回空になるほどである。世界での消費量はかつてないほど多く，なお増え続けている。

❷だが，１バレル当たりの石油価格は過去６か月の間に半値以下まで下落しており，これは専門家に言わせれば，地球には石油があふれているせいだ。

❸では，この石油はいったいどこからやってきたのか。地球はおよそ10億年にわたって石油と天然ガスを蓄積し続けている。人類は地面を掘削して原油や天然ガスを大量に燃やし続けているが，石油産業がペンシルバニア州で産声を上げたのが1859年であるから，それはわずか過去156年間のことにすぎない。

❹だから，2010年代の前半，石油の供給量がそのうち低減するのではという不安の中で石油価格が高騰したときも，まだ利用できる石油はふんだんにあることを科学者や石油会社は知っていた。問題は，地殻の中にどれだけの石油や天然ガスが残されているかということよりも，むしろどうやってそれを

経済的に搾り出すかということだったのだ。
⑤「どれだけの石油があるのかというのは，経済的および技術的な問いであって，地質学的なものではないのです」と，アメリカ地質調査所のダグ・ダンカン氏は語った。「私たちが今日の技術で経済的に抽出できる量よりも，はるかに多い量が存在します」
⑥少なくとも現在のところは，1日当たり9,140万バレルという過去最高の消費量を維持するには十分すぎるほどの量があるということだ。1バレルは42ガロンなので，1日当たり38億ガロンということになる（訳注：1ガロンは米国で約3.8リットル）。見方を変えて言えば，地球上のすべての人間が2日ごとに1ガロンの石油を消費したということになる。
⑦1980年以降，世界中で燃やされた量はほぼ40兆ガロンに上る。これは世界で11番目の深さを持つタホ湖がたたえる水を若干上回る量に相当する。カリフォルニア州全体を石油で覆うとすれば深さ14インチにまで達する量だ。
⑧これは大変な量に思われるかもしれないが，世界地図の上ではタホ湖は相当小さな点で表されていることを思い出していただきたい。広大な地殻の層の底には，古い有機物を含む堆積岩が存在する。堆積岩の中には厚さ2～3万フィートに及ぶものもある，とテキサス大学ジャクソン地球科学学部に所属する地質学者のスコット・ティンカー氏は語る。石油や天然ガスが含まれるのはそのごく一部にすぎないが，資源として見込まれる量は膨大な規模になる。

出典："Why are we suddenly awash in oil？"，*The Japan Times News Digest*：2015. 3

《直感ルールによる文章構造》

ルール1 & **ルール3** 選択肢では共通して，石油の量について述べられています。**1**では採掘可能な石油量が「増え続けて」いることと9,140万バレルをこれまで消費してきたという点。**2**では近い将来，石油の供給量が「減少する」という点。**4**の1980年以降に消費した石油の総量が約40兆ガロンであり，タホ湖付近の石油埋蔵量との比較といった数の増減に注意すること。**3**では過去と現在の石油の採掘に関する比較。**5**では石油だけでなく，天然ガスも取り上げ，その両方の埋蔵量が膨大であるのかといった見比べが，本文ではどう示されているのかに注意します。

ルール2 より，全部で８段落構成であることがわかります。また，第二段落の冒頭に「Yet」が見えることから，第一段落からの論理展開があること。さらに第三・第四段落が「So」で始まっていることから，第四段落に向けて筆者の主張が強まっていくことを意識して読み進めます。

第一段落（①）

2行目：ルール14「never」

「Global consumption has never been higher — and it is rising.」

第二段落（②）

1行目：ルール5「Yet」

「Yet the price of a barrel of oil has fallen by more than half over the past six months ～」

☞ここに出てくる「more than」は石油価格が半値「以下に」下落したという意味なので，強調表現とはしません。

第三段落（③）

1行目：ルール6「So」& ルール12「疑問形」

「So, where did all this oil come from？」

☞疑問に対する答えの一つが直後の「The Earth ～」に見えるので，併せてチェックすることを忘れないでください。

第四段落（④）

1行目：ルール6「So」

「So even when oil prices spiked earlier this decade amid worries that oil supplies would soon run low, ～」

3行目：ルール11「not A but B」

「It wasn't so much a question of how much oil and gas was left in the Earth's crust, but whether we could figure out ～」

第五段落（⑤）：**ルール15「引用」**➡チェックする箇所は特になし。

第六段落（⑥）

3行目：ルール6「Looked at another way」（見方を変えて言えば＝換言）

「Looked at another way, it is as it every human ～」

第七段落（⑦）

1行目：ルール11「比較級」

「That is a bit more liquid than held by Lake Tahoe, ～」

第八段落（⑧）

1行目：ルール5「While」（だが，一方で）

「While that may sound like a lot, remember that Lake Tahoe, ～」

5行目：ルール11「Only」& ルール5「but」

「Only a small portion holds oil and gas, but the scale of the possible resource is enormous.」

難しい単語が並んでいますが，ルールを意識して読み進めると，各段落における筆者の主張部分は比較的明確であることがわかります。選択肢との見比べを行いながら，細かな単語の意味にこだわるのではなく，数の増減に関する因果関係や事実確認についての成否の確認を行っていきます。

選択肢の検討

1× 第六段落の主張部分で，人類が１日当たり9,140万バレルを消費し続けても，石油は賄えるという記述が見受けられますが，そのために石油の価格が安定するといった指摘はされていません。石油の価格について述べられているのは，第二段落での１バレル当たりの石油価格が半値以下になっているという箇所と，第四段落で2010年代の前半に石油価格が高騰したという箇所です。さらに採掘可能な石油の量に関しては，第八段落のラストで膨大な規模になるとありますが，日ごとに増え続けているという記述は見られません。

2× 前半に関しては第三段落で述べられており，第二段落でも「地球には石油があふれている」としているので，「十分な量が存在している」という部分は間違いではありません。ただし，後半の科学者や石油会社の石油に対する見解は，第四段落に見えるように，石油はふんだんにあるという認識を持っていることがわかり，その「供給量が減少に転じるとの見解」があるといった記述は見られません。

3× 石油を経済的に採掘するといった記述は，第四段落にあるように2010年代前半に石油価格が高騰した時の問題です。また，第五段落で経済的に抽出する以上に石油量が満たされていることが示されていますが，経済的に採掘する方法を見つけることが課題であったことは述べられていません。さらに採掘技術が進歩したことや，そのことで石油価格が適正に設定できるようになったという因果関係も本文の中に見て取ることはできません

4× 前半部分は第七段落の最初に述べられていることですが，後半は主張部分の読み違いで，1980年以降に世界中で消費された石油の量が，タホ湖がたたえる「水」の量を上回る量であると示されています。

5◎ 正しい。第八段落の主張部分をまとめた選択肢です。

正答 5

テーマ14 内容把握【どこを読むか】

お試し問題 …………【平成19年度・大卒警察官（警視庁）】

次の文章の主旨として最も妥当なものはどれか。

I have found it impossible to go far in the study of organizations or of the behavior of people in relation to them without being confronted with a few questions which can be simply stated. For example : "What is an individual?" "What do we mean by a person?" "To what extent do people have a power of choice or free will?" The temptation is to avoid such difficult questions, leaving them to the philosophers and scientists who still debate them after centuries. It quickly appears, however, that even if we avoid answering such questions definitely, we cannot evade* them. We answer them implicitly in whatever we say about human behavior ; and, what is more important, all sorts of people, and especially leaders and executives, act on the basis of fundamental assumptions or attitudes regarding them, although these people are rarely conscious that they are doing so. For example, when we undertake to persuade others to do what we wish, we assume that they are able to decide whether they will or not. When we provide for education or training we assume that without them people cannot do certain things, that is, that their power of choice will be more limited. When we make rules, regulations, laws — which we deliberately do in great quantities — we assume generally that as respects their subject matter those affected by them are governed by forces outside themselves.

＊evade：回避する

1　人間とは何かという古来の問題は，抽象的な思弁ではなく，社会組織における実践活動の中に答を求めるべきである。

2 本来的に人間は社会的な生き物であるから，組織は人間と対立するものではなく，むしろその本質的な一側面である。

3 人間は組織の一員として行動し機能する場合でも，組織目的が人間性の本質に適合したときに最大の能力を発揮する。

4 組織は規則に従って機能するものであるから，本質的に個々の構成員の人間性とは齟齬をきたすことを避けられない。

5 人間の行動は，ほとんど意識されていないが，人間に関するその人の基本的な認識を前提としている。

次の文章の主旨として最も妥当なものはどれか。 → ルール2 1段落構成

❶ I have found it impossible to go far in the study of organizations or of the behavior of people in relation to them without being confronted with a few questions which can be simply stated. 【For example : "What is an individual?" "What do we mean by a person?" "To what extent do people have a power of choice or free will?" The temptation is to avoid such difficult questions, leaving them to the philosophers and scientists who still debate them after centuries.】 It quickly appears, however, that even if we avoid answering such questions definitely, we cannot evade them. We answer them implicitly in whatever we say about human behavior ; and, what is more important, all sorts of people, and especially leaders and executives, act on the basis of fundamental assumptions or attitudes regarding them, although these people are rarely conscious that they are doing so. 【For example, when we undertake to persuade others to do what we wish, we assume that they are able to decide whether they will or not. When we provide for education or training we assume that without them people cannot do certain things, that is, that their power of choice will be more limited. When we make rules, regulations, laws — which we deliberately do in great quantities — we assume generally that as respects their subject matter those affected by them are governed by

→ ルール10 筆者の心情表現
→ ルール12 二重否定
ルール15 引用
→ ルール5 however
→ ルール14 not
→ ルール11 比較級
→ ルール9 important
→ ルール13 all
→ ルール5 although
ルール15 引用

forces outside themselves.】

1 人間とは何かという古来の問題は，抽象的な思弁ではなく，社会組織における実践活動の中に答を求めるべきである。

2 本来的に人間は社会的な生き物であるから，組織は人間と対立するものではなく，むしろその本質的な一側面である。

3 人間は組織の一員として行動し機能する場合でも，組織目的が人間性の本質に適合したときに最大の能力を発揮する。

4 組織は規則に従って機能するものであるから，本質的に個々の構成員の人間性とは齟齬をきたすことを避けられない。

5 人間の行動は，ほとんど意識されていないが，人間に関するその人の基本的な認識を前提としている。

ルール 1
設問に当たる

【全訳】

❶組織やそれにかかわる人々の研究を進めていくうち，私は易しい言葉で述べることのできるいくつかの疑問に否応なく突き当たることになった。それはたとえば，「個人とは何か」「人間とはどういうものか」「人はどの程度まで，選ぶ力や自由意志を有するのか」といったものであった。そのような難しい疑問は哲学者や科学者に任せて，できれば避けて通りたいという誘惑に駆られる。彼らは何世紀も前から，いまだに議論しているのだ。しかしほどなく，そのような疑問に答えるのを避けることは確かにできても，そこから逃げることはできないことがわかる。私たちは人間の行動について何かを語るにつけ，それらの疑問に暗然のうちに答えを出している。そしてもっと重要なことだが，あらゆる種類の人々，特に指導者や要職にある人々は，それらの疑問に関する基本的な前提や態度に基づいて行動している。もっとも，これらの人々がそうしていると自覚していることはほとんどないのだが。たとえば，私たちが望むことを他人にしてもらおうと説得を図るとき，私たちは彼らがそうするかしないかを決定することができるという前提に立っている。私たちが教育や訓練を施すとき，私たちは人々がそれなしでは一定のことをすることができない，つまり彼らの選ぶ力がより限られたものになるだろうという前提に立っている。私たちがルールや規則，法律を作るとき，それは私たちが意図して大量に生み出しているものなのだが，私たちは一般に，その規則の内容に関して，その影響を受ける人々は彼らの外にある力によって統制されるという前提に立っている。

お試し問題の解説

筆者は自分の主張を直球で投げ掛けるだけでなく，時に他人の引用や具体例を用いながら，主張を導き出す場合があります。この文章では，どこが筆者の主張部分に当たるのか。ルールを用いて，追い求めていきます。

《直感ルールによる文章構造》

ルール1 選択肢を見ると，**1**は「人間とは何かという古来の問題」，**2**, **3**, **4**は「組織と人間のかかわり方」，**5**は「人間の行動」とあるので，筆者の主張部分で，この中のどれが主題になるかを追い求めていきます。

ルール2 より，全部で1段落構成であることがわかります。

第一段落（❶）

1行目：ルール10「筆者の心情表現」& ルール12「二重否定」

「I have found it impossible to go far ～ without being confronted with a few questions ～」

4～9行目：ルール15「引用」

☞ここに筆者の主張はなし。ただし，直前直後の文章に注意。

9行目：ルール5「however」& ルール14「not」

「It quickly appears, however, that even if we avoid answering such questions definitely, we cannot evade them.」

12行目：ルール11「比較級」& ルール9「important」& ルール13「all」& ルール5「although」

「～ what is more important, all sorts of people, ～ although these people are rarely conscious that ～」

16～25行目：ルール15「引用」

☞ここに筆者の主張はなし。ただし，直前直後の文章に注意。

筆者が自分の主張を目立たせるために行う方法が2つあります。

(1)「強調表現を重ねて使用すること」

➡ここでは1行目や9行目，さらに12行目辺りにそれが見られます。

⑵「引用を用いて持論を強める」

引用は他人の意見を用いて，自分の意見を支えるものなので，引用の前後に主張が表れてきます。

➡この文章では４行目と16行目の頭に「For example」が置かれていることから，引用が見えてくるので，両者に挟まれた部分（９～16行目）に主張があることが推測できます。そしてその部分に，ルールを４つ用いた主張が見えるので，筆者による主張が「人間がどのように行動するか」ということにあるのかが見えてきます。

選択肢の検討

1．「人間とは何か」という問題について挙げられているのは，４～９行目の引用部分なので，ここに筆者の主張はありません。また「抽象的な思弁」といったことや，「社会組織における実践活動の中に答を求めるべき」ということは本文で言及されていません。

2．「人間は社会的な生き物である」という記述や「組織は人間と対立する」といった内容は主張部分にも本文にも見られません。

3．人間がどういう場合に「最大の能力を発揮する」かという内容は主張部分にも本文にも見られません。

4．組織の機能性についてや，その構成員の人間性については，主張部分にも本文にも見られません。

5．正しい。９～16行目をまとめた選択肢です。

正答 5

check □□□ **No.1** 【平成27年度・国家一般職】GⅢ ➜正答と解説はP.248

次の文の内容と合致するものとして最も妥当なのはどれか。

❶ Homework is the bane* of schoolchildren worldwide, but is still pushed on kids by parents and educators. Is the battle really necessary?

❷ Kids around the world are still racking up plenty of hours on homework. According to a recent study by the Organization for Economic Cooperation and Development, kids in Shanghai top the global study league with an average of 13.8 hours per week, nearly three times the OECD average of 4.9 hours. Children in Australia and the United States did around six hours a week of homework set by teachers, while those in Japan reported a surprisingly low 3.8 hours. However, Japanese kids do a lot more extra work in juku (cram) tuition, which helps prepare for future school entrance examinations.

❸ Does all that extra work pay off? Based on the latest 2012 Program for International Student Assessment (PISA) survey of 15-year-old students, Asian teens outperformed the rest of the world, with those in Shanghai, Singapore, Hong Kong, Taiwan, South Korea, Macau and Japan the top performers. Among the OECD countries that took part in PISA, Japan ranked first in reading and science and second in mathematics performance, continuing its strong record. By contrast, Australian students ranked 17th in maths, 10th in reading and eighth in science, falling further behind its Asian neighbours. And when it comes to our kids' future, studying more pays off in the long run. A tertiary-educated worker in Japan typically earns around 52 percent more over the course of his or her working life than someone whose highest qualification is high school.

❹ But all work and no play makes Jack (or Taro) a dull boy. Researchers advise parents to spend time on physical activity with their kids, to ensure children lead healthy lifestyles. So next time your kids complain about homework, just remind them it is for their ultimate benefit. But also spend time having a walk, run or swim, because kids need all the power they can get to rule the world.

＊bane：悩みの種

1 上海のトップレベルの学校に通う子どもの自宅学習時間は週に13.8時間で，OECD加盟国の平均より4.9時間も長かった。

2 日本の子どもは学習塾でたくさん勉強している一方で，学校の宿題をする時間はオーストラリアや米国の子どもより短かった。

3 2012年のPISAの調査結果によると，日本はアジアの中では上位の成績だったが，欧米諸国には後れをとっていることが分かった。

4 日本では，高等教育を受けた労働者の52％は，自らの生涯給与が長時間の労働に見合っていないと感じている。

5 遊びに費やす時間を勉強に振り向けることが，結局は子ども自身の利益になるということを，親は子どもに思い出させる必要がある。

check □□□

No.2 【平成27年度・地方上級（特別区）】 GⅢ ➡正答と解説はP.251

次の英文中に述べられていることと一致するものとして，最も妥当なのはどれか。

❶ The Randall ranch lay across the Salinas River, next to the foothills. It was an ideal balance of bottom and upland. Forty-five acres of rich level soil brought from the cream of the county by the river in old times and spread out as flat as a board; and eighty acres of gentle upland for hay and orchard. The white farmhouse was as neat and restrained as its owners. The immediate yard was fenced, and in the garden, under Emma's direction, Peter raised button dahlias* and immortelles*, carnations and pinks*.

❷ From the front porch one could look down over the flat to the river with its sheath of willows and cottonwoods, and across the river to the beet fields, and past the fields to the buldous* dome of the Salinas courthouse. Often in the afternoon Emma sat in a rocking-chair on the front porch, until the breeze drove her in. She knitted constantly, looking up now and then to watch Peter working on the flat or in the orchard, or on the slope below the house.

❸ The Randall ranch was no more encumbered with mortgage* than any of the others in the valley. The crops, judiciously chosen and carefully tended, paid the interest, made a reasonable living and left a few hundred dollars every year toward paying off the principal. It was no wonder that Peter Randall was respected by his neighbors, and that his seldom spoken words were given attention even when they were about the weather or the way things were going.

＊button dahlia……ポンポンダリヤ　＊immortelle……ムギワラギク
＊pink……なでしこ　＊bulbous……だんご鼻
＊encumbered with mortgage……抵当権のついた

1 ランドル農園は，45エーカーのなだらかな丘と，干し草や果樹園むきの80エーカーの肥沃な平地とのバランスがうまくとれていた。

2 家に接した庭園では，ピーター・ランドルの指示で，エンマがポンポンダリヤ，ムギワラギク，カーネーション及びナデシコを栽培していた。

3 エンマは，編み物をしているか，平地か果樹園か家の下の傾斜地で絶えず働いていた。

4 抵当権つきの農園で念入りに栽培された作物が，利息を払い，程よい生活を営ませ，毎年元金支払いのための数百ドルを残してくれた。

5 ピーター・ランドルが隣人たちに尊敬されるのももっとものことであり，また，彼の口から洩れる口数の少ない言葉が傾聴されるのも不思議ではなかった。

No.3 【平成26年度・国家専門職】 GⅡ

➡正答と解説はP.253

次の文の内容と合致するものとして最も妥当なのはどれか。

❶ Under stress, we all tend to seek comfort — sometimes in not-so-healthy ways — but a new study suggests that challenging experiences are as likely to promote good habits as they are to support bad ones.

❷ In several different experiments, researchers including Wendy Wood, a professor of psychology and business at the University of Southern California, found that under various types of stress, all types of habits got stronger — not just the ones that cause trouble.

❸ "When your willpower is low and you have little motivational energy, you are likely to fall back into old, bad habits of eating too much and not exercising — but only if those are, in fact, your habits," says Wood. "Our novel finding is that people fall back into good habits in just the same way." The study was published in the *Journal of Personality and Social Psychology*.

❹ Stress depletes willpower; indeed, the brain is wired so that extreme stress actually shuts down the higher regions involved in long-term planning and thoughtful consideration. That's because those functions are superfluous when survival is at stake. When under threat, the brain relies on faster, more primitive regions whose behavior is largely automatic under such circumstances. Automatic doesn't mean built-in, however: many of our automatic behaviors, like riding a bike or eating french fries when feeling anxious, become automatic through repetition.

《中略》

❺ The findings may prove useful for reinforcing good habits that we cultivate to help our health. But that requires taking the time to establish these healthy behaviors before a challenging situation strikes. If you want your default to be to exercise when you stress out — rather than reaching for a doughnut — you have to hit the gym repeatedly.

❻ "Getting enough exercise, eating right, getting enough sleep, not smoking — all of these should become an unthinking, automatic part of your day," Wood says. "If they are, then you will continue to perform them even when your willpower is low and you can't muster the energy to 'do the right thing' for your health." The fact that habits are hard to break can work for you or against you.

1 ある研究によれば，ストレス状況下で慰めを得るために，健康的な方法に頼る人よりも不健康な方法に頼る人の方が多いという結果が出ている。
2 ある研究によれば，健康的な習慣を定着させるには時間がかかるため，ストレスから解放されたいときは，運動するよりもドーナツを食べる方が良い。
3 ある研究によれば，脳は，過度のストレスにより高次の機能が停止するようになっており，そうした危機的状況下では，元々組み込まれている自動的な機能が作動する。
4 ある研究によれば，その習慣が良いものか悪いものかにかかわらず，人は気力が低下したとき，習慣的な行為を繰り返すことで安心感や意欲を取り戻すことができる。
5 ある研究によれば，十分な運動や正しい食事が日課の一部として習慣化していれば，ストレスで気力が低下したときにも，それらの行動が継続される。

No.4 【平成28年度・国家専門職】GⅡ ➡正答と解説はP.257

次の文の内容と合致するものとして最も妥当なのはどれか。

① Scalfari, the founder of the newspaper La Repubblica, observed that the Web, with the homogenizing effects of its artificial collective memory, has given younger generations little incentive to exercise their own memories. Scalfari also remarked that although using the Internet gives the impression of connecting us to the rest of the world, it is ultimately a self-imposed sentence of solitude.

② I agree with Scalfari that the laziness and isolation that the Web fosters are two of the great afflictions* of our time. But consider the passage from Plato's "Phaedrus" in which the Pharaoh chides the god Theuth, the inventor of writing, for having created a technology that would enable men to commit facts to paper instead of to memory. As it happens, the act of writing actually stimulates people to remember what they have read. Moreover, it is thanks to the advent of writing that Marcel Proust was able to produce his celebration of memory, "In Search of Lost Time." And if we are perfectly capable of cultivating our memories while writing, surely we can do so while using the Internet, internalizing what we learn from the Web.

③ The fact is that the Web is not something we can discard; like the power loom, automobile and television before it, the Web is here to stay. So the question is not how to recognize the Internet's inherent risks, but how to make the best use of it.

❹ Let's imagine a teacher who assigns her class a research topic. She knows, of course, that she can't prevent her students from finding predigested answers online. But she can discourage the students from simply copying those answers and never digging any deeper. She might instruct them to look for information on at least 10 websites, compare the "facts," point out any differences or contradictions among them, and try to assess which source is the most reliable — perhaps by consulting old-fashioned history books or even encyclopedias.

❺ That way, the students would be free to dip into the information that's available online — which it would be silly to avoid altogether — but at the same time they would evaluate and synthesize that information, exercising their judgment and their memories in the process.

＊affliction：苦痛

1 Scalfariは，若い世代がインターネットを多用して外の世界とつながるため，孤独から解放されていると指摘した。

2 読み書きによって学ぶことと異なり，インターネットを活用して学ぶことでは知識を内面化することはできない。

3 インターネットをどのように活用するかということよりも，インターネットに固有のリスクをどのように認識するかということが問題である。

4 教師は指導方法を工夫して，生徒たちがオンラインで見付けた課題の答えを丸写しするのを思いとどまらせることができる。

5 生徒たちは，オンライン上にある情報に浸ってしまい，情報を見極めたり，総合的に扱ったりできなくなってしまっている。

check □□□

No.5 【平成28年度・国家総合職】 GⅡ

➡正答と解説はP.260

次の文の内容と合致するものとして最も妥当なのはどれか。

❶ The word *authentic* is similar to the word *author*, which means that you are the author of your own story. We all have a book we can write, as we all have unique experiences, events, and even failures that have shaped who we are today. Leaders who acknowledge and appreciate their personal story have a natural sense of pride and self-acceptance. They are able to relate who they are today to specific experiences and influences in their lives. They can tell stories about both their opportunities and their challenges, their failures and their successes, and their moments of great joy along with their periods of great disappointment or sorrow. They recognize the specific people whom they admired and who greatly influenced them, and those who changed their thoughts and opinions about the things in life that are most important to them. They can laugh at themselves as they look back on their incorrect assumptions or valiant efforts that went awry. They can empathize with others who are suffering as they look back to their own periods of pain or loss. And they realize that without their story, no matter what it was, they wouldn't be the leaders they are today.

② But just as important, they are not afraid to share their story with others. And as I listen to many of the stories told by business leaders, I am reminded that authentic leaders tell their story more in terms of what they have learned, cared about, or stood for than in terms of the positions they have held or the awards they have won. They use their story to show that they understand or to make a point rather than just to talk about themselves. They use it to connect with others and to invite others into their lives. Some stories are funny; some are sad. Some are long, and some are short. All of your stories are part of your authenticity, and each one differentiates you from everyone else.

③ When I speak on resilience and the importance of authenticity for leaders today, I often ask the audience what their story would be if they met someone going up in the elevator and had only three minutes with that person. Besides having your life story, it is also important to have the "sound-byte" version. This short and targeted version should help people gain a better sense of what's important to you, what you stand for, and what differentiates you from others.

1　自分のこれまでの経歴を高く評価するような指導者は，失敗した経験が少なく保守的であるため，プライドが高く自分に甘い傾向がある。

2　指導者としての資質を欠いている人は，他者が痛みや敗北を伴った過去を振り返り苦しむのを見ると，誇張して自分自身を表現しているのだと考える。

3　古典的な指導者は，自分の経歴が他者と比較されることを恐れず，肩書よりも，何を学び，何に関心を持ち，何を表現したいかに関して語る。

4　指導者が自分について語るのは，自分が理解していることを示したり，意見を主張したりするためであり，また，他者と繋がり，自分の人生の中に引き付けるためである。

5　優れた指導者にとっては，自分自身の人生について誠実に語れることと，流暢に話すことができることの両方が重要である。

check □□□

No.6 【平成29年度・国家総合職】 GⅠ

➡正答と解説はP.263

次の文の内容と合致するものとして最も妥当なのはどれか。

❶ While analyzing cores from Horseshoe Lake, an oxbow lake that separated from the Mississippi River some 1,700 years ago, Munoz's team discovered a layer of silty clay 19 centimeters thick deposited by a massive ancient flood.

❷ It's unlikely that the ancient floodwaters were high enough to inundate the ten-story mound at Cahokia's center, a structure now called Monk's Mound. But a flood of such magnitude would have devastated croplands and residential areas, and may have made it impossible for a population numbering as many as 15,000 to continue inhabiting the area.

❸ Whether the flood caused Cahokia's decline and abandonment or simply contributed to it remains a subject for future research. But this much is clear : Within 150 years of the flood, what had been the largest prehistoric settlement north of Mexico became a ghost town, a vacant landscape of earthen mounds that would confound European settlers. Though the flood is a new wrinkle in Cahokia's story, other data from the team's research supports previous archaeological conclusions about the history of Cahokia and the Mississippian culture of which it was a part.

❹ Analysis of pollen deposits in the sediment cores from Horseshoe Lake shows an intensification of farming, accompanied by rapid deforestation, starting around 450 C.E.*, with corn cultivation peaking between 900 and 1200 C.E. Then the cores reveal the flood event, followed by a decline in corn cultivation. By 1350 C.E., the pollen record shows, agriculture there had essentially ceased.

❺ Munoz, a geographer who specializes in the study of pollen records, noticed that very little pollen research had been done in the American Southeast, where the Mississippian culture flourished. "And we didn't really have any studies outside big archaeological sites," he said. So when he saw Horseshoe Lake right next to Cahokia, he thought it was worth a shot.

＊C.E.：西暦紀元

1 Munozのチームは，ホースシュー湖の調査の結果，約1,700年前に存在した集落の跡と集落全体を浸水させた洪水の跡を発見した。

2 研究によれば，大規模な洪水が，約15,000人に達する巨大な集落であったカホキアの衰退と共に，ミシシッピ文化の衰退をもたらした直接的な原因であった。

3 ヨーロッパからの入植者たちは，大洪水によって植民地建設が困難になったため，水が引くまで一旦メキシコ北部から離れていった。

4　ホースシュー湖にあった花粉堆積物の分析によると，大洪水の後，トウモロコシの栽培が衰退しており，大洪水によって集落の農地が壊滅的な打撃を受けたと考えられる。

5　ミシシッピ文化の栄えた地域の花粉記録に関する研究はほとんどし尽くされており，Munozは今回の調査での新たな発見はないだろうと考えていた。

check
□□□ **No.7** 【平成25年度・国家総合職】 GI ➡正答と解説はP.266

次の文の内容と合致するものとして最も妥当なのはどれか。

❶ Exactly a year ago today, the United Nations announced a state of famine in southern Somalia. The six-month crisis caused thousands of deaths and required a massive humanitarian aid programme before it was declared officially over on 2 February 2012.

❷ Today Somalia is on the path to recovery but the situation remains critical and continued aid is vital in order to preserve food security.

❸ Luca Alinovi, who heads FAO's operations in Somalia, warns : "By designing and executing a build-back-better process, we have seen communities get back on their feet in months. But the danger is that they could slide back into crisis, if we disengage now."

❹ That danger appears all the more serious as the latest forecast from FAO's Food Security and Nutrition Analysis Unit in Somalia warns that reduced rains this year will lead to a below-average to poor harvest in many parts of the south, including the major sorghum*-producing region of Bay. The area normally accounts for almost two-thirds of the total sorghum production of the country.

❺ This could lead to a deterioration of the food security situation, currently classified as very critical in most parts of southern Somalia, despite the considerable humanitarian efforts deployed by FAO and other national and international actors. Some 3.4 million Somalis continue to receive support in the form of cash or food aid.

❻ FAO's aid strategy in southern Somalia has been to help farmers and herders build long-term resilience to drought and other emergencies in a region plagued by recurrent droughts.

❼ The aid delivered by FAO to more than a million people was in the form of cash-based interventions that helped vulnerable communities to immediately buy food which, together with agriculture inputs and livestock health services, allowed people to remain in their places of origin. Fertilizers and improved seeds were distributed while 14 million livestock were vaccinated. The assistance enabled farmers in the regions of Bay and Shabelle to double their production of sorghum last year.

⑧ "During the drought, we survived on one meal a day and could not even afford milk," said Fatuma Aden Abdirahman, a mother of eight who worked in a FAO cash-for-work programme in Gedo, southern Somalia. "But now, I earn at least $18 a week and can afford all the three meals for my children and will soon replace the goats I lost in the drought," she added.

⑨ "There is also increasing need to build social safety nets to protect the most vulnerable if and when drought hits again in the future," Alinovi added. "Continued humanitarian support is of utmost importance."

＊sorghum：モロコシ

1　1年前の干ばつにより，340万人のソマリア人が難民となり，現在もFAOからの援助を受けている。

2　FAOの支援により，南部ソマリアのいくつかのコミュニティは以後の支援を必要としなくなるほどまで完全に復興した。

3　1年前の干ばつの影響で，ソマリア全土のモロコシの収穫量は，平常時の3分の2に落ち込んだ。

4　FAOが配った肥料や種子により，翌年のソマリア全土のモロコシの収穫量が2倍になることが期待されている。

5　FAOの支援プログラムによって，現金収入を得られるようになり，子どもに1日3食与えられるようになった者もいる。

正答と解説

No.1の正答と解説 【平成27年度・国家一般職】

➡問題文はP.239

【全訳】

❶宿題は世界中の子どもの悩みの種であるが，いまだに親や教育者によって押し付けられている。このバトルは本当に必要なのだろうか。

❷世界中の子どもが今でもたくさんの時間を宿題に積み重ねている。経済協力開発機構（OECD）による最近の研究によると，この世界規模の勉強リーグでトップの位置を占めるのは，週平均13.8時間を費やしている上海の子どもで，これはOECD加盟国平均の4.9時間のほぼ３倍である。オーストラリアと米国の子どもが週に約６時間，教師が与えた宿題をこなした一方で，日本の子どもの場合は3.8時間と驚くほど短いことが報告された。しかし，日本の子どもは塾の授業でもっと多くの課外学習をしており，これが将来進学する学校の入学試験に備える助けとなっている。

❸こうした多くの課外学習は報われるものなのだろうか。国際学習到達度調査（PISA）が15歳の生徒を調査した2012年の最新版によると，アジアの子どもが世界の他の地域よりも成績がよく，上海，シンガポール，香港，台湾，韓国，マカオ，日本の子どもが最上位の成績を収めた。PISAの調査に参加したOECD加盟国中では，日本は読解および科学では１位，数学では２位にランクされる成果を出し，好成績を続けている。対照的に，オーストラリアの生徒は数学では17位，読解では10位，科学では８位にランクされ，近隣のアジア諸国に比べてさらに後れを取っている。そしてわれわれの子どもたちの将来ということになると，より多く勉強することは，長い目で見れば報われるものとなっている。日本の高等教育を受けた典型的な労働者は，最高学歴が高校である労働者と比べて生涯給与がおよそ52％高い。

❹だが，勉強ばかりで遊びがなくては，ジャック（または太郎）をだめな子にしてしまう。研究者たちは親に対して，子どもたちが健康的な生活をきちんと送れるように，自分の子どもと一緒に体を動かす活動をして過ごすようアドバイスしている。だから，今度子どもが宿題のことで不平を言ったら，最終的には自分自身の利益になるのだとだけ言っておくことだ。だが，同時に散歩やジョギングや水泳といったことにも時間を割くこと。なぜなら，自分の思うがままの人生を歩むために，子どもにはありったけの力が必要だからだ。

出典：Anthony Fensom，"Loving homework"，*Japan Times ST*

《直感ルールによる文章構造》

ルール1 & **ルール3** **1**，**3**，**4**に「13.8時間」「4.9時間」「2012年」「52%」という数字と，その数字にまつわる因果関係が見えること。また，**2**では日本の子どもの学習に関する統計とオーストラリアや米国との比較が行われているので，筆者の主張部分を中心に，数字や比較が行われている箇所に注意します。さらに**5**では「必要である」という，**ルール9**が適用できる言葉が出てきているので，本文に「need」などが出てきた場合にも注意です。

ルール2 より，全部で４段落構成であることがわかり，第三段落が疑問形で始まっていることと第四段落の冒頭に「But」が見えることを押さえます。

第一段落（❶）

1行目：ルール5「but」

「Homework is the bane of schoolchildren worldwide, but is still pushed on kids by parents and educators.」

2行目：ルール12「疑問形」

「Is the battle really necessary?」

☞疑問形で段落が終わっているので，その後，回答が提示されるのか，または反語（本当に必要なのか。必要ではない）であるのかを検討します。

第二段落（❷）

6行目：ルール5「However」

「However, Japanese kids do a lot more extra work in juku（cram）tuition, ～」

第三段落（❸）

1行目：ルール12「疑問形」& ルール13「all」

「Does all that extra work pay off ?」

☞強調表現が2種類用いられている筆者の強い主張部分であるばかりでなく，上記と同じように，その後，回答が提示されるのか，または反語（本当に必要なのか。必要ではない）であるのかを検討します。

9行目：ルール11「比較級」

「A tertiary-educated worker in Japan typically earns arounds 52 percent more over the cource of his or her working life than someone whose highest qualification is high school.」

☞直前の「And when it comes」の文章内にも「more」が見えます。そこでは「more pays off in the long run.」とあることか

ら，この段落の１行目の疑問に対する回答箇所（の一つ）であることがわかります。

第四段落（④）

１行目：ルール５「But」＆ルール13「all」＆ルール14「no」

「But all work and no play makes Jack（or Taro）a dull boy.」

３行目：ルール６「So」＆ルール11「just」

「So next time your kids complain about homework, just remind them it is for their ultimate benefit.」

４行目：ルール５「But」＆ルール９「need」＆ルール13「all」

「But also spend time having a walk, run or swim, because kids need all the power they can get to rule the world.」

第三段落が疑問形で始まっていることから，新しい論理展開が始まっていることを意識し，さらに第四段落の冒頭に「But」が見えることから，ここでさらに本文の論理展開が飛躍することに注意を払いつつ，筆者の主張部分を押さえながら読み進めて行きます。

選択肢の検討

１× 第二段落に「13.8」や「4.9」といった数字が見えるので，該当箇所を読むと，上海のトップレベルの学校ではなく，勉強に関して世界規模でトップにあるのが上海の子どもたちであり，その勉強時間の平均がOECD加盟国の平均である4.9時間の約３倍であること。そしてそれは第一段落で問題提起され，第二段落の冒頭にも見える「homework」，つまり「宿題」に関する比較であって，自宅学習時間でないことがわかります。

２◎ 正しい。第二段落の主張部分と「However」の直前の行をまとめた選択肢です。

３× 第三段落に「2012年」と「PISA」が登場するので見比べると，アジアの子どもが世界の他の地域よりも成績がよかったとあり，上海をはじめとした７つの地域が挙げられていますが，日本がアジアの中で上位であったかどうかまでは読み取れません。また，オーストラリアの学生による数学や読解，科学が近隣のアジア諸国よりも後れを取っているのであり，日本が欧米諸国に後れを取っているという部分が異なります。

４× 第三段落の主張部分です。そこでの比較は「earns（給与）」であり，日本の高等教育を受けた労働者の生涯賃金が，最終学歴が高校である労働者と比べると52%高いと記されています。また，その賃金が見合っているかどうかの検証も本文ではされていません。

５× 第五段落の主張部分をまとめたものですが，そこでは勉強ばかりで，遊ばないとダメな子どもになってしまうとあります。そして，そのことは研究者たちによる親に対してのアドバイスであるので，「親は子どもに思い出させる必要がある」というのは間違いです。さらに，この文に登場する「need」は子どもたちには力が「必要」と言うための「need」です。

正答 2

No.2の正答と解説 【平成27年度・地方上級（特別区）】

➡問題文はP.240

【全訳】

①ランドル農場はサリーナス川の向こう側にあって，丘のふもとへと連なっている。それは，平地と台地の理想的な調和であった。45エーカーの肥沃な土壌は，昔から川沿いにあるこの土地の最良の部分からもたらされたもので，一枚の板と同じくらい平らに広がっている。80エーカーの緩やかな台地は，干し草や果樹園に向いている。農場主の白い家は，家主と同じくらいこざっぱりとして落ち着いたものであった。すぐ前の地所は囲いが巡らされ，庭園ではピーターがエンマの指示でポンポンダリヤやムギワラギク，カーネーションやナデシコを育てていた。

②この家の正面ポーチからは，平地越しに柳やポプラ（ハコヤナギ）の樹に縁取られた川を見下ろすことができた。そして，この川からビート畑を越えたさらに向こうにはサリーナス裁判所の丸いドームが見える。午後にはしばしばエンマが正面のポーチに置いたロッキングチェアに，微風が吹きつけるまで腰かけていた。彼女は手を休めず編み物をしながら，ピーターが平地や果樹園で働き，あるいは家の下の傾斜地にいるのをときどき目を上げて眺めるのだった。

③ランドル農場は，この谷のほかの農場と同じように抵当権は付いていなかった。注意深く選ばれ丹念に育てられた収穫物は，ちょうどいいくらいの生活を保証し，元金の支払いに充てる数百ドルを毎年残してくれた。ピーター・ランドルが隣人たちの尊敬を受けていたのは不思議ではなかった。口数少ない彼の言葉は，天候から何がどうなるかといったことについてさえ傾聴された。

出典：John Steinbeck著，福田実訳『対訳スタインベック1』

《直感ルールによる文章構造》

ルール1 & ルール3 **1**には「45エーカー」や「80エーカー」，また**4**に「数百ドル」という数字が出てくるので，本文と読み比べをすること。

さらに**2**と**3**では「エンマ」，**5**では「ピーター・ランドル」という人物の行動が述べられているので，本文で２人の言動が出てきた箇所をチェックしていきます。

ルール２ より，全部で３段落構成であることがわかります。

第一段落（❶）：チェックする箇所は特になし。

☞ただし，この段落には**1**に見える「45エーカー」や「80エーカー」という語句や，段落の後半ではエンマとピーターの行動が示されているので，注意して読み進めます。

第二段落（❷）：チェックする箇所は特になし。

☞ただし，段落の後半ではエンマとピーターの行動が示されているので，注意して読み進めます。

第三段落（❸）

１行目：ルール14「no more ~ than…」（否定形）

「The Randall ranch was no more encumbered with mortgage than any of the others in the valley.」

２行目：ルール13「every」

「The crops, ~ made a reasonable living and left a few hundred dollars every year toword paying off the principal.」

４行目：ルール14「否定形」

「It was no wonder that Peter Randall was respected by his neighbors, ~」

小説であるので，筆者の主張ではなく，文中の強調表現であったり，選択肢から読みのヒントになる箇所を見つけて読んでいきます。見慣れない単語があるかも知れませんが，本文では肯定されているのに，選択肢では否定されていたり，人物の言動の主語が異なっていたりと，ヒントは多々あるので，本文と選択肢の読み比べをしっかりと行ってください。

選択肢の検討

1 × 第一段落では，ランドル農園は45エーカーの「rich level soil（肥沃な土壌）」と，80エーカーの「gentle upland for hay and orchard（干し草や果樹園に向いた緩やかな台地）」で構成されているとあり，「なだらかな丘」と「肥沃な平地」が異なります。また，丘については１行目で，農場が丘のふもとへ連なっているとあり，農場と丘は別のものであることがわかります。

2 × 第一段落最終行から，ピーターが「Emma's direction（エンマの指示）」で植物類を栽培していたことがわかります。

3 × 第二段落最終行から，エンマは編み物をしながら，平地や果樹園で働いているピーターの姿を見ていることがわかります。

4 × 第三段落の主張部分と注釈部分から，農場は抵当に入っていないことと，また利息を払っているという記述が本文には見当たらないことがわかります。

5 ◎ 正しい。第三段落最終行の主張部分をまとめた選択肢です。

正答 5

No.3の正答と解説 【平成26年度・国家専門職】

➡問題文はP.241

【全訳】

❶ストレス状況下では，ときには不健康な方法で，われわれはみな慰めを求める傾向にある。しかし，新しい研究では，困難な経験は悪い習慣を促すのと同様に良い習慣を増進することもあると示唆している。

❷いくつかのさまざまな実験において，南カリフォルニア大学で心理学と経営学の教授であるWendy Woodを含む研究者たちは，さまざまなタイプのストレスの下では，トラブルを引き起こすものだけでなく，すべてのタイプの習慣が強まったとしている。

❸「気力が低下し，やる気もほとんどないときには，食べ過ぎたり，運動しなかったりという，昔の悪い習慣に戻りがちであるが，それは実際にそういう習慣があなたの習慣だった場合にのみ言えることだ」とWood教授は言う。「私たちが新しく発見したことは，ちょうど同じように良い習慣にも戻るということである」。研究は「Journal of Personality and Social Psychology」に掲載されている。

❹ストレスは気力を激減させる。確かに，脳は緊張し，そのため，過度のストレスは実際に長期にわたる計画や思慮深い思考に関連する高次の機能を停止させてしまう。それは，生存が危機に瀕している場合には，それらの機能は無用だからである。危機的状況下では，脳は，ほとんど自動的に行われる行為に関連する，より迅速でより原始的な機能に頼る。自動的とは元々組み込まれているということではなく，自転車に乗るとか不安なときにフライドポテトを食べるとかいう自動的な行為の多くは，繰返しを通じて自動的になる。

《中略》

❺この発見は，われわれの健康を育(はぐく)む助けとなる良い習慣の強化に役立つことになるかもしれない。しかし，困難に打(ぶ)ち当たる前に健康的な習慣を定着させるのは時間がかかることである。ストレスにさらされたときに，もし，あなたの習慣的な行為がドーナツに手を伸ばすよりも運動することとなるようにしたいなら，繰り返しジムに通わなければならない。

⑥「十分な運動，正しい食事，十分な睡眠，喫煙しない，これらすべては考えることなしに自動的にあなたの日課の一部となるべきである」とWood教授は言う。「そうなったら，気力が低下し，健康にいいことをするエネルギーを奮い起こすことができないときでさえ，実行し続けられるだろう」。習慣が破りづらいという事実は，あなたの味方にも敵にもなりうるのだ。

出典：Maria Szalavitz, "Stress Can Boost Good Habits Too", *TIME.com*

《直感ルールによる文章構造》

ルール1 & ルール3 すべての選択肢が「ある研究によれば」で始まっており，**1**と**2**では2つの行動の比較がされ，**4**と**5**では「習慣的な行為を繰り返す」ことでストレスがどうなるかという因果関係が述べられています。そこで，ストレスと習慣の関係性について，筆者の主張部を押さえていきます。

ルール2 より，全部で6段落構成であることがわかります。

第一段落（①）

1行目：ルール13「all」& ルール5「but」

「Under stress, we all tend to seek comfort ～ but a new study suggests ～」

☞ストレスに関する研究で，新しい説が登場していることを示しているので，「but」以下を特にチェックします。

第二段落（②）

1行目：ルール13「all」& ルール13「not only A but also B」の変形

「In several different experiments, ～ under various types of stress, all types of habits got stronger — not just the ones that cause trouble.」

☞「not only A but also B」の倒置構文で，「but also B」の部分は「all types of habits got stronger」です。強調表現が倒置されていることで，さらに強い強調（強調したい部分を先に示したいという筆者の意思）を示していることがわかります。またここは，第一段落の「a new study」で判明したことを繰り返し述べている意味でも，筆者の強い意見が述べられている箇所であることがわかります。

第三段落（③）

1行目：ルール14「little」& ルール14「not」& ルール5「but」& ルール11「only」& ルール12「in fact」

「"When your willpower is low and you have little motivational energy, ～ bad habits of eating too much and not exercising — but only if those are, in fact, your habits,"」

3行目：ルール11「just」

「"Our novel finding is that people fall back into good habits in just the same way."」

☞この2文は1行目が「your habits,」と終わっているように，2文を合わせてWood教授の研究結果です。筆者の主張部分ではありませんが，強調表現が複数用いられており，筆者の意見の裏支えになる意見としてチェックします。

第四段落（④）

1行目：ルール12「indeed」

「Stress depletes willpower; indeed, the brain is wired ～」

3行目：ルール6「That's」

「That's because those functions are superfluous when survival is at stake.」

☞1行目を言い換えた部分なので，1行目と併せてチェックします。

6行目：ルール11「not A but B」の変形 & ルール5「however」

「Automatic doesn't mean built-in, however: many of our automatic behaviors, ～ become automatic through repetition.」

☞「however」が「but」の意味を含むので，「but B」の部分は「become automatic through repetition.」であることがわかります。

第五段落（⑤）

2行目：ルール5「But」

「But that requires taking the time to establish these healthy behaviors before a challenging situation strikers.」

3行目：ルール11「rather than」& ルール7「have to」

「If you want your default to be to exercise when you stress out — rather than reaching for a doughnut — you have to hit the gym repeatedly.」

第六段落（⑥）

2行目：ルール13「all」& ルール8「should」

「～ all of these should become an unthinking, automatic part of your day, ～」

3行目：ルール14「not」

「"If they are, ～ when your willpower is low and you can't muster the energy to ～」

☞第三段落１行目の主張部分で挙げられた新説の結果がここで示されています。

強調構文を複数含んだ引用文が２箇所に見られます。引用は筆者の主張には当たりませんが，他の例を用いて，自分の考えを述べる展開に用いられることも多いので，特に和訳を求めてくる問題の多い英文では，筆者の主張部分でないから「×」というのではなく，選択肢に似たような文が出てきた場合には検討することを忘れないでください。

選択肢の検討

1 × 第一段落の主張部分をまとめた選択肢です。そこでは新説として，困難な経験は悪い習慣を促すのとともに，良い習慣を増進するとあり，第五・第六段落辺りを読んでも，健康的な方法に頼るより，不健康な方法に頼る人のほうが多いという記述は見当たりません。

2 × 第五段落の主張部分をまとめた文章です。前半は第五段落２行目で述べられていることですが，後半はドーナツを食べるより，運動するような習慣を身につけたいのなら，繰り返しジムに通わなくてはならないと記されているので，本文の主張と異なることがわかります。

3 × 第四段落の主張部分です。そこでは自動的というのは，元々組み込まれているのではなく，繰返しを通じて自動的になるとしているので，「元々組み込まれている自動的な機能が作動する」といった箇所が間違いです。

4 × 習慣とそれに基づく行為については，主に第三・第四段落で示されていますが，第三段落では気力が低下したり，やる気が起らない時に，悪い習慣に戻ることが多いとしており（同時に良い習慣にも戻る），選択肢にあるように気力が低下した時に習慣的な行為を繰り返すということや，繰り返すことで安心感や意欲を取り戻すことができるとは，本文の中で示されていません。

5 ◎ 正しい。第六段落の主張部分をまとめた選択肢です。

正答 5

No.4の正答と解説 【平成28年度・国家専門職】

➡問題文はP.242

【全訳】

❶ラ・レプッブリカ紙の創始者であるScalfari氏は，人工的に集められた記憶の均質化効果のあるウェブによって，若い世代が自分たちの記憶力を鍛えようとしなくなると指摘した。また，Scalfari氏は，インターネットを使うことで外の世界とつながっているように感じてしまうが，それは最終的には自らに孤独の宣告を課しているのだと述べた。

❷ウェブが助長する怠惰と孤独感は現代の大きな苦痛の２つであるとする点で，私はScalfari氏と同意見である。しかし，人間が記憶の代わりに紙に事実を託せる技術を創造したことからファラオが文字の発明者テウドをたしなめたとある，プラトンの『パイドロス』の一節を考えてみよう。偶然にも，書く行為は実際には読んだことを思い出す刺激となった。そのうえ，文字の発明のおかげで，マルセル・プルーストは『失われた時を求めて』で，記憶への称賛を産み出すことができた。もし，私たちが書きながらも記憶力を深めることが完璧にできたのなら，ネットを使いながら，ウェブから学んだことを内面化することで，確実にそのようにできるはずである。

❸事実，ウェブは捨てられるようなものではない。以前からある力織機，自動車やテレビのように，ウェブはここにあるべきものである。だから，問題はインターネット固有のリスクをどのように認識するかではなく，どうしたら最大限活用できるかである。

❹生徒に研究テーマを出す教師を考えてみよう。もちろん，教師は生徒たちがオンラインで易しく書き直された課題の答えを見つけることを防げないのはわかっている。でも，何も掘り下げず，単に答えを丸写しすることを生徒たちに思いとどまらせることはできる。生徒たちに少なくとも10のウェブサイトの情報を探し，「事実」を比較し，違いや矛盾をそこから見つけ出し，おそらく流行遅れの歴史書や百科事典までも調べながら，最も信用できる情報源はどれか判断してみるよう指導するかもしれない。

❺そうすれば，生徒たちはオンライン上の情報を自由に拾い読みするかもしれない（完全に避けるというのはばかげている)。だが同時に，その過程の中で判断力や記憶力を鍛えながら，情報を評価し総合的に扱うようになるだろう。

出典：Umberto Eco, “The Web is Here to Stay”, *international Herald Tribune*

《直感ルールによる文章構造》

ルール1 & ルール3 選択肢にこれといった共通点はありません。ただし，インターネットの使い方と，学生がオンラインをどう扱うかといった問題点が本文の中で取り上げられていることがわかるので，それらの因果関係が述べられている文に注意して読み進めます。

ルール2 より，全部で５段落構成であることがわかります。

第一段落（❶）

ルール15「例示と引用」

☞Scalfari氏の発言であり，次の段落の冒頭で筆者も同意見であるとして文を展開しているので，チェックはしますが，後ろに出て来る意見を読み取っていきます。

第二段落（❷）

２行目：ルール5「But」

「But consider the passage from Plato's "Phaedrus" in which the Pharaoh chides the god Theuth, ～」

☞筆者の主張を示す「But」が見えますが，内容はファラオとテウドの関係，そしてプラトンやプルーストの例を用いているということから，ルール15 の「引用」の一種とみなすことができます。したがって，この行の前後に出てくる筆者の主張部分（８行目「And if we are ～」）をチェックします。

第三段落（❸）

１行目：ルール14「not」

「The fact is that the Web is not something we can discard; ～」

２行目：ルール6「So」& ルール11「not A but B」

「So the question is not how to recognize the Internet's inherent risks, but how to make the best use of it.」

☞「So」があることから，前の行の主張部分を受けていること。さらに「AではなくてBである」という主張を提示している強い主張部分であることがわかります。

第四段落（❹）

１行目：ルール14「not」

「She knows, of course, that she can't prevent her students from finding predigested answers online.」

３行目：ルール5「But」& ルール14「never」

「But she can discourage the students from simply copying those answers and never digging any deeper.」

☞ 1～2行目を合わせて「not A but B」であることをチェックし，第四段落でのより強い主張部分が3行目であることを押さえます。

6行目：ルール11「最上級表現」

「～ and try to asess which source is the most reliable ～」

第五段落（⑤）

2行目：ルール5「but」

「～ but at the same time they would evaluate and synthesize that information, ～」

強調表現を用いた筆者の主張箇所ばかりでなく，ルール15に見える「例示と引用」を見つけ，その前後に主張が表れやすいということを再度チェックしてください。

選択肢の検討

1 × 第一段落の後半では，外の世界とつながっているようではあるが，最終的には孤独の宣告を受けているとあり，また，第二段落の冒頭でもウェブが怠惰と孤独感を助長すると述べていることから，本文の意見と異なることがわかります。

2 × 第二段落の引用部分の直後（＝ルール15により，ここが本当の筆者の主張部分）に，私たちが書きながら記憶力を高めることができるのであれば，ウェブから学んだことを内面化することはできるとしてあるので，選択肢に見える「内面化することはできない」という箇所が間違いです。

3 × 第三段落の強い主張部分に見えるように，インターネット固有のリスクをどのように認識するかではなく，どのようにしたら最大限活用できるかが問題点であり，選択肢とは逆のことを述べていることがわかります。

4 ◎ 正しい。第四段落の主張部分をまとめた選択肢です。

5 × 本文では，生徒たちを主体としたオンライン上の情報の扱い方について示している文はありません。第四・第五段落では，教師によるオンラインの扱い方の指導について述べているだけで，選択肢に見えるような内容は記されていません。

正答 4

No.5の正答と解説 【平成28年度・国家総合職】 ➡問題文はP.243

【全訳】

❶「オーセンティック」(本物の，真正の）という語は「オーサー」(著者）という言葉に似ており，このことはあなた自身の物語の著者はあなたであるということを意味している。私たちにはみな自分が書きつづることのできる著作がある。私たちにはみな今日ある自分を形作ることとなった独自の体験や出来事，さらには失敗談などがあるのだから，当然のことだ。自分の身の上話を告白しそれを正当に評価するような指導者は，自然な自尊心や自己受容の感覚を持っている。彼らは今日ある自分を，自分の人生における特定の体験や（周囲からの）影響と関連づけることができるのだ。彼らは自身が得た機会や直面した試練，自身の失敗体験と成功体験，また大きな絶望や悲しみを味わった時期と大いなる歓喜の瞬間についての物語を語ることができる。彼らは自分の崇拝の対象であったり自分に大きな影響を与えた特定の人々，また自分の人生において最も大切な物事に対して持つ自身の考えや意見に変化を与えた特定の人々をきちんと認識している。彼らは過去の自分の誤った思い込みや失敗に終わった無謀な試みを振り返って，笑い飛ばすことができる。彼らは過去の自分が痛みや敗北を味わった時間を振り返って，現在苦しんでいる他者に共感することができる。そして彼らは，自分自身の物語がどのようなものであれ，それがなかったら現在の指導者の地位にはいないだろうということを自覚している。

❷だがそれに劣らず大事なことは，彼らが自分の物語を他者と共有することにためらいがないということである。そして私がビジネス界の指導者たちが語る物語の多くに耳を傾けるうちに気づかされたことは，本物の指導者は自分の物語を，自分が就いた地位や勝ち得た賞といった観点からよりも，自分が学んだこと，大事にしてきたこと，大義としてきたことといった観点から語ることが多いということである，彼らは単に自身について語るためよりむしろ，自分が理解していることを示すため，あるいは自分の主張が正しいことを示すために自分の物語を利用する。他者とつながり，他者を自身の人生に招き入れるために自分の話を利用するのだ。なかには面白おかしい話もあり，悲しい話もある。長い話も短い話もある。あなたの持つ物語のすべてがあなたが間違いなくあなたであることを示す一側面なのであり，それぞれの物語があなたを他者と異ならしめているものなのだ。

❸私が講演でレジリエンス（訳注：「精神的回復力」「落ち込みから立ち直る力」を意味する心理学用語）や今日の指導者に求められる「本物である」ことの重要性について語るとき，私がしばしば聴衆に対して投げかける問い

は，もし自分がエレベーターの中で上へ行こうとしている誰かと居合わせ，その人と３分しか一緒にいられないとしたらどんな話をするだろうか，というものである。自分の人生にかかわる話をするというだけではなく，大事なことは「短い言葉で効果的に」語るということだ。この短く的を絞った語りをすることで，あなたにとって大切なこと，あなたが大義としていること，そしてあなたを他者と異ならしめているものが，より人に伝わりやすくなるはずだ。

出典：Rebecca Shambaugh，*Leadership Secrets of Hillary Clinton*

《直感ルールによる文章構造》

ルール１ & ルール３ 選択肢の共通点は「指導者」のあり方です。**1**と**2**は比較的マイナス的なイメージを挙げ，**3**，**4**，**5**は指導者の資質を表した内容なので，筆者が考える指導者像を述べている部分を中心にチェックしていきます。

ルール２ より，全部で３段落構成であることがわかります。また，第二段落が「But」で始まっているので，筆者の意見がさらに展開していくこと，つまり主張が強まっていくことを押さえます。

第一段落（❶）

２行目：ルール13「all」

「We all have a book we can write, as we all have unique experiences, ～」

14行目：ルール12「二重否定」

「And they realize that without their story, no matter what it was, they wouldn't be the leaders they are today.」

第二段落（❷）

１行目：ルール５「But」& ルール11「just」& ルール９「important」& ルール14「not」

「But just as important, they are not afraid to share their story with others.」

２行目：ルール11「比較級」

「And as I listen ～ I am reminded that authentic leaders tell their story more in terms of what they have learned, cared about, or stood for than in terms of the positions ～」

５行目：ルール11「比較級」& ルール11「just」

「They use their story to show that they understand or to make a point rather than just to talk about themselves.」

8行目： ルール13「all」& ルール13「everyone」

「All of your stories are part of your authenticity, and each one differentiates you from everyone else.」

ここで挙げた4つの文は，すべてつながりがあります。1文目で述べていることを，2文目の「And」で受け，その文の中で主語となる「leaders」が3文目で「they」と転じ，彼らが述べている「stories」が4文目の主語に変わっています。

第三段落（③）

3行目： ルール9「important」

「Besides having your life story, it is also important to have the "sound-byte" version.」

4行目： ルール8「should」& ルール9「important」

「This short and targeted version should help people gain a better sense of what's important to you, ～」

この2文も関連性の強い文章です。2文目の「This short and targeted version」は前の行を受けていることがわかり，それぞれの文に「important」という強調の意味を表す単語が用いられているので，筆者の強い主張がうかがえる文です。

筆者の主張は第二・第三段落に集中しています。第二段落は段落全体が重要なように見えますが，「AよりもB」といった比較級が用いられている場合は，「B」を押さえ，「not」で否定されている場合は，肯定されているほうを押さえる作業を行い，筆者の"より強い"主張を見出していくことが肝心です。

選択肢の検討

1 × 第一・第二段落をまとめた選択肢です。自分の経歴を評価して述べる指導者については，第一段落3～4行目で，自尊心や自己受容の関連性を持っているといったプラスのイメージで述べられており，第二段落の2行目では，本物の指導者は自分がそれまでに就いてきた地位や勝ち得た賞といった物語を語らないとしています。しかし，その文中で「経歴を高く評価する」であったり，「失敗した経験が少なく保守的で，プライドが高くて自分に甘い傾向にある」といった記述は見当たりません。

2 × 第一段落13行目で，自分が過去に経験した痛みや敗北した時間を振り返り，現在苦しんでいる他者に共感することができるという文が見えますが，それは良い指導者の行動を示していることがわかります。また，そうした他者を見て，自分自身を誇張して表現するといった記述は見られません。

3 × まず，本文の中で「古典的な指導者」という記述が見えませんし，新しい指導者像の比較をしている文章もありません。また，第二段落の1行目で，良い指導者は自分の物語を他者と共有することを恐れないとしており，選択肢にある「自分の経歴」とは外れています。さらに「何に関心を持ち，何を表現したいに関して語る」のではなく，第二段落2～5行目辺りでは，「自分が大事にしてきたこと，大儀としてきたことといった観点」から語るとしています。

4◎ 正しい。第二段落の筆者の“より強い”主張部をまとめた選択肢です。

5× 第三段落の主張部で，短く的を絞った話をすることが大事なこととありますが，「流暢に話すこと」とはしていません。また，これまで見てきたように，他者を自分の人生に招き入れるために自分の物語を他者と共有したり，大切なことや大義としていることを話すことが，「自分自身の人生について誠実に語れること」とまでは言えません。

正答 4

No.6の正答と解説 【平成29年度・国家総合職】

➡問題文はP.245

【全訳】

❶およそ1,700年前にミシシッピ川から分離した三日月形の湖である，ホースシュー湖から採取したコア（ドリルで採取した円筒形標本）を分析する中で，Munozのチームは，古代の大規模な洪水によって堆積した沈泥による厚さ19センチの粘土層を発見した。

❷この古代の洪水が，現在は「モンクス・マウンド（修道士の山）」と呼ばれる構造物である，カホキアの中心部にある10階建ての高さの土塁を浸水させるほどの高さであったとは，なかなか考えにくいことである。だが，それほどの規模の洪水であれば，農耕地や居住区域に壊滅的打撃を与え，居住していた15,000人にも上る人々が，その地に住み続けることができなくなった可能性はあるだろう。

❸その洪水がカホキアの衰退および土地の放棄に至る直接の要因となったのか，あるいは単にその一因となったにすぎないのかは，今後の調査研究の課題として残る。だが，これだけは明らかに言える。その洪水から150年以内に，かつてメキシコ北部で最大の先史時代の集落であった場所がゴーストタウンとなり，その後のヨーロッパからの入植者を困惑させたであろう，土塁が連なるだけの何もない風景になったということだ。この洪水の話は，カホキアの物語に新たな展開をもたらすものであるが，チームの調査から得られた他のデータは，カホキアおよび，カホキアがその一部であるミシシッピ文化の歴史に関するこれまでの考古学上の結論を補強している。

❹ホースシュー湖から採取した堆積物のコアに沈殿していた花粉の分析から示されることは，農耕の拡大とそれに伴う急速な森林破壊であり，これは西

暦450年頃に始まり，トウモロコシ栽培が西暦900年から1200年の間にピークを迎えた。それから洪水の出来事があり，その後，トウモロコシ栽培が衰退したことをコアは明らかにしている。西暦1350年までには，その地での農業は実質的に終焉を迎えていたことを，花粉の記録は示している。

❺花粉の記録の研究を専門とする地理学者であるMunozは，ミシシッピ文化が栄えたアメリカ南東部では，これまで花粉の調査がほとんど行われていなかったことに気づいた。「しかも，大規模な遺跡以外は，研究らしい研究もなかったのです」と彼は語った。そのため，カホキアのすぐ脇にあるホースシュー湖を彼が目にしたとき，やってみる価値があると思ったのだった。

出典："Did a Mega-Flood Doom Ancient American City of Cahokia?", *National Geographic*

《直感ルールによる文章構造》

ルール1 & ルール3 **1**では「約1,700年前に存在した集落の跡」について，**2**では「約15,000人に達する巨大な集落」といった数字が見られるので，本文の該当箇所の読み込みを行います。**4**と**5**では「花粉」の「分析」や「研究」について述べられていることがわかり，また**5**ではMunozのチームは「新たな発見はないだろうと考えていた」のに，**1**では「発見した」とあるので，その因果関係を本文で押さえていきます。

ルール2 より，全部で５段落構成であることがわかります。

第一段落（❶）：チェックする箇所は特になし。

☞ただし，段落中に選択肢**1**で示される「約1,700年前」という語句が見えるので，注意して読み進めます。

第二段落（❷）

2行目：ルール5「But」

「But a flood of such magnitude would have devastated croplands and residential areas, ～」

第三段落（❸）

2行目：ルール5「But」& ルール11「最上級表現」

「But this much is clear: Within 150 years of the flood, what had been the largest prehistoric settlement north of Mexico became a ghost town, ～」

5行目：ルール5「Though」

「Though the flood is a new wrinkle in Cahokia's story, ～」

☞この文で登場する「new」は，筆者が新たな視点を持った時に示す「new」ではなく，単に「新しい」という形容詞なのでチェックはしません。

第四段落（④）：チェックする箇所は特になし。

第五段落（⑤）

1行目：ルール14「little」

「Munoz, ～ noticed that very little pollen reserch had been done in the American Southeast, ～」

3～4行目：ルール15「引用」➡チェックする箇所は特になし。

4行目：ルール6「So」

「So when he saw Horseshoe Lake right next to Cahokia, he thought it was worth a shot.」

難しい単語や用語が並んでいますが，文意が正しいかどうかという大きな読みを行いながら，本文と選択肢の比較を行ってください。

選択肢の検討

1 × 第一段落に「1,700年前」という語句が見えますが，そこではホースシュー湖がミシシッピ川から分離したのが「1,700年前」であり，その湖から洪水によって堆積した粘土層を発見したとあるので，本文と異なります。

2 × 前半部分に見える，大規模な洪水が15,000人に上る集落に打撃を与えた可能性については，第二段落で述べられていますが，第三段落の冒頭では，その洪水が土地の放棄とともに，カホキアの衰退につながったかについては今後の調査課題としており，「直接的な原因であった」とまでは述べていません。またミシシッピ文化との関連性については，第三段落の主張部分で，ミシシッピ文化はカホキアの一部であり，その文化の歴史について考古学上の結論をサポートしたとしているだけで，やはり衰退をもたらした直接的な原因とまでは読み取ることができません。

3 × 第三段落の筆者による2つ目に該当する主張部分ですが，そこでは洪水が起ってから150年以内に集落のあった場所がゴーストタウンになってしまったことで，その後やって来たヨーロッパからの入植者が困惑しただろうとしているだけで，「植民地建設が困難になった」であるとか，「一旦メキシコ北部から離れていった」というような記述は見当たりません。

4 ◎ 正しい。第四段落には筆者の主張はありませんが，本文と選択肢の比較検討から，主張部分を示す選択肢に正答がないために，**4**が正答として導き出されます。

5 × 第五段落の主張部分をまとめたもので，そこではミシシッピ文化が栄えたアメリカの南東部では，花粉の調査がほとんど行われてこなかったことと，それだけにホースシュー湖を前にして，研究をする価値があったとしており，選択肢に書かれている内容とは真逆であることがわかります。

正答 4

No.7の正答と解説

【平成25年度・国家総合職】 ➡問題文はP.246

【全訳】

❶ちょうど1年前の今日，国連は南部ソマリアが飢饉の状態にあると発表した。6か月にわたるこの危機は何千人という死者をもたらし，2012年2月2日に危機が去ったと公式に宣言されるまでの間，大がかりな人道援助を必要とした。

❷今日，ソマリアは復興の途上にあるが，状況はまだ危機的なままで，必要な食糧を確保するためには援助の継続が欠かせない。

❸ソマリアでFAO（国連食糧農業機関）の活動をするルカ・アリノビ氏は，「建て直しつつ改善するというプロセスを計画し実行することで，私たちは各地域が自立していく過程を数か月にわたって見てきました。でも，今私たちが関与をやめてしまうと，彼らはまた危機状態に逆戻りする危険があります」と警告する。

❹FAOの中にある，ソマリア食糧安全保障および栄養状況分析班が出した最新の見通しは，今年は少雨の影響により，モロコシの一大産地であるバイ地方を含む南部の多くの地域において例年を下回る収穫，あるいは不作が予想されると警告を発しており，これを読むと危機は一層深刻に思われる。バイ地方は例年，ソマリアにおけるモロコシの総生産量のほぼ3分の2を占める地域だ。

❺そうなると，FAOやそのほか外国や国際機関による人道的な活動が相当なされているにもかかわらず，南部ソマリアのほとんどの地域で「非常に危機的」と分類されている食糧の確保状況は，さらに悪化する可能性がある。約340万人に上るソマリア人が，金銭あるいは食糧の援助という形で継続的な支援を受けている。

❻FAOの南部ソマリアにおける支援戦略は，これまで繰り返し起こる干ばつに苦しめられてきた地域の農家や家畜所有者に対し，干ばつその他の緊急事態に長期的に耐えられるよう手助けするというものだった。

❼FAOによって100万人を超える人々に届けられた援助は金銭主体の介入という形をとっており，これは，被害を受けやすい地域にすぐに食糧を買える手助けをすることで，農業支援や家畜の健康管理と相まって，人々が地元に居続けられるようにするという趣旨の下に行われた。肥料や改良された種子

を届ける一方で，1,400万頭に上る家畜がワクチン接種を受けた。この援助により，バイ地方とシャベレ地方の農家は昨年，モロコシの生産量を２倍に増やすことができた。
❽「干ばつの間，私たちは食事は１日１食で，ミルクを買うお金もなかったんです」と，南部ソマリアのゲドで，８人の子どもの母親でありFAOの現金収入支援プログラムで働くファトゥマ・アデン・アブディラーマンさんは語った。「でも今は，週に18ドルは稼ぎますから，子ども全員に３食食べさせてあげられますし，干ばつで死んだヤギたちの代わりももうじき買う予定なんですよ」。
❾「もし，将来また干ばつが起こった場合に備えて，最も脆弱な立場の人々を守るために社会的なセーフティネットを確立する必要も次第に高まっています」とアリノビ氏はさらに語った。「継続的な人道支援が何よりも大切なのです」

出典：“The Somalia famine – one year on”，FAO

《直感ルールによる文章構造》

ルール１ & ルール３ 選択肢の中に「1年前」「340万人」「３分の２」「２倍」「１日３食」といった数字が見えるので，本文の該当箇所と見比べながら読み進めます。また，**1**では「FAOからの援助を受けている」としているのに対し，**2**では「（FAOの）支援を必要としなくなる」とあること。さらに**4**では「モロコシの収穫量が２倍になることが期待されている」とある一方で，**3**では「平常時の３分の２に落ち込んだ」とあることから，因果関係と時間軸に関する読みも意識します。

ルール２ より，全部で９段落構成であることがわかります。

第一段落（❶）：チェックする箇所は特になし。

第二段落（❷）

１行目： ルール５ **「but」**

「Today Somalia is on the path to recovery but the situation remains critical and continued aid is vital in order to preserve food security.」

第三段落（❸）

１～４行目： ルール15 **「引用」** ➡チェックする箇所は特になし。

第四段落（❹）

１行目： ルール13 **「all」**

「That danger appears all the more serious as the latest forecast

PART 5 英文

テーマ14 内容把握【どこを読むか】

from FAO's Food Security ～」

☞なお，次に続く文の中に「almost two-thirds」という数字が見えます。

第五段落（⑤）：チェックする箇所は特になし。

☞ただし，段落中に「Some 3.4 million」という数字が見えます。

第六段落（⑥）：チェックする箇所は特になし。

第七段落（⑦）

1行目：ルール11「比較級」

「The aid delivered by FAO to more than a million people was in the form of cash-based interventions ～」

☞ここでの「more than」は，単に「～以上」という意味ですが，「a million people」という数字が見えるので，チェックしておきます。さらに6行目に「double their production」という数字が見えるので，併せてチェックします。

第八段落（⑧）

1～5行目：ルール15「引用」

☞ただし，段落中に「one meal a day」「a mother of eight」「$18 a week」「the three meals」といった数字に関する語句が見えるので，チェックします。

第九段落（⑨）

1行目：ルール9「need to」＆ルール11「最上級表現」

「"There is also increasing need to build social safety nets to protect the most vulnerable if and when drought hits again in the future,"」

3行目：ルール9「importance」

「"Continued humanitarian support is of utmost importance."」

☞この2行はアリノビ氏のコメントですが，筆者が示すソマリアの人道支援に関する意見の裏支えにもなり，強調表現が複数使われている引用であるので，念のためチェックしておきます。

前半ではソマリアの飢饉の状況とそれに対する人道支援の仕方，さらにその結果について。後半では人道支援を行った結果，人々の暮らしがどうなったかについて例を用いて示しています。難しい単語も使われていますが，選択肢との見比べ等を行い，筆者の主張がどこにあるのかを意識しながら，選択肢に当たります。

選択肢の検討

1 × 1年前にソマリアで「飢饉」があったことは第一段落で述べられていますが,「干ばつ」が起きたのは第四段落の主張部分で,「今年」とあります。また,340万人については第五段落で,単に「ソマリア人」としているだけで,FAOより援助を受けている人がいることは読み取れますが,340万人全員が難民（居住地域から強制的に追われた人々）であるといった記述まではありません。

2 × 南部ソマリアについては,第四段落の主張部分と第五段落に見えますが,前者ではFAOによる見通しが述べられ,その結果については第五段落で,「南部ソマリアのほとんどの地域が危機的状況にあり,それが悪化する可能性がある」としているので,選択肢に見えるように「完全に復興した」とはいえません。

3 × ルール部分でも記しましたが,３分の２という言葉は第四段落の主張部分に見えます。そこではバイという地域がソマリアにおけるモロコシの総生産量の３分の２を占めていると述べているだけで,同じ段落でモロコシの不作が予想されるとはしていますが,その数字まではさし示していません。

4 × 第七段落に,FAOにより届けられた肥料や種子により,モロコシの生産量が２倍になったと見えますが,それは「last year」のこととあり,翌年への期待ではないことがわかります。

5 ◎ 正しい。第八段落の主張部分をまとめた文章です。

正答 5

テーマ 15

文章整序

お試し問題 ……………………【平成28年度・国家一般職】

次の□と□の文の間に，ア～エを並べ替えて続けると意味の通った文章になるが，その順序として最も妥当なのはどれか。

Penguins, like other birds that live in a cold climate, have adaptations to avoid losing too much heat and to preserve a central body temperature of about 40℃.

ア：However, penguins also have 'counter-current heat exchangers' at the top of the legs. Arteries[*1] supplying warm blood to the feet break up into many small vessels[*2] that are closely allied to similar numbers of venous[*3] vessels bringing cold blood back from the feet.

イ：Humans can do this too, which is why our hands and feet become white when we are cold and pink when warm. Control is very sophisticated and involves the hypothalamus[*4] and various nervous and hormonal systems.

ウ：The feet pose particular problems since they cannot be covered with insulation in the form of feathers or blubber, yet have a big surface area(similar considerations apply to cold-climate mammals such as polar bears).

エ：Two mechanisms are at work. First, the penguin can control the rate of blood flow to the feet by varying the diameter of arterial vessels supplying the blood. In cold conditions the flow is reduced, when it is warm the flow increases.

Heat flows from the warm blood to the cold blood, so little of it is carried down the feet.

＊1 artery：動脈　＊2 vessel：（血液などを通す）管
＊3 venous：静脈の　＊4 hypothalamus：視床下部

1 ア→イ→ウ→エ
2 ア→ウ→イ→エ
3 ア→ウ→エ→イ
4 ウ→エ→ア→イ
5 ウ→エ→イ→ア

次の［　　］と［　　］の文の間に，ア～エを並べ替えて続けると意味の通った文章になるが，その順序として最も妥当なのはどれか。

Penguins, like other birds that live in a cold climate, have adaptations to avoid losing too much heat and to preserve a central body temperature of about 40℃.

→アプローチ1-1 ルール16 与文を検討する

ア：**However**, penguins also have 'counter-current heat exchangers' at the top of the legs. Arteries[*1] supplying warm blood to the feet break up into many small vessels[*2] that are closely allied to similar numbers of venous[*3] vessels bringing cold blood back from the feet.

→アプローチ2 ルール17 接続詞

イ．Humans can do **this** too, which is why our hands and feet become white when we are cold and pink when warm. Control is very sophisticated and involves the hypothalamus[*4] and various nervous and hormonal systems.

→アプローチ3 ルール18 指示語

ウ．The feet pose particular problems since they cannot be covered with insulation in the form of feathers or blubber, yet have a big surface area (similar considerations apply to cold-climate mammals such as polar bears).

エ. Two mechanisms are at work. First, the penguin can control the rate of blood flow to the feet by varying the diameter of arterial vessels supplying the blood. In cold conditions the flow is reduced, when it is warm the flow increases.

> Heat flows from the warm blood to the cold blood, so little of it is carried down the feet.

1 ア→イ→ウ→エ ←「ア」スタート
2 ア→ウ→イ→エ ←「ア」スタート
3 ア→ウ→エ→イ ←「ア」スタート
4 ウ→エ→ア→イ ←「ウ」スタート
5 ウ→エ→イ→ア ←「ウ」スタート

アプローチ1-2 ルール16 選択肢の吟味＝スタートの決定

【全訳】

> ペンギンは寒い気候の中で生きるほかの鳥類同様，体の熱を失いすぎることを避け，中心部の体温をほぼ40度に保つような適応能力を持っている。

ア：しかしながら，ペンギンには両脚の最上部に「対向流熱交換器」もある。温かい血を足に供給する動脈は多くの細い血管に枝分かれしており，それらは足から冷たい血を戻す役割を担う，ほぼ同数の静脈管と緊密に絡み合っている。

イ：これは人間も行うことができ，私たちの手や足が寒いときは白くなり，暖かいときはほの赤くなるのはそのためだ。このコントロールは非常に精巧なもので，視床下部とさまざまな神経とホルモンの仕組みにかかわっている。

ウ：ペンギンの足は羽や脂肪のような断熱効果を持つもので覆われておらず，しかも表面積が広いために，特有の問題を引き起こす（ホッキョクグマのような寒冷気候に生きる哺乳類においても同様のことが考えられる）。

エ：2つのメカニズムが働いている。第一に，ペンギンは血液の供給路である動脈管の直径を変化させることで，足へと向かう血流の割合をコントロールする能力を持っている。寒冷下では血液の量が減少し，暖かいときは量が増加するのだ。

温かい血から冷たい血へと熱が流れるため，足まで運ばれる熱はほとんどなくなるのだ。

出典：Mick O'Hare, *Why Don't Penguin's Feet Freeze ?*

お試し問題の解説

英文の「文章整序」問題も，現代文の「文章整序」問題と同様に，まずスタートになる文章を決め，次に「接続詞」や「指示語」を探しながら並べ替えていきます。ただし英文では，現代文以上に「接続詞」と「指示語」をセットにして考えなければならない場合が多いので，ここでは ルール を強く意識しながら問題にアプローチしていきます。また，与文がある場合はそれの読み込みを，ない場合には選択文の中からスタートを決めることから始めます。

以下，ルールに従ってアプローチを試みます。

アプローチ1

与文があるので，与文から見ていくと，「ペンギンは体の熱を失うことを避け，体温を40度に保つような能力を持っている」ということが記されています。次に，与文に続く選択文を選択肢の中から検証していきます。

↓

アプローチ2

ルール17 与文に続く候補であるアとウの中で，アが逆接の「However」で始まっているので気になります。そこで中身を見ていくと，「ペンギンは両足に熱の交換器も持ち，温かい血を足に流す動脈を持っている」といったことが書かれているので，ほかにも身体的機能を持っていることがわかります。ただし，「しかし」があることで，前文には選択文アにある機能を持っていないペンギン以外の動物について述べられているはずです。与文ではその指摘がないので，「与文→イ」は成り立ちにくいことがわかります。

一方で，ウは「ペンギンの足は羽や脂肪で覆われていないので，特有の問題を引き起こす」とあることから，体は40度に体温を保つことはできても，足には問題が起こるといった流れが成り立ちます。

ここで「与文→ウ」を決定しますが，選択肢を見ると「与文→ウ→エ」までが確定しているので，アとイの関係を探ることにします。

アプローチ3

ルール18 次に指示語を見ていくと，選択文のイに「Humans can do this too ～」とあるので，まずそれを手がかりにします。そこでは「人間も行うことができ，寒いときには手や足が白くなり，暖かいときには赤くなり，そのコントロールは精巧なもの」とあり，直前では人間以外でもそれと似たコントロールができるといった文章があることがわかります。選択肢は，**4**が「ア→イ」，**5**が「イ→ア」です。

エはペンギンが寒いときと暖かいときに行う血液の制御作用について述べられており，人間もそれと同じようなことをしていると続けることができるので◎。

アを前に置くと，人間もペンギンと同じような「対向流熱交換器」を備えていると読めてしまうことと，「エ→ア→イ」とすると，エとアが同じペンギンの話をしているのに，「However」があることでつながらなくなります。

ここは，エの中に見える「Two mechanisms」の「First」に当たることを同じエの中で述べ，それはイにあるように，人間も同様の機能を持っているが（=However），ペンギンには「もう一つ」機能があることをアで付け足した流れであることをつかみ，「エ→イ→ア」を決定します。

ルール19 **5**を並べ替えて読み直すと，スムーズに読めるので，正答と決定します。

正答 5

check □□□

No.1 【平成30年度・国家専門職】GⅢ ➡正答と解説はP.282

次の［　　　］の文の後に，ア～オを並べ替えて続けると意味の通った文章になるが，その順序として最も妥当なのはどれか。

> They're all overworked individuals, so I know that there's not a lot of time in their lives to squeeze in English learning on top of everything else. However, it only takes me a few hours with a new student to know if they will improve naturally and in a way that won't feel like extra work to them. These students are the ones that show curiosity.

ア：When you work out, your muscles get strained and sore.

イ：And then they try breaking them. As they get comfortable making and breaking patterns, they start to ask "Can I say … ?" As they get more advanced, they ask "What's the difference between X and Y ? " or "Is that the same as Z ?"

ウ：But then they repair and get stronger. It's a shame many of my students are so dedicated to the gym for their body, but neglect to work out their language too. Like muscles, it's a case of "use it, or lose it."

エ：There's no real reason for them to follow patterns, break patterns or ask questions. But when they do, their brain is making connections and associations with related vocabulary. When they have time to review outside of class, it's these students who grasp information the fastest and retain it the longest. It's similar to physical exercise.

オ：They are the ones who, at any level, take something — a new word, phrase or expression — and just try it out. They see patterns and follow them.

1　イ→ア→ウ→エ→オ
2　エ→イ→ア→オ→ウ
3　エ→オ→ア→ウ→イ
4　オ→イ→エ→ア→ウ
5　オ→ウ→ア→エ→イ

check □□□ **No.2** 【平成27年度・国家専門職】 GⅢ ➡正答と解説はP.283

次の □ の文の後に，ア～オを並べ替えて続けると意味の通った文章になるが，その順序として最も妥当なのはどれか。

Why might somebody wish to touch something before buying it ?

ア：There are plenty of very practical reasons, the most obvious being that if a product's tactile* qualities are what's most important, we must know how it will feel.

イ：Bed linens ── how sheets feel is pretty much the whole ball game. And clothing ── we need to pet, stroke and fondle sweaters and shirts especially, but most apparel falls into this category. I think men's underwear makers are missing an opportunity by sealing the goods inside plastic bags.

ウ：No women's underwear is sold that way, for good reason ── women want to test anything that will go against their skin.

エ：For instance, we like to touch towels before we buy them ── in a study we did, towels were touched on average by six different shoppers before they were actually purchased. (Which is why you really ought to wash them before you use them.)

オ：Men would, too, if someone only gave them the chance.

＊tactile：触感の

1 ア→ウ→エ→オ→イ
2 ア→エ→イ→ウ→オ
3 イ→オ→エ→ウ→ア
4 エ→ア→オ→ウ→イ
5 エ→ウ→イ→オ→ア

check □□□ **No.3** 【平成30年度・国家一般職】 GⅢ ➡正答と解説はP.284

次の □ の文の後に，ア～オを並べ替えて続けると意味の通った文章になるが，その順序として最も妥当なのはどれか。

Most people seal the envelope before posting a letter. If asked why, then some immediate responses would probably include comments like 'I don't know really', 'habit', 'why not ?' or 'because everyone else does'.

ア：Clearly anyone wanting to send confidential, or maybe even just personal, messages via email needs to find some other means of protecting them. One common solution is to use cryptography *1 and to encrypt *2 the message.

イ：If we sent our letters in unsealed envelopes then anyone who gained possession of the envelope would be able to read its contents. Whether or not they would actually do so is a different issue.

ウ：It is a fast means of communication but, of course, there are no envelopes to protect the messages. In fact it is often said that sending email messages is like posting a letter without an envelope.

エ：More reasoned responses might include 'to stop the letter falling out' or 'to stop people reading it'. Even if the letters do not contain any sensitive or highly personal information, many of us like to think that the contents of our personal correspondence are private and that sealing the envelope protects them from everyone except the intended recipient.

オ：The point is that there is no denying that they would be able to if they wanted to. Furthermore, if they replaced the letter in the envelope then we would not know they had done so. For many people the use of email is now an alternative to sending letters through the post.

＊1　cryptography：暗号法　　＊2　encrypt：～を暗号化する

1　エ→イ→オ→ウ→ア
2　エ→ウ→イ→ア→オ
3　エ→オ→ウ→ア→イ
4　オ→イ→ア→ウ→エ
5　オ→エ→イ→ア→ウ

No.4 【平成26年度・国家一般職】GⅡ →正答と解説はP.286

次の［　　］と［　　］の文の間のア～オを並べ替えて続けると意味の通った文章になるが，その順序として最も妥当なのはどれか。

> Books are composed of words, and words have two functions to perform: they give information or they create an atmosphere.

ア：Atmosphere is created. Who can see those words without a slight sinking feeling at the heart? All the people around look so honest and nice, but they are not, some of them are pickpockets, male or female.

イ：It is an example of pure information. It creates no atmosphere — at least, not in my mind. I stand close to the label and wait and wait for the tram. If the tram comes, the information is correct; if it doesn't come, the information is incorrect; but in either case it remains information, and the notice is an excellent instance of one of the uses of words.

ウ：They hustle old gentlemen, the old gentleman glances down, his watch is gone. They steal up behind an old lady and cut out the back breadth of her beautiful sealskin jacket with sharp and noiseless pairs of scissors. Observe that happy little child running to buy sweets. Why does he suddenly burst into tears. A pickpocket, male or female, has jerked his halfpenny out of his hand.

エ：Often they do both, for the two functions are not incompatible, but our enquiry shall keep them distinct. Let us turn for an example to Public Notices. There is a word that is sometimes hung up at the edge of a tramline: the word 'Stop.' Written on a metal label by the side of the line, it means that a tram should stop here presently.

オ：Compare it with another public notice which is sometimes exhibited in the darker cities of England: 'Beware of pickpockets, male and female.' Here, again, there is information. A pickpocket may come along presently, just like a tram, and we take our measures accordingly. But there is something else besides.

> All this, and perhaps much more, occurs to us when we read the notice in question. We suspect our fellows of dishonesty, we observe them suspecting us.

1 ア→イ→エ→オ→ウ
2 ア→ウ→オ→エ→イ
3 エ→イ→オ→ア→ウ
4 エ→オ→イ→ア→ウ
5 オ→ア→ウ→エ→イ

No.5 【平成29年度・国家一般職】GⅡ ➡正答と解説はP.288

次の［　　　］の文の後に，ア～オを並べ替えて続けると意味の通った文章になるが，その順序として最も妥当なのはどれか。

> In face-to-face conversations, in the absence of pencil and paper, the Japanese resort to pantomime: they use the right index finger as a 'pencil' to 'write' the kanji in the air or on the palm of the left hand. But often this too fails, and a person must use an appropriate common word as a label for the kanji.

ア：No wonder, then, that in 1928 George Sansom, an authority on Japan, remarked of its writing system : 'There is no doubt that it provides for a fascinating field of study, but as a practical instrument it is surely without inferiors.'

イ：For example, of the dozens of kanji that can be read to, only one can also stand for the noun '*higashi*' ('east') ; this character is then readily labelled as *higashi to iu ji*, 'the character *higashi*'.

ウ：When, however, a kanji has only one reading, and you wish to describe it, you have a problem. To identify the kanji that stands for *to* in 'sato' ('sugar'), you cannot do much more than to say something like, 'It's the one used in the last syllable of the word for sugar.'

エ：A modern authority, J.Marshall Unger, added recently: 'In a broad sense, over the centuries, Japanese script has "worked". Japanese culture has not flourished *because of* the complexities of its writing system, but it has undeniably flourished in spite of them.'

オ：If that does not trigger the memory of the person you are talking to, you must go back to the shape: 'It's the kanji with the "rice" radical on the left, and the tang of "Tang* dynasty" on the right.'

＊Tang：唐（中国の王朝）

1　ア→イ→オ→ウ→エ
2　ア→エ→ウ→オ→イ
3　イ→ウ→オ→ア→エ
4　イ→オ→ア→エ→ウ
5　イ→オ→ウ→エ→ア

No.6 【平成27年度・国家総合職】 GⅠ ➜正答と解説はP.289

次の［　　　］の文の後に，ア～オを並べ替えてつなげると意味の通った文章になるが，その順序として最も妥当なのはどれか。

> Markets and queues＊ — paying and waiting — are two different ways of allocating things, and each is appropriate to different activities.

ア：But the ethic of the queue does not govern all occasions. If I put my house up for sale, I'm under no obligation to accept the first offer that comes along, simply because it's the first.

イ：The ethic of the queue, "First come, first served," has an egalitarian appeal. It bids us to ignore privilege, power, and deep pockets — at least for certain purposes. "Wait your turn," we were admonished as children. "Don't cut in line."

ウ：The principle seems apt on playgrounds, at bus stops, and when there's a line for the public restroom at a theater or ballpark. We resent people cutting in front of us. If someone with an urgent need asks to jump the queue, most people will oblige.

エ：Selling my house and waiting for a bus are different activities, properly governed by different norms.

オ：But we'd consider it odd if someone at the back of the line offered us $10 to trade places — or if the management set up express pay toilets alongside the free ones, to accommodate affluent customers(or desperate ones).

＊queue：列

1 イ→ア→エ→オ→ウ
2 イ→ウ→オ→ア→エ
3 イ→オ→エ→ウ→ア
4 ウ→ア→イ→オ→エ
5 ウ→エ→オ→イ→ア

No.7 【平成28年度・国家総合職】 GI

➡正答と解説はP.291

次の ＿＿＿ の文の後に，ア～オを並べ替えてつなげると意味の通った文章になるが，その順序として最も妥当なのはどれか。

In life, we learn to work upwards; to climb mountains and to reach peaks. Learning to snowboard is probably one of the few times where you're working on achieving the opposite — where you want to go down. And thanks to my amazing friends, I learned how to achieve some moments of stability as I slid, rolled and crashed my way down the mountain. Oh how I tumbled. There is no graceful way to fall, and it goes against human nature to enjoy falling. It's not surprising that we fear it. The word "fall" sounds and looks like "fail".

ア：But after my snowboarding trip, I think that everyone needs to experience one time where they need to get good at failing. I'd encourage anyone learning a language or trying a new sport to do it in an environment where you feel safe to experiment, to mess up and to have a laugh while you're doing it.

イ：Maybe life's not about conquering mountains. Instead, maybe it's about finding the best way to fall safely if you do lose your footing, slip or just get exhausted.

ウ：It took a little getting used to, but after the first few falls, I began to hit the snow with as much drama as possible, landing into the soft powder like a well-insulated starfish.

エ：But with snowboarding, I learned that it was actually possible to fall and fail in a successful and even enjoyable way. I was told to fling my arms back with wild abandon to avoid falling on my elbows, which could lead to injury.

オ：Fail, bail and wipe out. Screw up, mess up and flub. We spend most of our lives trying to avoid doing any of these things.

1 イ→ア→エ→オ→ウ
2 イ→ウ→ア→エ→オ
3 エ→イ→ウ→オ→ア
4 エ→ウ→オ→ア→イ
5 エ→オ→イ→ア→ウ

正答と解説

No.1の正答と解説 【平成30年度・国家専門職】

➡問題文はP.275

【全訳】

彼らは皆，それぞれにするべきことをたくさん抱えすぎているので，生活の中で，英語の学習時間をすべてのことに最優先して捻出できるような時間はないだろうということは私にもわかる。しかしながら，私が新入生と接して，彼らが自然に，なおかつ余計な手間がかかったと感じさせないような方法で上達するかどうかを判断できる時間は数時間しかない。以下に挙げるのは，好奇心旺盛な生徒たちのことである。

ア：運動するとき，筋肉は緊張して痛くなる。

イ：それから，彼らはそれら（パターン）を壊そうと試みる。パターンを作ったり壊したりすることに慣れてくると，彼らは「……と言うことはできますか？」と尋ね始める。さらに理解が深まってくると，彼らは「XとYの違いはなんですか？」あるいは「それはZと同じですか？」と尋ねてくる。

ウ：しかし，その後，それら（筋肉）は修復し，さらに強くなる。私の生徒たちがジムに熱心に通って身体を鍛えているのに，同じように語学の練習をすることをほったらかしにしているのは残念なことである。筋肉と同様に，それは「使わなければダメになる」一例なのだ。

エ：彼らにとって，パターンに従ったり，パターンを壊したり，質問したりする実質的な理由はない。しかし，そうするとき，彼らの脳は，関連する語彙を結びつけたり，連想したりする。授業外で復習をする機会があると，最も速く情報を把握し，最も長く覚えているのは，こうした生徒たちだ。それは，運動と同じである。

オ：彼らは，どのレベルであっても，新しい言葉や，言い回しや，表現といった何かに取り組み，とにかくそれを試してみるような人たちである。彼らはパターンを見いだし，それらに従う。

出典：Samantha Loong “Curiosity”，*The Japan Times ST : March 10, 2017*

《直感ルールによる文章構造》

ルール16 与文では「生徒たちが英語の学習時間に多くの時間を充てられないこと。そのために筆者がどのようにすれば英語が上達するかを判断する時間がないこと。さらに好奇心のある生徒」の話をしています。

そこで，与文に続く選択文を眺めると，イでは「彼らはそれらを壊そうとする」とあり，「それら」が何をさすのかわからず，また文中の「パターン」が何のパターンなのかもわかりません。エも同様で，彼らが従うべき「パターン」がどういったものなのかが不明です。オは与文に登場する好奇心旺盛な生徒（＝They）が，新しい取組みをするといった流れが成り立ち，そのためにパターンを見いだすといった展開が見えてきます。そこで選択肢を**4**と**5**に絞ります。

ルール17 ウに「But」が見えるので，その文を読むと，「それらは修復し，さらに強くなる」とあるので，直前では「それらが壊されたり，悪い状態になる」といったことが書かれているのがわかります。さらにそれを受けて「ジムで身体を鍛えるように，語学の練習をしない」という文章があることで，「それら」がジムや身体に関係することもわかります。選択肢**4**ではアに「運動をするとき，筋肉は緊張して痛くなる」とあることから，「ア→ウ」の流れが自然ですが，**5**のオではパターンの話をしており，ジムや身体に関する話はしていません。そこで「与文→オ」と「ア→ウ」を決定します。

正答 4

No.2の正答と解説 【平成27年度・国家専門職】 →問題文はP.276

【全訳】

どうして，買う前に人はそのものを触りたいと思うのだろう。

ア：さまざまな現実的な理由があるが，商品の触感の質が最も重要なことであるとき，どのようにそれが感じられるか知らなければならないというのが最も明らかである。

イ：ベッドリネン――シーツがどのような感触かはかなり決定的な要素となる。そして，衣服 ――しかし，多くの衣服がこの部類に入るが，セーターやシャツは特に，優しくなでてさする必要がある。男性の下着のメーカーはビニール袋に商品を入れて閉じてしまうので，機会がないと思う。

ウ：このようなやり方で女性の下着が売られることはない――肌に触れる物はなんでも試したいと女性は思うという，もっともな理由で。

エ：たとえば，買う前にタオルを触りたくなる――私たちの研究によると，実際に購入される前に平均６人の異なる買い物客によって触られた（使う前にタオルを洗わなければならない本当の理由である）。

オ：男性だってそうである。そういう機会を与えてもらいさえすれば。

出典：Paco Underhill, *Why we buy —— The Science of Shopping*

《直感ルールによる文章構造》

ルール16 与文は「どうして人は買う前に触りたいと思うのだろう」といった疑問文で始まっています。

選択肢を眺めると，アでは「さまざまな理由があるが，商品の触感が最も重要である」と一つの回答を示しており，エもまた「たとえば，買う前にタオルを触りたくなる」と疑問に対する例が示されています。また，イはベッドリネンや衣服の話をしながらも，男性の下着の話に及んだときには「missing an opportunity（触れる機会がない）」と例外を挙げていますが，つながりとしては悪くありません。ここでは選択肢を絞ることができないので次の作業に移ります。

ルール17 ウに「No women's」と見えるので読み込むと，「このような方法で女性の下着が売られることはない。女性は肌に触れるものはなんでも試したいと思う」とあるので，直前には「肌に触れるものであるのに，試すことができない方法をとっているもの」が来ることがわかります。選択文を検討していくと，アは上記のように触感第一。エも上記のように「触りたい」。オは不明で，イは後半に「男性の下着のメーカーはビニール袋に商品を入れて閉じてしまうので機会がない」とあります。その「機会」とは，触れることのできる機会です。さらにオには「男性もそうである。そういう機会を与えてもらいたい」とあることから，「男性も女性のように，触ることのできる機会を与えてもらいたい」という流れがわかり，ここで「イ→ウ→オ」の流れが見えてきます。

正答 2

No.3の正答と解説 【平成30年度・国家一般職】

➡問題文はP.276

【全訳】

たいていの人は手紙を投函する前に封筒に封をする。理由を尋ねられれば，とっさに出てくる反応はおそらく「なんとなく」「習慣で」「いけないの？」あるいは「みんなやってるから」という類の発言だろう。

ア：たとえ秘密のメッセージであれ，単なる個人的な私信であれ，Eメールを通じて送りたいと思うならば，それを保護する何かほかの手段を見つける必要があるのは明らかだ。よく行われる1つの解決策は，暗号技術を使ってメッセージを暗号化することだ。

イ：仮に私たちが封筒に封をしないで手紙を送れば，その封筒を手にした人は誰でも，その中身を読むことができるだろう。その人が実際にそうするかどうかは，また別の問題だ。

ウ：それはコミュニケーションを速くとることのできる手段ではあるが，当然のこと，そのメッセージを保護する封筒は存在しない。実際，Eメールでメッセージを送ることは封筒なしで手紙を投函するようなものだ，とよくいわれる。

エ：それよりは考えたうえでの反応は，「手紙が落ちるのを防ぐため」あるいは「人に読まれるのを防ぐため」といったものかもしれない。たとえ手紙の内容に内密にすべきことや重大な個人情報が含まれていなくても，私たちの多くは，自分の私信の中身は私的なものであり，封筒に封をすることは宛名の相手以外の誰にも読めないようにすることだと考えたがる。

オ：大事なことは，彼らがそうしたいと思えば，そうすることができるのは否定できない，ということだ。さらには，仮に彼らが封筒の中の手紙を入れ替えても，彼らがそうしたことを私たちは知りようがないだろう。多くの人にとって，Eメールの使用は今ではポストを通じて手紙を送ることに代わる手段だ。

出典：Fred C. Piper, Sean Murphy, *Cryptography : A Very Short Introduction*

《直感ルールによる文章構造》

ルール16 与文では「たいていの人は手紙を投函する前に封筒に封をする」ということと，その理由を尋ねたときの4つの反応（特に理由はないといった内容）を挙げています。それに続く選択文はエかオ。エは与文に続いて，一歩踏み込んだ2つの反応を示していますが，オは「彼らがそうしたいと思えば，そうすることができるのは否定できない」とあるものの，与文には「そうすること」に該当する言葉が見られません。さらに後半で，多くの人にとってEメールの使用が今では手紙に代わる手段であると，Eメールの話をしていることがわかるので，選択肢を「与文→エ」とする**1**，**2**，**3**に絞ります。

ルール17 選択文オの「no」のほかに，ウに「but」が見えます。「それはコミュニケーションを速くとることのできる手段」であり，「メッセージを保護する封筒が存在しない」もの。そしてその直後で「実際，Eメールでは」と，Eメールに言及していることがわかります。

選択肢**1**と**3**は「オ→ウ」で，オでEメールの話をしているのは上記のとおりです。**2**は「エ→ウ」ですが，エでは手紙の話をしているのでつながりが悪く，選択肢は**1**と**3**に絞れることから，「オ→ウ→ア」という流れが見えてきます。残りのイでは「仮に封筒に封をしないで送ると」という話をしており，「封筒は封をして送る」という前提があるので，「エ→イ」という流れもわかります。

正答 1

No.4の正答と解説　【平成26年度・国家一般職】

➡問題文はP.277

【全訳】

本は言葉で構成されているが，言葉が果たす機能には2つある。すなわち，言葉は情報を与え，あるいは雰囲気を創り出す。

ア：雰囲気が創り出されるのである。この言葉を見て，心の中にちょっとした気分の落ち込みを感じない人はいるだろうか。周りの人は皆とても正直で親切に見えるのに，その中にはスリがいるのだと。男女を問わず。

イ：これは純粋な情報の例である。なんの雰囲気を創り出すこともない。少なくとも私の頭の中では。私はその標識の近くに立ち，電車が来るのを今か今かと待つ。もし電車が来ればその情報は正しく，来なければその情報は間違っている。だがいずれの場合も，その言葉は情報であることに変わりない。ゆえにこの掲示は言葉の用法の一つを示す格好の例といえる。

ウ：やつらは老紳士に体を押し当て，老紳士が下に目をやると，腕時計がなくなっている。やつらは老婦人の背後に忍び寄り，婦人が着ている美しいアザラシ革のジャケットの背中の部分を，鋭く音のしないハサミで切り取る。あの幸せそうな，お菓子を買いに駆け出している幼子を見ているがよい。彼はどうして突然泣きだすのだろう。スリが，男もしくは女のスリが，その男の子の手から半ペニー硬貨をひったくったのだ。

エ：多くの場合，言葉は双方の機能を果たしている。それは，2つの機能が相いれないものではないことによるものだが，ここでは私たちの探究のために，両者を切り離して扱う。例として公共の掲示を取り上げてみよう。市街電車の線路の端にはときどき，ある言葉が掲げられている。「止まれ」いう言葉である。線路の脇にある金属の標識に書かれているこの言葉は，電車はほどなくここで止まるべきであるということを意味している。

オ：これを，イングランドの都市の暗部でときどき掲げられているもう一つの公共の掲示と比較してみよう。「スリに注意。男女を問わず」というものである。ここにもまた，情報がある。電車とまったく同様に，スリがほどなく現れるかもしれず，私たちはそれに応じた対策を講じる。だがそれに何かほかのものが加わる。

こうしたことすべてが，あるいはもっと多くのことが，問題のその掲示を私たちが読むときに浮かんでくる。私たちは仲間のことを不誠実なのではと疑い，また彼らが私たちのことを疑っているのを目の当たりにするのだ。

出典：E. M. Foster『社会・文化・芸術』

《直感ルールによる文章構造》

ルール16 与文では「本を構成する言葉には情報を与えることと，雰囲気を創り出す機能がある」ということが記されています。それに続く選択文を見ると，アは「雰囲気を作り出す」と与文を受けているようですが，「周りの人の中にスリがいる」という例が出てくるので，意味がつながりません。エは言葉の２つの機能の話を受け，「but our enquiry shall keep them distinct（だが，私たちの探求のために両者を切り離そう）」とし，切り離した後の例を示しているので◎。オは「Compare it with another public notice」とあり，それ以前に，もう一つの「public notice」があるはずなのに，与文には見当たらないので，ここで「与文→エ」を確定し，選択肢を**3**と**4**に絞ります。

ルール18 先に見たオの「another public notice」に対する，もう一つの「public notice」を探すと，エに「Public Notices」が見られるので，「エ→オ」を改めて確定します。選択肢の**3**と**4**で，「ア→ウ」の流れも確定していることから，次にイの入る位置を考えます。イは「It is an example of pure information」としており，直前には情報の例が来ることがわかります。そしてその例は，イの文中から電車と標識の情報であることが見えて来るので，エの後ろに置き，「エ→イ」で「Public Notices」を，オで「another public notice」を説明していると考え，「エ→イ→オ」を確定します。

正答 3

No.5の正答と解説 【平成29年度・国家一般職】 ➡問題文はP.279

【全訳】

面と向かっての会話の中で，鉛筆と紙がない場合，日本人は手まねという手段に頼る。右手の人差し指を「鉛筆」とし，漢字を空中あるいは左手の手のひらに「書く」のだ。だがしばしばこうしてもうまくいかず，その漢字のラベルとして適切な汎用語を使わなければならなくなる。

ア：日本についての権威であるジョージ・サンソムが，1928年に日本語の書記法を評して「間違いなく魅力的な研究分野を与えてくれるものだが，実用的な手段としてはこれに劣るものはないことは確かだ」と言ったのも無理はない。

イ：たとえば，「トウ」と読める何十もの漢字の中で，「ひがし」（東）という名詞をも表せる漢字は1つしかない。そこで，この漢字は自然の成り行きで「『ひがし』という字」というラベルが貼られることになる。

ウ：だが，ある漢字に1つの読みしかなく，それを言葉で説明したいと思う場合は，問題が生じる。「サトウ」（砂糖）の「トウ」を表す漢字を特定するには，たとえば「砂糖という言葉の後のほうに使われている漢字」などと言う以外にない。

エ：現代の権威であるJ．マーシャル・アンガーは，近年これに付言して次のように語った。「広い意味で言えば，何世紀もの間，日本語の書き文字はうまく機能してきた。日本文化は，その書記法の複雑さ『ゆえに』繁栄したわけではないが，その複雑さ『にもかかわらず』繁栄したといえることに疑いの余地はない」。

オ：もしそうしても話し相手の記憶を呼び起こすことにならなければ，漢字の形に戻って説明しなければならない。「左側は『米へん』で，右側は中国の王朝にある『唐』という字」といった具合だ。

出典：Andrew Robinson, *Writing and Script*

《直感ルールによる文章構造》

ルール16 与文では「会話のときに，鉛筆と紙がない場合，日本人は右手と左手をその代わりに用いるが，うまくいかないときには，適切な汎用語を用いなくてはならない」といったことが記されています。それを受ける選択文はアとイですが，アは「it provides for a fascinating field of study（魅力的な研究分野である）」としており，与文に見える「日本人は」という特殊性を受けることができます。また，イでは与文の例として「トウ（東）」という字を説明するのに，「『ひがし』という字」と説明しなければならないことを示しているので，これも与文を受けることができます。

ルール17 選択文ウに「however」が見えるので読み込むと，「When, however, a kanji has only one reading, and you wish to describe it, you have a problem（しかし，ある漢字に１つしか読みがなく，それを言葉で説明したい時に問題が生じる）」とあることから，その直前では「ある漢字にはいくつかの読みがあるが，言葉で説明する時には問題にはならない」といった文が来ることが見えてきます。上で見たイがその話をしているので，ここで「イ→ウ」の流れがわかり，選択肢は**1**，**3**，**5**に絞ることができます（**4**はやや離れすぎなので，ここでは一旦除外）。さらにオに「not」が見えるので検討すると，「you must go back to the shape（漢字の形に戻らなければならない）」とし，具体的に「左側は『米』で，右側は『唐』」と，「漢字の形に戻って」『糖』という字を説明することが述べられています。これは与文内の「右手と左手で説明できない場合，適切な言葉を用いなくてはならなければならない」という文の言い換えであることから，「ウ→オ」の流れが見え，選択肢は**3**と決まります（先に一旦除外した**4**も正答にならないことがわかります）。

正答 3

PART 5 英文 テーマ15 文章整序

No.6の正答と解説 【平成27年度・国家総合職】

➡問題文はP.280

【全訳】

市場と行列 ── お金を支払うことと待つこと ── は，物を配分するときの２つの異なる方法であるが，それぞれは異なる活動に対して適切な働きをする。

ア：しかし，行列をつかさどる倫理はあらゆる機会に通用するわけではない。私が自分の家を売りに出すとき，最初に舞い込んできた申し出を，単にそれが最初に来たからという理由で受け入れるべき義務はない。

イ：行列をつかさどる倫理である「先着順」は，平等主義を求める。それによって私たちは，少なくとも一定の目的を果たすうえでは，特権や権力や富を無視するよう命じられる。「順番を待ちなさい」「割り込まないで」と，私たちは子どもの頃に教え込まれる。

ウ：この原則は，遊び場やバス停で，あるいは劇場や球場の公衆トイレで列ができているときには適しているように思われる。私たちは前に割り込む人を極端に嫌う。もし誰かが緊急の必要があって先を越すことを求めるなら，ほとんどの人は要望に応えるだろう。

エ：自分の家を売ることとバスを待つことは異なる活動であり，異なる規範によって適切に運用されているのだ。

オ：だが，もし列の後ろに並んでいる誰かが私たちに，10ドル出すから場所を代わってくれと言ってきたら，おかしいと考えるだろう。あるいは，運営者が無料トイレと並んで，裕福な客（または我慢できない客）を入れるために至急用有料トイレを設置した場合も同様だ。

出典：Michael Sandel, *The Moral Limits of Markets*

《直感ルールによる文章構造》

ルール16 与文では「市場と行列は物を配分するときの２つの異なる方法であるが，双方が適切な働きをする」といったことが記されています。

選択文イは与文を受けて，「The ethic of the queue（行列での倫理）」についての言及として自然な流れですが，ウは「The principle（この原則）」と始まり，列の割り込みなどの例については示しているものの，与文で列に関する原則らしいことを記していないのでつながりにくいと考え，選択肢を**1**，**2**，**3**に絞ります。

ルール17 選択文のアとオに「But」が見えます。アは「the ethic of the queue does not govern all occasions.（行列の倫理はすべての機会に通用するわけではない）」と，それまで述べてきた「the ethic of the queue」の例外を示す文であることがわかり，ここで「イ→ア」の流れが見えてきます。オでは列の並び方の例を出し，それを「we'd consider it odd（おかしいと考えるだろう）」と述べていることから，直前には誰もがおかしいと思わない（＝普通と考える）行列に関する例が来ることがわかります。行列に関する選択文はイかウです。イは行列に関する倫理に関して述べ，ウでは行列に関する例が述べられているので，「ウ→オ」を確定し，この段階で正答の選択肢は**2**となります。

ルール18 なお，上で見たウに見える「The principle（この原則）」に関しては，この段階で「行列に関するこの原則」であることがわかり，「イ→ウ→オ」という流れが見えます。そこで示された行列の原則と例は，ア「the ethic of the queue does not govern all occasions.（行列での倫理はすべての機会に通用するわけではない）」で限定され，その限定された例の一つが，エの「Selling my house」であり，それは「Selling my house and waiting for a bus are different activities（自分の家を売ることとバスを待つことは異なる活動である）」と続いていきます。

正答 2

No.7の正答と解説 【平成28年度・国家総合職】

➡問題文はP.281

【全訳】

　人生において，私たちは山道を登ったり頂点に達したりと，上へと向かう努力をするようになる。スノーボードで滑るというのはおそらく，その正反対のことを達成する努力をする，すなわち下降したいという思いを抱く数少ない機会の一つだろう。そしてすばらしき友人たちのおかげもあって，私は山を滑り降り，転がったり斜面に激突したりもしながら，一定の間安定を保つ方法を習得した。何度転倒したことだろうか。優雅な転び方というものはなく，また，転ぶのを楽しむというのは人間の性向に反している。ゆえに私たちが転ぶことを恐れるのは驚きには当たらない。fall（転ぶ）という言葉は，fail（失敗する）という言葉と響きも字面も似ている。

ア：だが，スノーボードの旅を経て私は，しくじり方がうまくなることが必要な機会を誰もが経験する必要があると考えている。私なら誰に対しても，言語の学習か新しいスポーツへの挑戦を，それを行っている過程でへまをして笑いをとるという実体験が気がねなくできるような環境ですることをお勧めする。

イ：もしかしたら，人生とは山を征服するようなものではないのかもしれない。そうではなく，人生とは，もしも自分の足場を失ったり，滑ったり，あるいはただ疲れ果てたようなときでも，安全に転ぶ最善の方法を見つけるようなものなのかもしれない。

ウ：そうなるまでには少々の慣れが必要だったが，最初の数度の転倒の後，私は，雪に体当たりする際に，できるだけドラマ的な要素を込めて，柔らかい粉雪の中へ防護装備をまとったヒトデのような格好で着地するようになった。

エ：だがスノーボードを経験して，私は上手に転んだり失敗すること，さらにはそれを楽しんですることは実際に可能であるということを学んだ。私が教わったのは，転ぶ際に肘を突くのはけがのもとなので，それを避けるために両腕を大きく後方に広げ，完全に手放しの状態になるということだった。

オ：失敗する，離脱する，転倒する。へまをする，しくじる，台なしにする。私たちはこうしたことをどれ１つもせずに済むよう努力しながら人生の大半を過ごす。

出典："Learning to fall", *The Japan Times ST*：*February 27, 2015*

……………………《直感ルールによる文章構造》……………………

ルール16 与文は長めですが，「人生は山道を登るようなもので，スノーボードで滑るというのは反対の努力である。ただし，山を滑り降りたり，転んだりすることは恐れるには当たらない。fall（転ぶ）という言葉はfail（失敗する）という言葉に似ている」といったことが記されています。

選択肢を見ると，与文に続くのはイかエです。イは「Maybe life's not about conquering mountains.（人生とは山を征服するようなものではないかもしれない）」とあり，「征服する」という表現が気になりますが，後半では滑ったり疲れた時に最善の転び方を見つけるといったことが記されているので，つながりは悪くありません。一方でエも，スノーボードを一例に挙げて，上手に転んだり失敗することについて述べているので，こちらもつながりとして悪くありません。

ルール17 選択文アとエの冒頭に「But」が見えます。エは上で見たとおりなので，アを検討すると「after my snowboarding trip, I think that ～」と，スノーボードの旅を経て学んだことが書いてあり，直前には与文やウ，エといった選択文が来ることがわかります。

ルール18 ウに「It」が見え，「そうなるまでには慣れが必要であったが，最初の数度の転倒の後，ヒトデのような格好で着地するようになった」とあり，転倒する際に学んだ知恵のような文が前に来ることがわかります。そこで「エ→ウ」とすると，エ「転ぶ際に両腕を大きく広げることを教わった」→ウ「そうなるまでに少しの慣れが必要だった。そしてヒトデのような格好で着地するようになった」という展開であることがわかるので，選択肢を**1**，**3**，**4**に絞ります（**5**はエとウが離れすぎなので，ここでは一旦除外します）。つまり「エ→ウ」で挙げた例を受けて，ア「私が経験したスノーボードの旅を誰もが経験してほしい」という意見を出すわけで，ここで「エ→ウ→ア」という流れであることを押さえ，さらに選択肢を**3**，**4**まで絞ります。

残りの選択文はイとオですが，イは先に見たように「人生とは」としているので，与文を受けるか，与文で挙げた山に登ることとスノーボードで失敗することを合わせた人生の大枠を押さえるかどちらかです。それに対して，「与文→イ」という流れは選択肢にないので，イは文章のまとめ的な内容であること。さらにオは「Fail, bail and wipe out.（失敗する，離脱する，転倒する）」で始まり，「We spend most of our lives trying to avoid doing any of these things.（私たちはこのようなことを少しもしないように努力して，人生の大半を過ごす）」とあります「が」，実際には失敗することはこれまで示してきたとおりです。したがって，オの後ろには，ここで記したように「しかし実際には失敗し，それが人生である」といった選択肢が来ることがわかり，「オ→イ」または「オ→ア」のどちらかと判定し，後者の「オ→ア」を取り，選択肢から「エ→ウ→オ→ア」の流れであることをつかみます。

正答 4

テーマ16

空欄補充

お試し問題 ……………【平成30年度・地方上級（特別区）】

次の英文の空所ア，イに該当する語の組合せとして，最も妥当なのはどれか。

You won't find standings or results on the nightly television news, but softball is one of the most [ア] team sport in America. The Amateur Softball Association registers more than 260,000 teams each year, giving it a membership of more than 4.5 million.

Softball is played on two levels — slow pitch and fast pitch. For the most part, slow-pitch softball is less competitive and often purely recreational. Employees join company-sponsored teams and play good-natured games against rival firms. Most cities have recreational leagues for accounting firms, law firms, media outlets, etc.

Fast-pitch softball is much more competitive and requires a higher level of [イ]. The mound is much closer to the plate than in baseball — forty feet in women's rules, forty-six feet for men.(In baseball, it's 60 feet, 6 inches.) The speeds at which the ball is thrown are comparable : softball pitches have been clocked at more than ninety miles per hour. The ball may be bigger, but the hitter has less time to react.

	ア	イ
1	boring	mind
2	boring	skill

3 common mind
4 popular skill
5 popular mind

次の英文の空所ア，イに該当する語の組合せとして，最も妥当なのはどれか。 → ルール2 3段落構成

① You won't find standings or results on the nightly television news, **but** softball is one of the most [ア] team sport in America. The Amateur Softball Association registers more than 260,000 teams each year, giving it a membership of more than 4.5 million. → ルール21 空欄の前後に注意

② Softball is played on two levels — slow pitch and fast pitch. For the most part, slow-pitch softball is less competitive and often purely recreational. Employees join company-sponsored teams and play good-natured games against rival firms. Most cities have recreational leagues for accounting firms, law firms, media outlets, etc.

→ ルール20 対比を見つける

③ Fast-pitch softball is much more competitive and requires a higher level of [イ]. The mound is much closer to the plate than in baseball — forty feet in women's rules, forty-six feet for men. (In baseball, it's 60 feet, 6 inches.) The speeds at which the ball is thrown are comparable : softball pitches have been clocked at more than ninety miles per hour. The ball may be bigger, but the hitter has less time to react.

	ア	イ
1	boring	mind
2	boring	skill
3	common	mind
4	popular	skill
5	popular	mind

【全訳】

❶毎晩，テレビのニュースで順位表や結果を見ることはないだろうが，ソフトボールはアメリカで最も人気のあるチームスポーツの一つである。アマチュア・ソフトボール協会は毎年26万以上のチームを登録しており，会員数は450万人以上にも上る。

❷ソフトボールは，スローピッチとファーストピッチの２つのレベルでプレーされる。多くの場合において，スローピッチソフトボールは，競争は激しくなく，純粋なレクリエーションであることが多い。社員たちは会社が主催するチームに参加し，ライバル会社とよい雰囲気で試合をする。多くの都市には，会計事務所や法律事務所やメディア支局などのためのレクリエーションリーグがある。

❸ファーストピッチソフトボールは，より競争が激しく，高い技術を必要とする。マウンドは野球と比べて，よりホームベースに近い――女子のルールでは40フィート，男子のルールでは46フィートだ（野球では，その距離は60フィート６インチである）。ボールが投げられるスピードは（野球と）同等だ。ソフトボールの投球は時速90マイル以上を記録したことがある。ボールは（野球のものに比べて）より大きいかもしれないが，打者が反応できる時間はより少ない。

出典：Mike Dodd著，堀田佳男訳『英語で楽しむ「スポーツ観戦」』

お試し問題の解説

現代文の「空欄補充」問題と同じで，「１つの空欄」と「複数の空欄」の２つに分けることができます。両者に大きな差異はなく，英文の「空欄補充」問題の正答へのアプローチでも，ルールを守りながら正答を導いていきます。

以下，ルールに従ってアプローチを試みます。

ルール２ 本文は３段落構成で，第一段落に空欄ア，第三段落に空欄イがあります。空欄イは第三段落の冒頭にあるので，第二段落とのつながりが深いと考えて注意して読み進めます。

ルール21 空欄アの前に「but」が見え，この文が ルール11 に該当する

「not A but B」であることがわかります。つまり「not」部分と「but」部分は対比関係にあります。「not：毎晩，テレビのニュースで順位表や結果は見ることはない」が，「but：ソフトボールはアメリカでは最も［ ア ］」という構造が見えてくることから，テレビのニュースでは見られないが，テレビ以外では「見られている」こと。また次の行には「26万以上のチーム」，「会員数は450万人以上」といったスポーツ人口を有することもわかります。**1**と**2**は「boring（退屈な）」，**3**は「common（一般的な・普及している）」，**4**と**5**は「popular（人気のある）」とあるので，選択肢を**3**，**4**，**5**に絞ります。

↓

第二段落の冒頭でソフトボールには「two levels」あり，第二段落で「slow-pitch」を，第三段落で「Fast-pitch」について述べていることから，その違いを見出していきます。

第二段落2行目：slow-pitch＝less competitive and often purely recreational

↓ ↑

第三段落1行目：Fast-pitch＝much more competitive and requires a higher level of ［ イ ］

という対比から，「purely recreational（純粋なレクリエーション）」ではないこと。さらに5行目以下で野球と同じスピードでボールが投げられているといったことが述べられているので，選択肢の「mind（精神）」と「skill（技術）」の中から，「skill」を選びます。

正答 4

実戦問題

check □□□

No.1 【平成28年度・国家一般職】 GⅢ ➡正答と解説はP.303

次の文のア，イに当てはまるものの組合せとして最も妥当なのはどれか。。

❶ Consider your current consumption of milk and wine. Now imagine that two new taxes will be introduced tomorrow. One will cut the price of wine by 50 percent, and the other will increase the price of milk by 100 percent. What do you think will happen? These price changes will surely affect consumption, and many people will walk around slightly happier and with less calcium. But now imagine this. What if the new taxes are accompanied by induced amnesia* for the previous prices of wine and milk? What if the prices change in the same way, but you do not remember what you paid for these two products in the past?

❷ I suspect that the price changes would [ア] on demand if people remembered the previous prices and noticed the price increases; but I also suspect that without a memory for past prices, these price changes would have a trivial effect, if any, on demand. If people had no memory of past prices, the consumption of milk and wine would [イ], as if the prices had not changed. In other words, the sensitivity we show to price changes might in fact be largely a result of our memory for the prices we have paid in the past and our desire for coherence with our past decisions — not at all a reflection of our true preferences or our level of demand.

＊amnesia：記憶喪失

	ア	イ
1	have a tiny influence	increase gradually in number
2	have a tiny influence	remain essentially the same
3	make a huge impact	become exceptionally different
4	make a huge impact	increase gradually in number
5	make a huge impact	remain essentially the same

No.2 【平成29年度・国家一般職】 GⅢ ➡正答と解説はP.304

次の文のア，イに当てはまるものの組合せとして最も妥当なのはどれか。

❶ The world's population is becoming increasingly urban. Sometime in 2007 is usually reckoned to be the turning point when city dwellers formed [ア] for the first time in history. Today, the trend toward urbanisation continues: as of 2014, it's thought that 54% of the world's population lives in cities — and it's expected to reach 66% by 2050. Migration forms a significant, and often controversial, part of this urban population growth.

② In fact, cities grow in three ways, which can be difficult to distinguish: through migration (whether it's internal migration from rural to urban areas, or international migration between countries); the natural growth of the city's population; and the reclassification of nearby non-urban districts. Although migration is only responsible for one share of this growth, it varies widely from country to country.

③ In some places, particularly in poorer countries, migration is the main driver of urbanisation. In 2009, UN Habitat estimated that three million people were moving to cities every week. In global gateway cities such as Sydney, London and New York, migrants make up over a third of the population. The proportion in Brussels and Dubai is [イ].

④ The 2015 World Migration Report (WMR) by the International Organisation for Migration argued that this mass movement of people is widely overlooked amid the global concern about urbanisation. And the report considers the widespread challenges, in terms of service provision, for the growing numbers of people moving into cities around the world.

	ア	イ
1	the majority of the global population	even greater, with migrants accounting for more than half of the population
2	the majority of the global population	even greater, with children accounting for more than half of the population
3	the majority of the global population	extremely small, with tourists accounting for less than a tenth of the population
4	the minority of the global population	even greater, with tourists accounting for more than half of the population
5	the minority of the global population	extremely small, with migrants accounting for less than a tenth of the population

check □□□ **No.3** 【平成27年度・国家総合職】 GⅡ ➡正答と解説はP.306

次の文の ＿＿＿ に当てはまるものとして最も妥当なのはどれか。

❶ Ask Americans "How similar are you to others?" and on average they will answer "Not very." Ask the same question in reverse — "How similar are others to you?" — and their judgment of similarity increases noticeably. The two answers should be exactly the same because the questions are, in essence, identical, but we manage to delude ourselves, just as we all claim to be above average or wholly unsusceptible to social influence. Time and time again, each one of us assumes that he or she stands out. What is it that makes us believe we're ＿＿＿?

❷ In part, it is our self-intimacy: I know myself in excruciating detail. I know what I think, feel, do every second I'm awake, and on the basis of this knowledge, I can confidently say that nobody else could possibly think, feel, do exactly the same. But from what I observe of other people? Well, they don't seem to be all that different from one another, do they? They shop at the same stores, watch the same TV shows, listen to the same music. It's easy to assume people are conforming when we witness them all choosing the same option, but when we choose that very option ourselves, we have no shortage of perfectly good reasons for why we just happen to be doing the same thing as those other people; they mindlessly conform, but we mindfully choose.

1 more unique than everyone else
2 likely to be underestimated by others
3 able to judge right from wrong
4 often mistaken for each other
5 thoughtful enough to choose the best

check □□□ **No.4** 【平成26年度・国家総合職】 GⅡ ➡正答と解説はP.308

次の文の ＿＿＿ に当てはまるものとして最も妥当なのはどれか。

❶ In democratic societies the policymaking process goes through two major stages: deciding what to do and how to do it. The first step can take years. It took decades for a comprehensive health care program for the elderly to make it from the platform of a political party into law. It took about a decade for the country to reform a welfare system that was not working. We are still arguing about the future of the social security system, the use of coal for energy, whether or not we buy too much Middle East oil, and many other topics. In the past, however, once the first step was settled and the political process yielded a consensus on what to do, policymakers did not have too many arguments over how to do it. They created a bureaucracy or gave the task to an already existing one.

❷ Given the degree of innovation in government in the past two decades, policymakers in the twenty-first century will not have to settle for bureaucracy; once they have decided what to do, [　　　　　　]. This process will be no more free of political discord than the decision about what to do, for there will be winners and losers, depending on the implementation method chosen. But these new modes of policy implementation bring a new and important dimension to the business of government by allowing us to separate, more than ever before, the question of ends from the question of means.

❸ Each new mode of government implementation that has appeared in the past two decades has been an attempt to correct the problems and dilemmas associated with traditional bureaucracy: poor performance, deficit of flexibility, and paucity of innovation. Often, however, these new forms of implementation have been applied to policy problems without fully thinking through the form's strengths and weaknesses and whether or not they are suited to the policy problem at hand.

1 their decisions will be implemented by traditional bureaucracy
2 they will be able to choose how to do it
3 bureaucracy will be tasked with its implementation
4 they will try to avoid many arguments over how to do it
5 they will face no discord in the process of implementation

No.5 【平成29年度・国家総合職】GⅠ ➡正答と解説はP.310

次の文のア，イに当てはまるものの組合せとして最も妥当なのはどれか。

❶ We have to give power its due. Changing the prevailing wisdom is not for the faint of heart, especially when power comes into play. We have to become more comfortable using the term, while learning how to apply it effectively. I do believe in the power of a good idea such as palliative*1 and hospice care, but the health care bill contained precious little on the issue, in part because the existing equilibrium*2 at the time distorted the concept in its campaign against opponents. A bit of power would have helped.

❷ Breakthroughs need not involve conflict, however. There are issues such as the 2009 expansion of AmeriCorps that involve bipartisanship and cross-sector collaboration. But there are times when we must take a stand and confront sharp divisions. Social impact will always involve the threat, if not reality of battle — we may try to resolve our differences peacefully, gracefully, but there will be times when [　ア　]. We have to find the physical, emotional, and spiritual reserves to keep going in spite of the inevitable resistance and setbacks we will encounter.

❸ Nor is bipartisanship an enemy of change. There are always opportunities for compromise, although some undermine the integrity and honesty that underpin perseverance. However, we cannot be so astutely nonpartisan that we ignore the role of power in achieving results. We can be nice but tough; friendly but agitated; ecumenical but unyielding. There are times for [　イ　], and times for hardball. We must be able to take a punch and equally willing to give one.

＊1　palliative：一時的に緩和する　　＊2　equilibrium：均衡

	ア	イ
1	we have to fight	quarrels with the aim of breakthroughs
2	we have to fight	compromise in pursuit of change
3	we have to fight	conflicts as a cause of power
4	we may avoid difficulties	compromise in pursuit of change
5	we may avoid difficulties	conflicts as a cause of power

実戦問題 正答と解説

No.1の正答と解説 【平成28年度・国家一般職】 ➡問題文はP.298

【全訳】

❶ 現在のあなたの牛乳とワインの消費量を考えてほしい。さて，明日２つの新しい税が導入されるとしよう。１つはワインの価格を50パーセント低下させ，もう１つは牛乳の価格を100パーセント上昇させることになる。あなたは何が起こると思うだろうか。これらの価格の変化は確実に消費に影響を与え，多くの人が以前より少々幸せな気分と，カルシウムが不足した状態で歩き回ることになるだろう。だが，ここで次のことを考えてほしい。その新税が，以前の牛乳とワインの価格の記憶を消し去る作用を伴っていたらどうだろう。価格がこのように変化しても，過去にこれら２つの商品にいくら払っていたかを覚えていないとしたら？

❷ 私は，もし人々が以前の価格を覚えていて価格の上昇に気がつくならば，価格の変化は需要に$_{ア}$莫大な影響を与えるのだろうと思う。しかし同時に私は，過去の価格についての記憶がないならば，これらの価格の変化は需要に対して，あったとしてもささいな影響しか与えないのだろうと思う。もし人々に過去の価格の記憶がなければ，あたかも価格が変わっていないかのように，牛乳とワインの消費量は$_{イ}$基本的に同じままだろう。つまり，私たちが価格の変化に示す敏感さは，実際のところ大部分は過去に私たちが支払ってきた価格の記憶や，私たちの過去の意思決定と一貫性を持たせたいという願望の結果であるかもしれないということだ。それは私たちの本当の好みや私たちの必要のレベルではまったくないということだ。

出典：Dan Ariely，*predictably irrational*

《直感ルールによる文章構造》

ルール２ 本文は２段落構成で，空欄ア・イともに第二段落にありますが，空欄アは段落の冒頭にあるので，第一段落の後半部分も検討していきます。

ルール20 空欄アを含む第二段落の冒頭の文が，「but」を挟み，２つの「if」を打ち出していることをチェックすると，そこに対比が見えてきます。

・(I suspect that) the price changes would [ア] on demand if people remembered the previous prices and noticed the price increase

↑↓ but

・(I also suspect that) without a memory for past prices, these price changes would have a trivial effect (,if any,) on demand.

つまり，過去の価格の記憶がなければ価格変化への影響は小さいが，過去の価格を覚えていれば［ア］という構造が見えてくるので，ここでは「影響が大きい」といった選択肢の**3**，**4**，**5**を選びます。

ルール21 直前で検討した空欄［ア］を受けた文章であり，「If people had no memory of past prices」と「記憶がない」ことを話しているので，「the consumption of milk and wine would［イ］」の部分では「影響が少ないこと」を述べているのがわかります。**3**は「例外的に異なったものになる」，**4**は「次第に増大する」，**5**は「基本的に同じままである」とあり，ここでは「影響が少ない」に近い**5**の「remain essentially the same」を選びます。

選択肢の検討

アの**1**・**2**は「与える影響は少ない」で，**3**・**4**・**5**は「莫大な影響を与える」です。イの**1**・**4**は「数字の上では次第に増える」，**2**・**5**は「基本的に同じまま」，**3**は「非常に異なってくる」といった意味です。

正答 5

No.2の正答と解説 【平成29年度・国家一般職】

➡問題文はP.298

【全訳】

①世界の人口はますます都市に集まるようになっている。通例では，2007年のある時点が，歴史上初めて都市居住者が$_{ア}$世界人口の大多数を形成するに至った転換点と考えられている。今日，都市化の傾向は続いている。2014年時点で，世界人口の54%が都市に住んでいると考えられており，2050年までにその数字は66%に達すると予測されている。この都市の人口増加の見逃せない要因であり，しばしば議論の的となっているのが移民の問題である。

②実際のところ，都市の人口が増加する過程には3つの形態があるが，それらを明確に分けることは難しい。それらはすなわち，移民を通じて（農村地帯から都会への国内の移動と，国家間の国をまたぐ移動を含む），都市人口の自然増を通じて，そして近隣の都市でない地域の再区分を通じてである。移民はこの増加の一翼を担っているにすぎないが，そのありようは国ごとに

大きく異なる。
③一部の地域，特により貧困の度合が高い国においては，移民は都市化の主要因である。2009年，国連ハビタット（訳注：国際連合人間居住計画。1978年，国連総会によってケニアのナイロビに設立された，都市化と居住の問題に取り組む国連機関）は，週ごとに300万人が都市に移動していると概算した。シドニーやロンドン，ニューヨークのような世界的な玄関口となっている都市では，移民の占める割合が人口の３分の１を超えている。ブリュッセルやドバイではその割合は$_{イ}$さらに大きく，移民が人口の半数を超えている。
④国際移住機関による「2015年版世界移住報告書（WMR）」の主張によれば，この大規模な人の移動は，都市化の問題への懸念が世界的に広がる中，多くの人によって黙認状態にある。そして報告書では，世界中で増加している都市へ移動する人たちにとっての，サービスの提供という観点から見た，広範囲に及ぶ諸課題を検討している。

出典："The world's urban population is growing"，*THE CONVERSATION*

《直感ルールによる文章構造》

ルール２ 本文は４段落構成で，第一段落に空欄ア，第三段落に空欄イがあります。空欄イは第三段落の最終行にあるので，第四段落の冒頭も検討していきます。

ルール20

ア：第一段落の冒頭である「The world's population is becoming increasingly urban.（世界の人口はますます都市に集まるようになっている）」という文章を受け，空欄アの直後の文では2014年時点の例を出しながら，「Today, the trend toward urbanisation continues（今日，都市化の傾向は続いている）」と述べています。したがって，2007年は「the first time in history（歴史上初めて）」，「the city dwellers（都市居住者）」が［ア］となった時と読めること。さらに次の行では，都市人口の割合が2014年から2050年にかけて，54％から66％に変化するとしていることから，「増える」意味を持つ選択肢を選びます。

イ：第二段落では都市の人口の増加に関して「migration（移民）」が主な要因であると挙げ，第三段落でも「migration」「three million people were moving to cities」「migrants」などと，移民や移住民の話をしていることがわかります。実際にシドニーやロンドン，ニューヨークといった世界の玄関口では人口の３分の１が移民で占めているとし，第四段落の冒頭ではWMRの主張として「this mass movement of people is widely overlooked amid（大規模な人の移動が世界的に広がる中）」と示していることから，ブリュッセルやドバイも，シドニーやロンドン，ニューヨークと同じように，移民が人口の多くを占めていることがわかります。

選択肢の検討

アの**1**・**2**・**3**は「世界人口の大多数」で，**4**・**5**は「世界人口の少数派」です。イの**1**は「さらに大きく，移民が人口の半数を超える状態」，**2**は「さらに大きく，子どもが人口の半数を超える状態」，**3**は「極めて小さく，観光客が人口の10分の１を下回る状態」，**4**は「さらに大きく，観光客が人口の半数を超える状態」，**5**は「極めて小さく，移民が人口の10分の１を下回る状態」を意味します。

正答 1

No.3の正答と解説 【平成27年度・国家総合職】 ➡問題文はP.300

【全訳】

❶アメリカ人に「あなたはほかの人たちにどれくらい似ているか」と尋ねると，概して彼らは「あまり似ていない」と答えるだろう。同じ質問を逆にして「ほかの人たちはあなたにどれくらい似ているか」と尋ねると，似ていると彼らが判断する割合は著しく上昇する。本質的に同一の質問なのであるから，２つの答えはまったく同じであるはずなのだが，私たちは誰しも，自分が平均より上であるとか，社会的な影響にまったく左右されないなどと主張するのとちょうど同じように，自分自身で思い違いをしている。私たちの誰もが，幾度となく，自分が人よりも傑出しているのは当然のことと思いたがる。私たちをして，自分はほかの誰よりも特別であると思わしめるものは何なのだろうか。

❷ある程度，それは自分自身への親密さ，つまり自分のことは否応なく細かい部分まで知っていることから来ている。自分が目覚めている間に考えること，感じること，することはすべて知っている。そしてこの知識を基準にして，ほかの誰もまったく同じようには考え，感じ，することはとてもできないと自信を持って言うことができるのだ。だが，ほかの人たちについて気づくことからは何が言えるだろうか。まあ，みんな人とそんなに違わないようだ，ということではないだろうか。みんな同じような店で買い物をするし，同じテレビ番組を見て，同じ音楽を聴いている。他人がみな同じ選択をしているのを目の当たりにすると，私たちはみんな一致した行動をしていると思

いやすいが，その同じ選択を自分がするとき，私たちは，自分が今たまたま同じことをしているわけを説明するまさにぴったりの理由に事欠くことはない。みんなは意識せずに一致した行動をしているが，自分は意識して選択している，というわけだ。

出典：Sheena Iyengar, *The Art of Choosing*

《直感ルールによる文章構造》

ルール 2 本文は2段落構成で，空欄は第一段落の最後にあります。疑問形で終わっていることもあり，第二段落の前半に回答が表わされることも多いので，空欄に入る言葉のヒントを見つけながら読み進めてください。

ルール21 空欄を含む第一段落では，アメリカ人に「How similar are you to others?」と尋ねた時と,「How similar are others to you?」と尋ねた時の反応は異なるが，本質的に尋ねていることは一緒であると述べ，それを5行目の「but」以下で具体化しています。そこでは「we manage to delude ourselves, ～be above average or wholly unsusceptible to social influence.（私たちは平均より上であるとか，社会的に影響をまったく受けないなどと，思い違いをしようとする)」と述べ，それに続いて「each one of us assumes that he or she stands out.（自分がほかの人より抜きん出ていると思う)」とあるように，「他人と自分は違う」と思っていることが記されています。

さらに第二段落の冒頭では「it is our self-intimacy: I know myself in excruciating detail.（それは自分自身への親密さ，つまり自分自身のことは細かいところまで知っている)」とあり，それまでの流れを見ると，「私たちは自分がほかの人より抜きん出ていると思っている」→「私たちが[　　　]と信じさせるものは一体何なのだろうか？」→「自分自身のことを細かいところまで知っている（からだ)」という展開が見えてくることから，ここでは「自分自身を知っているから，ほかの人とは違うと思っている」といった文が入ることがわかります。

選択肢の検討

1◎ 正しい。「ほかの誰よりも特別である」。

2× 「他人から過小評価されがちである」とありますが，ここでは他人の目による判断ではなく，自分自身の判断であることがわかります。

3× 「善悪の判断をすることができる」とありますが，ここでは他人と自分を含めて，善悪の話はしていません。

4 × 「しばしば互いに間違えられる」とありますが，他人と自分は違うと述べていることから異なります。

5 × 「最善を選択できるほど思慮深い」とありますが，空欄の直前では「思い違いをしている」という表現も見えることから，最善であるとはいえません。

正答 1

No.4の正答と解説

【平成26年度・国家総合職】

➡問題文はP.300

【全訳】

❶民主主義社会においては，政策立案の過程は大きく２つの段階を経る。すなわち，何をするのか，そしてどのようにするのかを決めることである。最初の段階は何年もかかることがある。高齢者のための包括的な保健医療制度ができるまでに，党の綱領の段階から法律になるまで何十年もかかった。機能していない福祉制度を国が改革するのに，約10年かかった。われわれは今も，社会保障制度の将来について，エネルギー源としての石炭の利用について，われわれは中東の石油に依存しすぎているのか否か，その他多くのテーマについて論争をしている。しかし，かつては，いったん最初の決定がなされ，政治的プロセスを経て何をするかについての合意が生まれると，どのようにするかについて政策立案者が論争を繰り広げることはあまり多くなかった。やり方については既存の手法に任せるという，官僚主義的手法が出来上がっていた。

❷過去20年間における政府の刷新の度合いを考慮すれば，21世紀の政策立案者は官僚主義的なやり方に甘んじる必要はないだろう。いったん何をするかを決めた後，どのようにするかについても選択肢があってよい。このプロセスも何をするかについてと同様，もはや政治的不和は免れない。実施の方法の選択によって勝者と敗者が生まれることになるのだ。だがこうした新しい政策実現のあり方は，目的の問題と手段の問題をこれまで以上に切り離すことが可能になることで，政府の実務に新しく重要な次元をもたらすこととなる。

❸過去20年の間に見られた政府による新たな政策実現のあり方は，そのどれもが，実績の悪さや柔軟性の欠如や革新性のなさといった，伝統的な官僚主義に伴う問題やジレンマを修正しようとする試みだった。だが，こうした新たな実施形態は往々にして，その形態の長所短所や，その形態が目下の政策課題に合っているのかどうかについて十分に考えることのないままに，政策の諸課題に対して適用されてきた。

出典：Elaine C. Kamarck, *The End of Government ... As we know it*

《直感ルールによる文章構造》

ルール2 本文は3段落構成で，空欄は第二段落にあります。第一段落の冒頭で「民主主義社会における政策立案の過程」について挙げ，それには決定されるまで時間がかかる話をしています。第二段落では過去20年間における政府の政策立案のあり方について述べているので，第一段落を踏まえた読みを行います。

ルール21 空欄の直前では「policymakers in the twenty-first century will not have to settle for bureauaracy（21世紀の政策立案者は官僚主義的な決め方をするべきではない）」としています。官僚主義的なやり方とは，第一段落の後半で，「policymakers did not have too many arguments over how to do it.（政策立案者がどのようにするかについて議論をすることはあまり多くなかった）」で，「gave the task to an already existing one.（既存のやり方に任せる）」というものであることがわかります。つまり，「既存のやり方に任せず，どのようにするのかの議論をする」ことを筆者は望んでいるのです。

ルール20 空欄のある文章では「policymakers in the twenty-first century（21世紀の政策立案者）」の話をしていますが，第一段落の最後では，ルール5 としても注意したい「however」という逆接の言葉があることから，「In the past（かつては）」と過去の話をしていることがわかります。ここに「過去」と「未来」の対比が見られます。

・In the past＝「once the first step was settled and the political process yielded a consensus on what to do, policymakers did not have too many arguments over how to do it.」で，直後でこれを「bureaucracy（官僚主義的）」としています。

↑↓

・in the twenty-first century＝「policymakers in the twenty-first century will not have to settle for bureauaracy; once they have decided what to do, ______.」

と見えることから，かつては「the first step（＝what to do）」に続いて，「policymakers did not have too many arguments over how to do it」であったが，これからはそれに倣うことはなく，「once they have decided what to do」したら，______という流れが見えてくることがわかります。

PART 5 英文 テーマ16 空欄補充

選択肢の検討

1 ×「彼らの決定は伝統的な官僚主義によって実施されるだろう」ではなく，官僚主義的な手法には従わなくていいと述べています。

2 ◎ 正しい。「彼らはそれをどのようにするのかを選択することができるだろう」。

3 ×「官僚主義はそれらの実施を課されるだろう」ではなく，官僚主義ではない，新しい課題を負うべきであることを示しています。

4 ×「彼らはどのようにするかについて多くの議論をすることを避けようとするだろう」ではなく，どのようにするかについて考えていくのです。

5 ×「彼らは実施するプロセスにおいて不和に直面することはないだろう」とありますが，実施の段階で何が起こるかといったところまでは述べられていません。

正答 2

No.5の正答と解説 【平成29年度・国家総合職】 ➡問題文はP.302

【全訳】

❶私たちは権力というものに正当な評価を与えなければならない。今行き渡っている物の考え方を変えることは，特に権力というものが絡んでくると，心が臆病であってはできないことだ。私たちは権力という言葉を，その効果的な使い方を知る一方で，もっと気軽に使えるようにならないといけない。私は，一時的緩和やホスピスケアのようなものは，説得力を持つよい考えだと強く信じているが，今回の医療法案はこの問題についてほとんどまったく触れていない。その理由は，当時存在していた（議会での与野党の）均衡状態が，反対勢力に対するキャンペーンの中でこの概念をねじ曲げてしまったことにもある。もう少しばかり権力があれば，もっとうまくいっただろう。

❷とはいえ，事態を打開するのに対立が必要だというわけではない。2009年のアメリコー（訳注：アメリカ国民に，国内の社会問題解決のために一定期間現場で働く機会を提供するプログラム）の拡充のときのような，超党派主義や派閥横断型の協調を要する問題も中にはある。だが，時に私たちは抵抗姿勢で臨み，激しい分裂に立ち向かわなければならないこともある。社会的影響があるものは，現実的な闘争とまでは行かなくても，常にそうした威圧感を伴うものだろう。立場の違いを平和的で上品に解決しようとすることもできるかもしれないが，時にはア闘わなければならないこともあるのだ。そうすることで遭うことが避けられない抵抗や後退局面にあっても，私たちは進み続ける体力と情熱と精神力の蓄えを見いださなければならない。

❸もとより，超党派主義が変革を阻む敵というわけでもない。妥協する機会

というものは，中には根気強さの裏づけである誠実さと正直さに傷がつくような妥協もあるが，その機会はどんな場合にもあるものだ。しかしながら，私たちは小賢しく超党派的に立ち回るあまり，結果を勝ち取る過程での権力の役割を軽視するようなことがあってはならない。私たちは，寛大でありつつも厳しく，友好的でありつつも扇動的に，普遍的でありつつも断固とした態度で臨めばよい。イ変革を求めて妥協すべきときもあれば，強硬な態度をとるべきときもある。私たちはパンチを受けながらも，同時に相手にも一発食らわせなくてはならない。

出典：Paul C. Light, *Driving Social Change : How to Solve the World's Toughest Problems*

《直感ルールによる文章構造》

ルール 2 本文は3段落構成であることがわかります。第二段落の冒頭に「however」が見え，空欄アはさらに3行目の「But」を受けて，段落の終わり近くにあることから，第二段落内の検討を行います。さらに第三段落でも同じように，3行目に「However」が見えるので，段落内での対比等を押さえながら読み進めます。

ルール20 第二段落全体に見える対立構図を押さえることが必要です。

・Breakthroughs need not involve conflict〈対立〉

↓ however

・involve bipartisanship and cross-sector collaboration〈協調〉

↓ But

・we must take a stand and confront sharp divisions〈立ち向かう〉

・involve the threat, if not reality of battle〈現実的な闘争ではないが脅しが必要〉

・we may try to resolve our differences peacefully, ～〈平和的に解決しようとする〉

↓ but

・there will be times when [　ア　].

という対立が交互に続く展開であることから，空欄アには「闘う」といった言葉が入ることがわかります。

ルール21 & **ルール20**

第三段落3行目の「However」以下を見ていくと，同じ行の「we cannot be」という文を受けて，4行目に「We can be」とあることから，4行目以下で私たちに求められることが示されているのがわかります。そこでは，

nice→but→tough（寛大であるが厳しく），friendly→but→agitated（友好的であるが扇動的で），ecumenical→but→unyielding（普遍的であるが断固とした態度で）という，やや難しい単語の対比もあります。またそれは空欄後の，ラストの一文である「We must be able to take a punch and equally willing to give one.（私たちはパンチを受けながらも，同時に相手にも一発食らわせなければならない）」に続いていることがわかります。空欄イは「times for [イ]」と「times for hardball」の対比ですから，ここではいわば「softball」のように，相手と対立を避けるといった，「寛大で友好的で普遍的」に近い言葉が入ることがわかります。

選択肢の検討

アの**1**・**2**・**3**は「私たちは闘わなければならない」，**4**・**5**は「私たちは困難を避けたほうがよい」。

イの**1**は「打開をめざした口論」，**2**・**4**は「変化を求めての妥協」，**3**・**5**は「権力をめざしての対立」です。

正答 2

古　文

攻略法

古文の問題は，中学や高校の時に触れたことのあるような有名な出典のものが多く，求められる正答も全体の要旨をまとめるものではなく，本文のある一部分の和訳を尋ねてくるといったものがほとんどです。

したがって，問題文全体を訳す必要はないので，まずは選択肢を読み，問題文でどんな内容が記されているのかをつかみ，それぞれの選択肢が本文のどの辺りを訳したものなのかを確認しましょう。そしてどの選択肢が正しく訳されているのかを判断していくのが近道です。

問題文のジャンルも随筆，日記，評論といった，筆者の考えや心情表現がはっきりと記されているものが多く，それらが強く打ち出された部分を訳させるものがほとんどなので，古文から遠ざかっている人でも，ルールで示した単語や熟語，そして基本文法をチェックして問題に臨んでください。

テーマ17

内容把握【登場人物の行動・心情】

お試し問題 ……………………【平成18年度・大卒警察官】

次の古文に登場する「僧」についての記述として，正しいものは次のうちどれか。

「奥山に猫またといふものありて，人をくらふなる」と，人のいひけるに，「山ならねども，これらにも猫のへあがりて，猫またになりて，人とることはあなるものを」といふ者ありけるを，何阿弥陀仏とかや，連歌しける法師の，行願寺の辺にありけるが聞きて，ひとりありかむ身は心すべきことにこそと思ひける頃しも，ある所にて夜更くるまで連歌して，ただひとり帰りけるに，小川のはたにて，音に聞きし猫また，あやまたず足もとへふとよりきて，やがてかきつくままに，頚のほどをくはむとす。肝心もうせて，ふせがむとするに力もなく，足もたたず，小川へころび入りて，「助けやよ，ねこまた，よや，よや」と叫べば，家々より，松どもともして走りよりて見れば，このわたりに見しれる僧なり。「こは如何に」とて，川の中よりいだきおこしたれば，連歌のかけものとりて，扇，小箱など懐に持ちたりけるも，水に入りぬ。希有にして助かりたるさまにて，はふはふ家に入りにけり。

飼ひける犬の，暗ければ主を知りて，飛びつきたりけるとぞ。

1　僧は，人の噂話を聞いて，一人歩きの自分も気を付けようと思った。
2　僧は，猫またがいるという人々のうわさを，頭から信じなかった。
3　僧は，猫またに襲われて，とっさの機転で川に飛び込んだ。
4　僧は，猫またに対して勇敢に立ち向かい，これを退治した。
5　僧は，自分が飼っている犬のおかげで助かった。

直感ルールはココだ！

次の古文に登場する「僧」についての記述として，正しいものは次のうちどれか。

❶「奥山に猫またといふものありて，人をくらふなる」と，人のいひけるに，「山ならねども，これらにも猫のへあがりて，猫またになりて，人とることはあなるものを」といふ者ありけるを，何阿弥陀仏とかや，連歌しける法師の，行願寺の辺にありけるが聞きて，【ひとりありかむ身は心すべきことにこそ】と思ひける頃しも，ある所にて夜更くるまで連歌して，ただひとり帰りけるに，小川のはたにて，音に聞きし猫また，あやまたず足もとへふとよりきて，やがてかきつくままに，頚のほどをくはむとす。肝心もうせて，ふせがむとするに力もなく，足もたたず，小川へころび入りて，「助けやよ，ねこまた，よや，よや」と叫べば，家々より，松どもともして走りよりて見れば，このわたりに見しれる僧なり。「こは如何に」とて，川の中よりいだきおこしたれば，連歌のかけものとりて，扇，小箱など懐に持ちたりけるも，水に入りぬ。希有にして助かりたるさまにて，はふはふ家に入りにけり。

❷飼ひける犬の，暗ければ主を知りて，飛びつきたりけるとぞ。

→アプローチ1-1　ルール1 問題文と選択肢～主語の確認・心情表現の確認

→アプローチ2　ルール2 人物関係（主語と述語）

→アプローチ3　ルール3 心情表現（係り結び）

1　僧は，人のうわさ話を聞いて，一人歩きの自分も気を付けようと思った。
2　僧は，猫またがいるという人々のうわさを，頭から信じなかった。
3　僧は，猫またに襲われて，とっさの機転で川に飛び込んだ。
4　僧は，猫またに対して勇敢に立ち向かい，これを退治した。
5　僧は，自分が飼っている犬のおかげで助かった。

アプローチ1-2　ルール1 問題文と選択肢～主語の確認・心情表現の確認

【全訳】

❶「奥山に猫またという怪物がいて，人を食うそうだ」と，ある人が言ったところ，「山などではなく，この辺りにも猫が年を経て猫またになり，人を襲うことがあるそうだ」という者もおり，それを何阿弥陀仏とか連歌する僧で，行願寺の辺りに住んでいた人が聞き，一人で出歩く自分のような者は気をつけなければならないと考えた。ちょうどその頃，僧はある所で夜の更けるまで連歌を行い，一人で帰ってきたところ，小川のほとりでうわさに聞いていた猫またが，正確に足元に寄ってきて，いきなり飛びつくと同時に，僧の首の辺りに食いつこうとした。僧は肝をつぶして，防ごうとする気力もなく，足も立たず，小川へ転げ込み，「助けてくれ，猫まただ，猫まただ」と叫んだので，近所の家々からたいまつを灯した人々が駆けつけてみると，この辺りで人々が顔を知っている僧であった。「これはどうしたことか」と言って，川の中から僧を抱き起こしたところ，連歌の賞品としてもらった扇や小箱を懐に入れていたのが川の中に落ちてしまった。やっとのことで助かったという様子で，僧はほうほうの体で家に入った。

❷実は飼い犬が，暗かったのに，主人を見分けて飛びついただけのことだった。

出典：『徒然草』第89段

お試し問題の解説

この問題で求められているのも「本文のある箇所の現代語訳」です。その箇所を探すために，ルールと選択肢を大いに役立ててください。

ルール1 問題文や選択肢からも見えるように，主役である「僧」の動作を追い求める作業を第一に行います。選択肢を見ていくと，**1**と**2**は「猫また」の「うわさ」を聞いて，**1**では「気を付けようと思」い，**2**では「信じなかった」と逆のことが述べられています。また，**3**，**4**，**5**では「猫また」が襲ってきたときに，**3**では「川に飛び込」み，**4**では「退治し」，**5**では「犬のおかげで助かった」と，明らかに異なる選択肢が並んでいるので，

「僧」の行動を追った，本文の確実な読みを行っていきます。

↓

ルール 2 「僧」＝「法師」が登場するのは第一段落４行目です。「法師」の行動を本文から追うと，５行目「聞きて」，６行目「思ひ」，「連歌して，ただひとり帰り」，９行目「肝心もうせて，ふせがむとするに力もなく，足もたたず，小川へころび入り」，11行目「叫べ」，15行目「はふはふ家に入りにけり」と並び，選択肢でいえば，**2**の「信じなかった」と，**3**の「(自らの機転で）飛び込んだ」，**4**の「退治した」という行動は見えません。

↓

ルール 3 上記で見た第一段落５行目に，「『ひとりありかむ身は心すべきことにこそ』と思ひ」とあり，ルール でも強調の意味として挙げている係り結びの一つである「こそ」が見えるので，ここに登場人物の強い心情表現があることがわかります。**1**の「思い」の中を見ていくと，法師が猫またの話を聞いて「ひとりありかむ身は心すべきことにこそ」と，「ありかむ」という意味がわからなくても，「一人で“何かする”ときには気をつけよう」と思っていたということ。そして夜遅くに帰宅する途中に，「猫また」らしきものに出会い，「肝心も失せて，ふせがむとするに力もなく」とあるように，「肝心」＝「気をつけようとする心」がなくなり，防ぐ力が出なかったということから，「猫また」に細心の注意を払おうとしていた様子が見て取れます。残りの**5**は，第二段落１行目に見えるように，飼い犬が自分の主人（＝法師）を見つけたから飛びついたということがわかるので，猫またとは関係がないことがわかります。

【重要文法】 ルール 3 「こそ」（係り結び・強調）

【重要単語】 ルール 4 「やがて」（すぐに）

正答 1

実戦問題

check □□□ **No.1** 【平成11年度・市役所上級】GⅢ ➡正答と解説はP.320

次の文の要旨として妥当なものはどれか。

①出家人はもとより身に財宝なければ，智慧功徳を以てたからとす。他の無道心なるひがことなんどを，直に面てに表して非におとすべからず，方便を以てかれの腹立つまじきやうに云ふべきなり。暴悪なるはその法久しからずと云ふ。たとひ法を以て呵嘖するとも，あらき言葉なるは法も久しからざるなり。

②小人下器（せうにんげき）はいささかも人のあらき言葉に必ずすなわち腹立ち，恥辱を思ふなり。大人上器（だいにんじやうき）には似るべからず。大人はしかあらず。たとひ打たるれども報を思はず。今我国には小人多し。慎まずんばあるべからざるなり。

1 出家人は，相手の器の大小を見極め，それぞれに応じた言葉でもって仏道の奥義を教えるべきである。

2 出家人は，仏道に反した行いをする人を諭す場合，乱暴な言葉で恥をかかせることがないように注意すべきである。

3 出家人は，いくら非難され乱暴されたとしても，泰然としているべきで，仕返しを思い立つなどということがあってはならない。

4 仏道に反しているからといって，他人の非を挙げつらい恥をかかせるような行為に出ることは，出家人として失格である。

5 仏道について諭そうとしても，相手の器が小さければ，恥をかかされたと思うばかりでなんの効果もない。

check □□□ **No.2** 【平成15年度・市役所上級】GⅡ ➡正答と解説はP.321

次の古文の内容に合致するものはどれか。

①或る所に強盗入りたりけるに，弓とりに法師をたてたりけるが，秋の末つかたのことにて侍りけるに，門のもとに柿の木のありける下に，この法師かたて矢はげて立ちたる，うへより柿のおちけるが，この弓とりの法師がいただきにおちて，つぶれてさんざんにちりぬ。この柿のひやひやとしてあたりをかいさぐるに，なにとなくぬれぬれとありけるを，「はや射られにけり」とおもひて，臆してけり。かたへの輩に云ふやう「はやく痛手を負ひて，いかにものぶべくも覚えぬに，この頸うて」といふ。「いづくぞ」と問へば，「頭を射られたるぞ」といふ。さぐれば，なにとは知らずぬれわたりたり。手にあかく物つきたれば，「げに血なりけり」とおもひて，「さらんからにけしうはあらじ。ひきたててゆかん」とて，肩にかけて行くに，「いやいや，いかにものぶべくもおぼえぬぞ。ただはやくくびをきれ」と，頻りにいひければ，いふにしたがひてうちおとしつ。さて，そのかしらをつつみて大和の国へ持て行きて，この法師が家になげ入れて，しかじかいひつることとて，と

らせたりければ，妻子なきかなしみて見るに，さらに矢の跡なし。「むくろに手ばし負ひたりけるか」と問ふに，「しかにはあらず。このかしらの事がかりをぞいひつる」といへば，いよいよかなしみ悔れどもかひなし。臆病はうたてきものなり。さ程の心ぎはにて，かく程のふるまひしけんおろかさこそ。

1　強盗の侵入に気づいた法師が柿の木に登って，柿の実を投げつけ，強盗を追い払った。
2　強盗に気づいて反撃し，首を切り落としてみると，法師だったので，仏罰が怖くなった。
3　柿の実で濡れた頭を弓で射られたと勘違いし，大騒ぎをして仲間に笑われた。
4　貧しい妻子に食べさせようと，柿を盗んだが発見され，命を落とした法師を皆が哀れんだ。
5　傷を受けていないのに勘違いで亡くなった男の臆病さを，残された家族が悲しんだ。

check □□□

No.3 【平成９年度・市役所上級】 GⅠ ➡正答と解説はP.322

次の文の内容と一致するものはどれか。

❶よろづのことよりも，情けあるこそ，男はさらなり，女もめでたくおぼゆれ。なげのことばなれど，せちに心に深く入らねど，いとほしきことをば「いとほし。」とも，あはれなるをば「げにいかに思ふらむ。」などいひけるを，伝へて聞きたるは，さし向かひていふよりもうれし。「いかでこの人に，思ひ知りけりとも見えにしがな。」と常にこそおぼゆれ。
❷必ず思ふべき人，とふべき人は，さるべきことなれば，とり分かれしもせず。さもあるまじき人の，さしいらへをもうしろ安くしたるは，うれしきわざなり。いと安きことなれど，さらにえあらぬことぞかし。
❸おほかた心よき人の，まことにかどなからぬは，男も女もありがたきことなめり。

1　男の場合はともかく，女の場合は何よりも思いやりの心を持っていることがすばらしく思われる。
2　他人に対して同情心や優しい気持ちを持っていても，面と向かって何気なくそれを示すのは難しいが，人を介して伝えることはできるものである。
3　自分に同情を示してくれていることを人づてに聞くのはうれしく，なんとかしてその人に思いやりが身にしみていることを知らせたいものである。
4　当然自分のことを思ってくれるはずの人でさえあいさつもろくにしないことがこの頃多いのは，嘆かわしいことである。
5　男でも女でも気立てがよく才能豊かな人はよいものである。

正答と解説

No.1の正答と解説 【平成11年度・市役所上級】 ➡問題文はP.318

【全訳】

❶出家した人は財宝がないので，仏道の智恵と功徳をもって財とするのである。だから他人が求道心のないことから起こした不都合なことなどを，すぐに顔色に出して，罪あるものと決めてはならない。うまい手段を使って，その人が腹を立てないように話すべきである。「非常に手荒いことを言っては，その説く仏の教えは長続きしない」といわれている。たとえ仏の教えに基づいてしかり責めても，手荒な言葉ですれば，仏の教えも長続きしないのである。

❷才能や器の小さい人（小人）は，きっと他人の言う荒っぽい言葉にたちまち腹を立てて，恥をかかされたと思うのである。才能や器の大きい人（大人）とは似ても似つかない。最高の優れた能力の持ち主は，たとえ殴られても仕返しをしようとは思わないのである。今，この国には，小人が多い。過ちがないように，控えめに行動しなくてはならない。

出典：『正法眼蔵随聞記』（道元の侍者の懐奘〈えじょう〉が編纂）

ルール1 **1**，**2**，**3**に共通して，「出家人は」という主語が見られます。**4**では「出家人として失格」な行為とは何か，**5**では「仏道において効果がないこと」は何かということが聞かれています。したがって，「出家人」や「仏道」が主語として表れている本文箇所をチェックします。

ルール2 第一段落１行目に「出家人は」，第二段落１行目に「小人下器（才能や器の小さい人）は」，同２行目はその逆で「大人上器（才能や器の大きい人）は」という主語が見えますが，選択肢では「出家人」の行動について述べているものが多いので，まずは第一段落１行目を正答候補としてチェックします。

ルール3 筆者の意見が表されるときに使われる，「べし（＝するべきこと）」と「まじ（＝してはならないこと）」は大きなヒントです。第一段落１～３行目には，「出家人」が「すべきでないこと（＝まじ）」と，「すべきこと（＝べし）」の両方が述べられているので，ここを読み込みます。

- **すべきでないこと（＝まじ/べからず）**：ほかの人が求道心がないことから起こす間違いを，正面切って罪があると決めてはならない。
- **すべきこと（＝べし）**：うまい方法を用いて，相手が腹を立てないように話すべきである。

この部分の主語と，主語がとるべき内容をまとめた選択肢が正答となります。

正答 2

No.2の正答と解説

【平成15年度・市役所上級】

➡問題文はP.318

【全訳】

❶ある所に強盗が入り，弓を持った見張り役として法師を立たせておいたところ，季節は秋の終わり頃で，門のそばに柿の木があり，その下で法師は矢をつがえた弓を片手に持って立っていた。そこへ熟した柿の実が落ちてきて，弓を持った法師の頭上に落ちてつぶれてぐしゃぐしゃになった。この柿のひんやりとした感触の辺りを指で探ってみると，なんとなくぬるぬるとしていたので，「もう射られてしまった」と思い，おじけづいた。そばにいた仲間に，「もう痛手を受けて，どうにも生き延びられそうもないから，この首を切れ」と言う。「痛手はどこだ」と聞くと，「頭を射られた」と言う。探ってみると，なんとなく一面に濡れていた。手に赤い物が着いたので，「本当に血だ」と思い，「たとえ頭を射られても大したことはあるまい。連れて行こう」ということで，肩を貸して行こうとしたが，「いやいや，どうにも生き延びられそうもない。ただ早く首を切れ」と，しきりに言うので，その言うことを聞いて首を切り落とした。そして，その頭を布にくるんで，大和の国へ持ち帰り，この法師の家に行き，これこれこうだ，と話して聞かせ，首を手渡したところ，妻子が嘆き悲しんで頭を見たが，まったく矢傷の跡がない。「身体のほうに痛手を受けたのですか」と尋ねたが，「そういうことはありません。この頭のことばかり言っていました」と言うと，ますます悲しみ無念に思われたが，どうにもならない。臆病は始末の悪いものである。それぐらいの心ばえで，こんな大変なことをしでかしてしまう愚かさだから。

出典：『古今著聞集』巻第12

ルール 1 選択肢の中には，**1**．「法師が」，**4**．「皆が」，**5**．「残された家族が」のように，主語がハッキリしているものと，**2**と**3**のように「誰かが」と判明しないものがあります。ただし，選択肢の中から本文のストーリー展開を想像すると，「強盗がある場所に入ったので，それを追い払った」。強盗が入った場所には「柿の木があり，実がなっていた」。「強盗に入った（と思われた）男が命を落とし，それを悲しんだり，哀れんだりした人がいた」らしいことが読み解けます。強盗に入ったのが誰で，どうやって強盗を追い払ったのか。そして，最後にどんな結末が待っていたのかを丁寧に追いかけていく必要があります。

ルール 2 第一段落１行目に「或る所に強盗入りたりけるに」で，強盗が入ったことがわかります。そしてここに見える「に」が一つのキーです。**ルール 2** にあるように，「に」で主語が入れ替わることが多いからです。ここでも主語が変わり，「(強盗から家を守るために）弓持ちとして法師を立たせておいた」という関係が見えてきます。そしてその「法師」の行動が，この文章の主眼です。

ルール3 気になる文法が2か所あります。13行目「妻子なきかなしみて見るに，さらに矢の跡なし」と，最終行「さ程の心ぎはにて，かく程のふるまひしけんおろかさこそ」です。前者は ルール4 「さらに～打消」，後者は ルール3 「こそ」（係り結び）が見えるからです。そして前後の文を読むと，「矢の跡がまったくないのに，そのようなことをしてしまって愚かだなあ」という意味が見えてきます。法師は柿の実が落ちてきて，それが頭に当たって割れたのを，弓で射抜かれたと思い，「首を切れ」と命じたのです。それをさして，筆者は「愚かだ」と話しているわけです。

【重要単語】 ルール4 「けしうはあらじ」(大したことはない)，「さらに～打消」(まったく～ない)

正答 5

No.3の正答と解説 【平成９年度・市役所上級】

➡問題文はP.319

【全訳】

❶いろいろなことの中でも人情のあることこそが，男はもちろんそうだが，女も最もすばらしいと思える。口先のあいさつで心の底から深い意味で出たものでなくても，気の毒なことには「気の毒に」とか，悲しんでいることには「本当にどんなに悲しんでいるだろう」などと言ったということを，人づてに聞いたのは，差し向かって言われるよりもうれしいものである。「どうにかしてこの人に思いやりが身にしみていることを伝えたい」と，いつも気にかかる。

❷必ず思ってくれる人，安否を気遣ってくれる人は，とりわけて言うこともない。そうではない人が，受け答えをきちんとしてくれるのは，うれしいことである。とても易しいことだけれども，なかなかそれができないものだ。

❸まったく，気性のよい人で真実嫌味のない人は，男でも女でもめったにいないものだろう。

出典：『枕草子』第269段

ルール1 特定の主語が見当たらないので，選択肢の相違点を確認しながら本文全体の意味をつかんでいきます。**1**では男と女を比べ，女に重きが置かれているのに対し，**5**では「男でも女でも」と同列に扱っています。**2**は「他人に対して同情心」をどう示すかについて指摘していますが，**3**では「自分に同情を示してくれている」ことを，**4**では「自分のことを思ってくれるはずの人」の指摘をしています。本文ではこれらの違いを踏まえて筆者の主張を追い求めていきます。

ルール3 筆者の主張をルールを使って求めていくと，第一段落1行目「よろづのことよりも，情けあるこそ，男はさらなり，女もめでたくおぼゆれ」と，4行目「『いかでこの人に，思ひ知りけりとも見えにしがな。』と常にこそおぼゆれ」の2か所に ルール3 の係り結びと「おぼゆ（＝思える）」があることから，ここに筆者の意見があることがわかります。ここから**1**は「男の場合はともかく」ではなく，「男の人は言うまでもなく」ということがわかるので誤りです。さらに「この人に，思ひ知りけり」と，相手に自分の思いを伝えたいこともわかるので**2**か**3**に絞ることができます。**3**の後半は，「いかでこの人に～」の部分と同じであり，その直前の「伝へて聞きたるは，さし向かひていふよりもうれし」を訳していることがわかり，正答が決まります。

なお，第二段落3行目「さらにえあらぬことぞかし」にも，ルール4 の「え～打消」と「さらに～打消」の強調が見えますが，ここは「とても易しいことだが，なかなかそれ（＝いつも思ってくれていない人が受け答えをしてくれること）ができない」という意味で，選択肢とはあまり関係のない箇所であることがわかります。

【重要単語】 ルール4 「さらなり」（言うまでもない），「めでたし」（すばらしい），「いとほし」（気の毒だ），「いかで」（なんとかして），「うしろ安し」（心配がない，信頼できる），「ありがたし」（めったにない）

正答 3

テーマ 18

内容把握【強調表現】

お試し問題 ……………………【平成10年度・大卒警察官】

次の文の趣旨として，妥当なものはどれか。

或る人いわく，人は心にあはぬことあればとて，うちたのむひとにもあれ，あひ親しき中にもあれ，もの恨みの先立つまじきなり。たとひ理運のことの相違もいでき，約束の旨の変改あるにても，さる様こそあらめと心ながく忍びすぐしたらんは，くねり腹立ちたらむよりもなかなかはづかしく，いとほしくおぼえぬべきを，かなはぬものゆえ，いちはやくふるまへば，かへりてしらけもし，またはかなきふしによりて，大いに悔しきことも出で来るなり。

1　人との間にした約束などが破られるなど気にくわないことがあっても，その場では騒ぎたてず，じっと耐えていたほうがよい。
2　親しい友人との間に不愉快なことを起こすことは，その人の人格が疑われて恥ずかしいものである。
3　人から侮辱を受けたときは後になって陰口を言うより，その場ではっきりさせたほうがよい。
4　恩人などに迷惑をかけたときは，自分の立場をよく説明しておかないと，後で困ったことになることが多い。
5　世の中には，自分の気に入らないことがあるとすぐに腹を立てて，座を白けさせる者が多い。

次の文の趣旨として，妥当なものはどれか。

❶或る人いわく，【人は心にあはぬことあればとて，うちたのむひとにもあれ，あひ親しき中にもあれ，もの恨みの先立つまじきなり。たとひ理運のことの相違もいでき，約束の旨の変改あるにても，さる様こそあらめと心ながく忍びすぐしたらんは，くねり腹立ちたらむよりもなかなかはづかしく，いとほしくおぼえぬべきを，かなはぬものゆえ，いちはやくふるまへば，かへりてしらけもし，またはかなきふしによりて，大いに悔しきことも出で来るなり。】

→アプローチ2 ルール2 人物関係（主語と述語）
→アプローチ3 ルール3 心情表現～強調
→ルール3 心情表現～強調

1　人との間にした約束などが破られるなど気にくわないことがあっても，その場では騒ぎたてず，じっと耐えていたほうがよい。
2　親しい友人との間に不愉快なことを起こすことは，その人の人格が疑われて恥ずかしいものである。
3　人から侮辱を受けたときは後になって陰口を言うより，その場ではっきりさせたほうがよい。
4　恩人などに迷惑をかけたときは，自分の立場をよく説明しておかないと，後で困ったことになることが多い。
5　世の中には，自分の気に入らないことがあるとすぐに腹を立てて，座を白けさせる者が多い。

アプローチ1 ルール1 問題文と選択肢～共通する内容

【全訳】

❶ある人がこう言っている。人は心に合わないことがあるからといって，心安く信用している人の間にあっても，親しくつきあう人の中にあっても，ものを不満に思う気持ちが先に立ってはいけない。たとえ，道理にかなっていると思われることに行き違いが生じても，約束したことを変え改められたとしても，そういう事情があるのだろうと，気長く我慢して過ごしていれば，すねて腹を立てるよりも，かえって立派に思われ，気の毒にも思われてくるものである。しかし，我慢して過ごしていくことは難しいもので，はなはだ激しく行動すれば，逆に周囲を興ざめさせ，また取るに足らない言いがかりのために，とても後悔させられるということも起こるのである。

出典：『十訓抄』

お試し問題の解説

物語を中心とした主語が明確な文章問題であれば，選択肢と本文の両方で主語を追い求める作業を行いますが，随筆や評論といった主語が不明確な場合が多い問題は，本文の中で筆者がどこを強調しているのかを読み取っていきます。そうした問題の場合，ルール 3 を重視して読み進めてください。

ルール 1 選択肢の中で，特に共通する主語はなく，「～したほうがいい」，「～すると…になる（から注意したほうがいい）」といった意見的な内容が多いことがわかります。

ルール 2 本文は「或る人いわく」で始まるように，本文のほとんどは「或る人」が「人は（＝人間は）どうあるべきか」ということについて話した内容なので，意見の提示や断定している文章に注意していきます。

↓

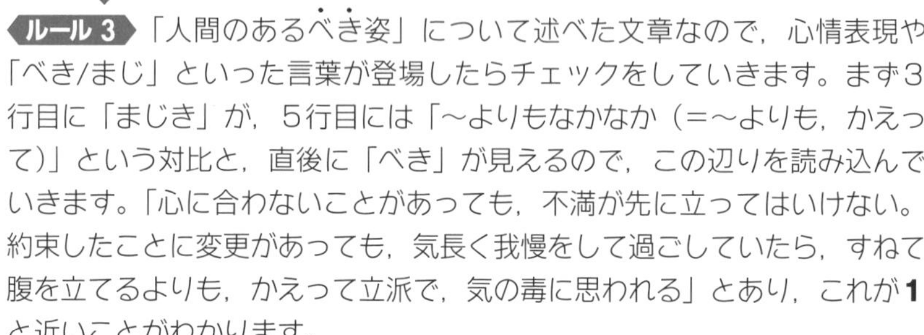

ルール 3 「人間のあるべき姿」について述べた文章なので，心情表現や「べき/まじ」といった言葉が登場したらチェックをしていきます。まず3行目に「まじき」が，5行目には「～よりもなかなか（＝～よりも，かえって）」という対比と，直後に「べき」が見えるので，この辺りを読み込んでいきます。「心に合わないことがあっても，不満が先に立ってはいけない。約束したことに変更があっても，気長く我慢をして過ごしていたら，すねて腹を立てるよりも，かえって立派で，気の毒に思われる」とあり，これが**1**と近いことがわかります。

【重要単語】 ルール 4 「なかなか」（かえって～），「はづかし」（立派である），「いとほし」（気の毒である），「はかなし」（取るに足りない）

正答 1

check □□□

No.1 【平成14年度・地方上級】GⅡ ➡正答と解説はP.330

次の古文の内容に合致するものはどれか。

❶名利につかはれて，閑かなるいとまなく，一生を苦しむるこそ愚かなれ。財多ければ身を守るにまどし。害を買ひ累を招くなかだちなり。身の後には金をして北斗を支ふとも，人のためにぞ煩はるべき。愚かなる人の目を喜ばしむる楽しみ，またあぢきなし。大いなる車，肥えたる馬，金玉の飾も，心あらん人は，うたておろかなりとぞ見るべき。金は山に捨て，玉は淵に投ぐべし。利に惑ふは，すぐれて愚かなる人なり。

❷埋もれぬ名を長き世に残さんこそ，あらまほしかるべけれ。位高く，やん事なきをしもすぐれたる人とやはいふべき。愚かに，拙き人も，家に生まれ時にあへば，高き位にのぼり，奢を極むるもあり。いみじかりし賢人聖人，みづから賤しき位に居り，時にあはずしてやみぬる，また多し。ひとへに高きつかさ位を望むも次に愚かなり。智恵と心とこそ，世にすぐれたる誉も残さまほしきを，つらつら思へば，誉を愛するは，人の聞を喜ぶなり。ほむる人そしる人，共に世にとどまらず。伝へ聞かん人，又々速かに去るべし。誰をか恥ぢ，誰にか知られん事を願はん。誉は又毀の本なり。身の後の名残りで更に益なし。是れを願ふも次に愚かなり。

❸ただし，しひて智を求め，賢を願ふ人のために言はば，智恵出でては偽あり。才能は煩悩の増長せるなり。伝へて聞き，学びて知るは誠の智にあらず。いかなるをか智といふべき。可不可は一条なり。いかなるをか善といふ。まことの人は，智もなく徳もなく，功もなく名もなし。誰か知り誰か伝へん。是れ徳を隠し愚を守るにはあらず。本より賢愚得失のさかひに居らざればなり。まよひの心をもちて名利の要を求むるにかくのごとし。万事は皆非なり。いふにたらず。願ふにたらず。

1　名誉を求めるのは結局は無意味なことであり，そのことを知っている本物の人間なら，世間の評判なども気にせず，超然としていられる。

2　せっかくこの世に生まれたのだから，高い位や長く人々に伝えられるような名声を求めて努力してみるべきである。

3　身分が高く，勢いのある家に生まれた人は，努力しなくても豪華な生活を送ることができ，優れた人物になることが多い。

4　どんなに貧しくても，一生懸命勉学に励み，正しい生き方を続けていれば，やがて世間の評判も高くなるものである。

5　本物の賢人や聖人であるかどうかは，その人が亡くなった後に世間の評判がどれくらい続くかをみれば，すぐに判別できる。

check □□□

No.2 【平成14年度・地方上級】GⅡ

➡正答と解説はP.332

次の古文の趣旨として，妥当なものはどれか。

❶和歌こそなほをかしき物なれ。あやしのしづ，山がつのしわざも，いひ出でつれば面白く，恐ろしき猪のししも，伏猪の床といえばやさしくなりぬ。この頃の歌は，一ふしをかしく言ひかなへたりと見ゆるはあれど，ふるき歌どものやうに，いかにぞや，言葉の外に，あはれにけしきおぼゆるはなし。貫之が，「絲による物ならなくに」といへるは，古今集の中の歌屑とかや言ひ伝へたれど，今の世の中の詠みぬべきことがらとは見えず。その世の歌には，姿言葉，此のたぐひのみ多し。此の歌に限りてかく言ひ立てられたるも知りがたし。源氏の物語には，「ものとはなしに」とぞ書ける。新古今には，「残る松さへ峰にさびしき」と言える歌をぞいふなるは，まことに，少しくだけたる姿にもや見ゆらん。されど，この歌も衆議判の時よろしき由沙汰ありて，後にも殊更に感じ仰せ下されける由，家長が日記には書けり。

❷歌の道のみいにしへに変らぬなどいふ事もあれど，いさや，今も詠みあへる同じ詞，歌枕も，昔の人の詠めるは，さらにおなじ物にあらず。安くすなほにして，姿も清げに，あはれも深く見ゆ。梁塵秘抄の郢曲の言葉こそまたあはれなる事は多かめれ。昔の人は，ただいかにいひ捨てたる言草も，皆いみじくきこゆるにや。

1　和歌で大事なのはその場の雰囲気をいかにうまく読み込むか，という技術である。
2　古い時代の和歌は，今と同じ言葉を使っていても情緒が深いように感じられる。
3　身近な題材を歌に読み込む技術は，貫之が最も得意とするものだった。
4　駄作とされる歌でも，それにしみじみとした情緒を読み取る人が必ずいる。
5　和歌は技巧を重視するようになって廃れてしまい，いまの歌人たちはその誤りに気づいていない。

check □□□

No.3 【平成10年度・市役所上級】GⅠ

➡正答と解説はP.333

次の文の筆者（本居宣長）の主張として妥当なものはどれか。

❶おのが師などの悪きことを言ひ表すは，いともかしこくはあれど，それも言はざれば，世の学者その説に惑ひて，長くよきを知る期なし。師の説なりとして，悪きを知りながら，言はず包み隠して，よざまに繕ひをらんは，ただ師をのみ尊みて，道をば思はざるなり。宣長は，道を尊みいにしへを思ひてひたぶるに道の明らかならんことを思ひ，いにしへの意の明らかならんことを旨と思ふがゆゑに，わたくしに師を尊む理の欠けむことをば，えしも顧みざることあるを，なほ悪しと，そしらむ人はそしりてよ。そはせんかたなし。我は人にそしられじ，よき人ならむとて，

道を曲げ，いにしへの意を曲げて，さてあるわざはえせずなん。これすなはち我が師の心なれば，かへりては師を尊むにもあるべくや。そはいかにもあれ。

1　師の説の悪きことあるをばわきまへ言ふこと，いとあるまじきことなり。
2　よき悪きを言はずひたぶるに古きを守るべきなり。
3　いかによき人の説なりといへども，悪きことも混じらではえあらず。
4　師の説なりとて必ずなづみ守るべきにもあらず。
5　おのが師を尊むこと，すなはち道を尊むことなり。

check □□□

No.4　【平成10年度・市役所上級】 GⅠ

➡正答と解説はP.335

次の文は『紫式部日記』の一節である。この文に見られる筆者の心境として妥当なものはどれか。

❶しはすの廿九日に参る。はじめて参りしもこよひのことぞかし。いみじくも夢路にまどはれしかなと思ひいづれば，こよなくたち馴れにけるも，うとましの身のほどやとおぼゆ。夜いたう更けにけり。御物忌にあはしましければ，お前にも参らず，こころぼそくてうち臥したるに，前なる人々の，「うちわたりはなほいとけはひ異なりけり。里にては，いまは寝なましものを，さもいざとき履（くつ）のしげさかな」と，いろめかしくいひゐたるを聞きて，

❷　としくれてわが世ふけゆく風の音に心のうちのすさまじきかな

とぞひとりごたれし。

（注）前なる人々：筆者と一緒にいる女房たち
　　　いざとき：目が覚めやすい

1　久しぶりに参内したものの，物忌みの最中であるため女房たちも遠慮し合っており，まるで初めて宮仕えをした頃のような心細く味気ない思いをしている。
2　宮廷は物忌みの最中にもかかわらず人の出入りが繁く，女房たちも里とは違う様子に落着きのないありさまで，なんとなく場違いのような疎外感を覚えている。
3　宮廷は物忌みの最中であり，宮仕えには慣れているとはいうものの若い女房たちにはなじめず，世の移ろいとわが身の老いや慣れが心をよぎり，寒々とした気持ちに襲われている。
4　最初に宮仕えに出た頃はまごついてばかりいたが，年を取った今になってもこの暮らしにはなじめず，若い女房たちの色めいた様子を疎ましく思っている。
5　華やかな宮廷の暮らしに酔っているような女房たちと比べ，宮仕えに慣れて若い頃の新鮮な感激を失い引きこもりがちなわが身を情けなく感じている。

正答と解説

No.1の正答と解説 【平成14年度・地方上級】

➡問題文はP.327

【全訳】

❶名誉や利欲に使役され，心が穏やかになる暇もなく，一生を苦しめることこそ，ばからしい。財産が多いと，自分の身を守るうえで難しくなる。財産は危害を招き，面倒を招く媒介物である。たとえ死後に黄金を積み上げて大空の北斗星を支えようとしても，子孫にとっても厄介の種となるであろう。愚かな人の目を喜ばせる楽しみも，また無益なものである。大きな車とか，太った馬，黄金や宝石の飾りなども，道理のわかっている人にはばからしく見えるはずだ。黄金は山に捨て，宝石は淵に投げるのがよい。利欲に心が迷うのは，極めて愚かな人である。

❷不朽の名声を長く世に残すことは望ましいことだ。地位が高く，身分が尊い人が直ちに優秀な人だということができようか。いやできまい。愚かで劣等な人でも，門閥の家に生まれ，時運に巡り会えば，高い地位に上り，この上ない豪華な生活をするものもある。非常に優れている賢人や聖人で，自分で求めて低い地位におり，時運に巡り会わずに終わる人も多い。一途に高い地位を望むことも，次に愚かなことだ。智恵と心が世間に卓越しているという名誉も後世に残したいが，よくよく考えてみると，名誉を愛するのは，世人の評判を喜ぶことだ。ほめる人も悪口を言う人も，ともにこの世に長く生き残ってはいない。そういう話を伝え聞いた人々も，たちまちのうちにこの世を去るだろう。誰に対して恥じ，誰に知ってもらおうと願うのだろう。ほめられるということは悪口を言われることの原因でもある。死後に名誉が残ったところで，一向に役に立たない。こういう名誉を願うことも次に愚かなことである。

❸ただし，無理に智恵に優れていようと求め，賢くあろうと願う人のために言うならば，智恵が世に出るようになって偽りが生じた。才能は世俗の欲望や苦悩が積み重なったものである。人から伝え聞いたり，先生から習って知ったことは真実の智ではない。どういうものを智というべきか。可と言ったり，不可と言うのは同じものだ。どういうものを善というのか。真実の人は，智もなく徳もなく，功績もなく名誉もない。誰がその人を知っていて誰に伝えようというのか（そんな人たちはいない）。こうであるのは，徳を隠して愚かなように振る舞っているのではない。元来，賢いとか愚かだとか，損得ずくの境地にいないだけのことだ。迷う心を持って名誉や利欲を要求するとこういうことになる。すべてのことは皆，非存在である。言うだけの値打ちもなく，願うだけの価値もない。

出典：『徒然草』38段

ルール 1 本文が３段落に上る長い文章なので，選択肢の読み込みもしっかりと行います。**1**と**2**はともに「名誉/名声を求めること」が述べられていますが，**1**では「(それが）無意味」であること，**2**では「努力してみるべき」と逆のことを述べていることがわかります。また，**3**では「身分が高く，勢いのある家に生まれた人が優れた人物になる」，**4**では「貧しい人でも評判が高くなる」と，ここでも逆のことを述べていることがわかります。本文を読むときには，この辺りを筆者がどうとらえているかをチェックしていきます。

ルール 2 第一段落１行目を読むとわかるように，この文章では「名誉や利欲に使役され，心が穏やかになる暇もなく，一生を苦しめることこそ，ばからしい」と，人としての心得を述べているらしいことがわかります。どういう行動を筆者は肯定し，否定しているのかに注意していきます。

ルール 3 ルール 2 も意識しながら，筆者の主張部分（「べし/まじ」，疑問形，係り結び等）をチェックしていきます。

〈第一段落〉
- **１行目**：「名利につかはれて～一生を苦しむるこそ愚かなれ」（係り結び）
  →５行目：「利に惑ふは，すぐれて愚かなる人なり」（３～５行目に見える「べし」を受けて，１行目「愚かなる」ことの補足）

〈第二段落〉
- **１行目**：「埋もれぬ名を長き世に残さんこそ，あらまほしかるべけれ」（係り結び，べし，重要単語「あらまほし」）
- **１行目**：「位高く，やん事なきをしもすぐれたる人とやはいふべき」（係り結び，べし，疑問形，重要単語「やん事なし」）
- **７行目**：「誰をか恥ぢ，誰にか知られん事を願はん」（係り結び，疑問形）
- **８行目**：「身の後の名残りて更に益なし」（重要単語「更に～打消」）

〈第三段落〉
- **２～３行目**：「いかなるをか智というべき。～いかなるをか善といふ」（係り結び，べし，疑問形）
- **３行目**：「まことの人は，智もなく徳もなく，功もなく名もなし。誰か知り誰か伝へん」（疑問に対する解答）

この辺りから「名誉や利欲を求める愚かさ」と，「不朽の名声を長く世の中に残すことが望ましい」こと，「誰に対しても恥じることを知ってもらう必要もなく，死後の名誉は役立たない」こと，そして「真実の人は智も徳も功績も名誉もない」というところに，筆者の主張があることがわかります。したがって，この辺りをまとめてある選択肢が正答となります。

【重要単語】ルール４「あらまほし」（望ましい），「やん事なし」（身分が高い），「更に〜打消」（まったく〜ない）

正答 1

No.2の正答と解説 【平成14年度・地方上級】 ➡問題文はP.328

【全訳】

❶和歌こそ，やはりおもしろいものだ。身分の低い民や木こりのやることなども，歌に詠まれるとおもしろくなり，恐ろしいイノシシであっても，「伏猪の床」というと優美になってしまう。近頃の和歌は一部分はおもしろく言い表しているが，なぜか古い時代の歌のように，言外にしみじみとした情緒が感じられるものはない。紀貫之が「糸により合わせるものでもないのに」と詠んだ歌を古今集の中の歌の屑だと言い伝えられているが，今の世の人がとうてい詠めそうもない歌だ。当時の歌には，歌の様子や用語がこの「糸による」の歌のような類のものが多い。この歌に限って歌の屑などと言い立てられているのも，わけがわかりかねる。源氏物語には，この和歌の第二句の「ものとはなしに」が引用されている。新古今集では，「残る松さへ峰にさびしき」と詠んだ歌を歌の屑としているようだが，これは本当に少し散漫な歌の様子が見てとられる。しかし，この歌も，歌合いで皆が判断したときは，それなりに詠めているという判定があり，後に院（後鳥羽院）も特におほめの言葉を下されたと家長の日記には書いてあった。

❷歌の道は今も昔と変わらないなどと人が言うようだが，どうだろうか。今も皆で詠んでいるものと同じではない。平易で癖がなく，歌の様子もすっきりして，しみじみとした感動も深いように思われる。梁塵秘抄に収録されている謡物の歌詞こそ，またしみじみとした深い情緒が感じられるものが多いようだ。昔の人がただ不用意に言い捨てた言葉でも，皆，大したものに聞こえるではないか。

出典：『徒然草』第14段

ルール１「和歌」について述べられた文章で，選択肢の相違点を見ていくと，**1**と**3**では「その場の雰囲気や身近な題材を読み込むことの技術」，**2**と**5**では「古い時代の和歌と今の和歌を比べると，昔の和歌のほうがよかった」というような内容が述べられていることがわかります。

ルール２第一段落１行目にあるように，「和歌こそなほをかしき物なれ」という強調表現（係り結び）からも，主題は「和歌」であることがわかります。しかし，**3**に見えるように「紀貫之」が登場するので，本文の該当部分を追うと，第一段落４行目に「貫之が詠んだ歌が『古今集』の中の歌の屑と言い伝えられているけれど，今の世の人に詠めるような歌ではない」としているだけで，貫之が得意にしていたのがどんな歌であったのかまでは述べられていません。

ルール3 選択肢ばかりでなく，貫之の例からでもわかるように，古い時代の和歌について求めていくと，第一段落2～3行目に「この頃の歌」と「ふるき歌」の対比があることがわかります。「この頃の歌（最近の歌）」は「一部分はおもしろく言い表している」が，「ふるい歌（昔の歌）」のように「いかにぞや，言葉の外に，あはれにけしきおぼゆるはなし」，と疑問形や「おぼゆ」を使って説明しています。「あはれ」は「しみじみとした主観的な趣深さ」，「をかし」は「明るい客観的な趣深さ」。そうした対比からも，昔の歌と今の歌との違いを見て取れます。さらに第二段落1～2行目に「いにしへ」の歌と「今」の歌が「さらにおなじ物にあらず（まったく同じものではない）」と「さらに…打消」を使用して述べ，最終行では「昔の人は，ただいかにいひ捨てたる言草も，皆いみじくきこゆるにや」と，文章の最後で持論の確認を込めた疑問形を用いて，昔の歌を賛美していることがわかります。

【重要単語】 ルール4 「あやし」（身分が低い），「をかし」（明るい客観的な趣深さ），「あはれ」（しみじみとした主観的な趣深さ），「さらに～打消」（まったく～ない），「いみじ」（はなはだしい=善悪両方の意味で=）

正答 2

No.3の正答と解説

【平成10年度・市役所上級】 ➡問題文はP.328

【全訳】

①自分の師の間違っているところをはっきり言うのは，とてもおそれ多いが，それを言わないと，世の学者たちがその間違った説に惑わされて，長い間正しいことを知るときがない。師の説だからといって，間違っているのを知りながら，言わずによいように取り繕っているのは，ただ師だけを尊んで学問の道のことは考えていないのだ。私は，学問の道を大切にし昔のことを思ってひたすらに学問の道が明らかになることを求めているために，個人的に師を尊ぶ道理が欠けることをまったく気にかけないことがあるのを，やはりよくないことであると非難する人は非難したらいい。それはしかたがない。私は人から非難されるまいとか，よい人になろうとかして，学問の道を曲げ，昔の心を曲げてそのままにしておくことはできない。これはつまりは私の師の考えだから，かえって師を尊ぶことではないだろうか。それはどちらでもよいことである。

1 師の説の間違っていることがあるのを判断して言うことは，まったくあってはならないことである。

2　正しいか間違っているかを言わず，ひたすら昔のことを維持するべきである。

3　どんなにすばらしい人の説だといっても，誤りが混じらないというわけにはいかないものである。

4　師の説だからといって必ずしもそれに執着して守らなければならないということはない。

5　自分の師を尊ぶことは，すなわち学問の道を尊ぶことである。

出典：本居宣長『玉勝間』

ルール 1 設問で問われているように，すべての選択肢の主語は筆者自身であり，その主張を求めていくものです。その選択肢は文語体で記されていますが，すべてが訳せなくても **ルール** で導き出した箇所をチェックできれば，筆者の主張は見えてきます。**1**，**4**，**5**では「(自分の) 師」に対する姿勢が記されています。**1**では「師の説が間違っていることを言ってはいけない」という内容。**5**では「師を尊ぶことは道を尊ぶこと」と，師と師の考えを重んじることが述べられているのに対し，**4**では「師の説といっても守ることはない」とあるので，筆者の主張がどちらにあるのかをチェックしていきます。**2**では「是非を言うことなく，昔のこと (考え) を守る」こと。**3**では「どんなにすばらしい人の説であっても誤りが混じらないことはない」と，自分以外の人の意見への接し方が述べられています。

ルール 2 第一段落４行目に「宣長は」と筆者自身が登場しています。この「宣長は」の文は，「道を尊みいにしへを思ひて～そしらむ人はそしりてよ」というところまで続き，他人からの呼びかけに答えている場所であることがわかります。その宣長が自分自身がそう見られてもいいと話している内容は，「学問の道を大切にし，昔のことを思って学問をしているからこそ，師を尊ぶ道理に欠けることを気にしていない，それを人は悪いことだと言うなら，そう言えばいい」ということなので，宣長自身は「学問のためなら，師を尊ばないことになってもしかたがない」と話していることがわかります。

ルール 3 第一段落９行目には疑問形「や」が見えます。「これ (＝学問のために昔の心を曲げないではいられない) は私の師の考えだから，かえって師を尊ぶことにならないだろうか」と，師もまた昔からの学問に間違いがあれば，心を曲げずにはいられなく，私 (＝宣長) は師の考えを受け継いでいるとあります。ここから「間違っているものは間違っていると意見を述べることが学問である」ということが，筆者＝宣長の主張であることがわかります。

【重要単語】 **ルール 4** 「かしこし」(おそれ多い)，「え～打消」(～できない)

正答 3

No.4の正答と解説 【平成10年度・市役所上級】 ➡問題文はP.329

【全訳】

❶12月29日に出仕した。初めて宮仕えしたのも，やはりこの12月29日の夜のことだった。本当にあのときは，夢の中をさまよっているような心地であったことだと思い出してみると，今の私はすっかり宮仕えに慣れてしまい，われながら嫌な自分自身であると思われる。夜もだいぶ更けてしまった。中宮様は御物忌みでおこもりになられているので，御前にも参らず寂しく横になっていたところ，私と一緒にいる女房たちが，「内裏はとても様子が違いますね。里の家にいたら今頃は寝てしまっているでしょうが，まったく眠ってはいられないほど履物の音がしきりにしますね」と色っぽい感じで言ったのを聞いて，

❷　年が暮れて私もまた老いていく，風の音を聞いていると，私の心の中はその風の音のように，ひどく寒々としていることよ

と，独り言を言ってしまった。

出典：『紫式部日記』

ルール 1 問題文に「筆者の心境」を求める指示があり，題材が日記であることがわかるので，筆者の心情表現をしっかりと押さえる必要があります。選択肢に共通する心情は，**1**．「心細く味気ない思い」，**2**．「疎外感を覚えている」，**3**．「寒々とした気持ち」，**4**．「疎ましく思っている」，**5**．「わが身を情けなく感じている」と，筆者の心は決して明るくないことがわかります。そうした心境とともに，その原因を本文から探っていきます。

ルール 3 筆者・紫式部の心情表現は3か所出てきます。第一段落1行目「いみじくも夢路にまどはれしかなと思ひいづれば」，2行目「うとましの身のほどやとおぼゆ」，4行目「こころぼそくてうち臥したるに」です。1行目は「夢のような心地であったことを思い出して」おり，2行目は「宮仕えに慣れてしまった自分自身が疎ましくなった」という意味です。ここで疎ましいのは自分の身なので，**4**は誤りです。4行目の「心細さ」は「御前に参ることのできないこと」に原因があり，それは選択肢にありません。そして，日記の問題で注意すべき和歌が第二段落1行目にあり，「ひとりご」つ（＝独り言を言う）ように詠んだとあるので，この和歌は自分自身のことを詠んでいることがわかります。「年が暮れ（12月29日が舞台），夜が更けていくように，私も年を取り老いてしまった。風の音のように私の心の中はひどく寒々としていることよ」。この辺りに筆者の心の底からの思いがあることがわかります。

【重要単語】 ルール 4 「おぼゆ」（思われる），「ひとりごつ」（独り言を言う）

正答 3

■ 瀧口 雅仁 TAKIGUCHI MASAHITO

1971年，東京都生まれ。現在，恵泉女学園大学，和光大学，早稲田大学エクステンションセンターなどで講師を務める。また，公務員試験対策講座では，独自の手法による「文章理解」「論作文対策」等の講義で人気を博している。

著述業としても演芸や伝統芸能，江戸文化に関する本やCD等の企画を行っている。単著として『噺家根問──雷門小福と桂小文吾』（彩流社，2007年），『平成落語論』（講談社現代新書，2009年），『演説歌とフォークソング』（彩流社，2016年），『古典・新作落語事典』（丸善出版，2016年），『知っておきたい日本の古典芸能シリーズ』（丸善出版，2019年）等多数。

●本書の内容に関するお問合せは，以下のあて先に郵便またはメール，FAXでお送りください。

〒163-8671 東京都新宿区新宿 1-1-12
株式会社 実務教育出版 受験ジャーナル編集部
e-mail：juken-j@jitsumu.co.jp
FAX：03-5369-2237
（書名を明記のこと）

●本書に関するお知らせ，訂正情報がある場合は，小社ホームページ（https://www.jitsumu.co.jp）に掲載します。

■ 表紙デザイン 鳥居 満
■ 編集協力 パラゴン

公務員試験
文章理解 すぐ解ける〈直感ルール〉ブック［改訂版］

2020年4月5日 初版第1刷発行
2024年4月5日 初版第3刷発行
〈検印省略〉

著 者──瀧口雅仁
発行者──淺井 亨

発行所──株式会社 実務教育出版
〒163-8671 東京都新宿区新宿1-1-12
☎編集 03-3355-1813 販売 03-3355-1951
振替 00160-0-78270

印 刷──シナノ印刷
製 本──東京美術紙工

ISBN978-4-7889-7763-1 C0030 Printed in Japan 落丁・乱丁本は本社にておとりかえいたします。